第二次全国残疾人抽样调查资料

青海卷

青海省第二次全国残疾人抽样调查办公室 编

中国统计出版社
China Statistics Press

(京)新登字041号

图书在版编目（CIP）数据

第二次全国残疾人抽样调查资料. 青海卷／青海省第二次全国残疾人抽样调查办公室编.
—北京：中国统计出版社，2007.12

ISBN 978-7-5037-5309-1

Ⅰ. 第…
Ⅱ. 青…
Ⅲ. 残疾人－抽样调查－统计资料－青海省
Ⅳ. D669. 69

中国版本图书馆CIP数据核字（2007）第158088号

第二次全国残疾人抽样调查资料—青海卷

作　　者／青海省第二次全国残疾人抽样调查办公室
责任编辑／赵淑焕
封面设计／杨燕超
出版发行／中国统计出版社
通信地址／北京市西城区月坛南街57号
邮政编码／100826
办公地址／北京市丰台区西三环南路甲6号
网　　址／www.stats.gov.cn/tjshujia
电　　话／邮购（010）63376907　书店（010）68783172
印　　刷／河北天普润印刷厂
经　　销／新华书店
开　　本／880×1230毫米　1/16
字　　数／1130千字
印　　张／36. 25　3插页
版　　别／2007年12月第1版
版　　次／2007年12月第1次印刷
书　　号／ISBN 978-7-5037-5309-1/D·190
定　　价／350.00元

本书附同版本CD-ROM一张，光盘内容以书面文字为准。

《第二次全国残疾人抽样调查资料》
（青海卷）

编 辑 人 员

总 编 辑：程致和

副总编辑：贺青峰　李　华

编　　辑：王　燕　李　萍　黄　强　张　利
朱生金

青海省第二次全国残疾人抽样调查样本县（区）分布示意图

审图号：青S(2007)014号

青海省基础地理信息中心 编制

编 辑 说 明

我国以2006年4月1日零时为标准时间进行了第二次全国残疾人抽样调查，这是1987年第一次全国残疾人抽样调查19年后进行的又一次全国范围内大规模的残疾人专项调查。在省委、省政府的领导下，在有关部门、社会各方面的大力支持配合下，按照第二次全国残疾人抽样调查领导小组的统一部署，历时两个月的时间，对抽中的8县（区），32个乡、镇、街道的64个调查小区进行了入户调查和残疾评定。调查获得了丰富翔实的资料。为了满足政府部门、科研单位和社会各方面的需要，现将经计算机汇总处理的数据资料编辑出版。

为方便读者准确地使用本资料，现将有关情况说明如下:

一、调查的对象是具有中华人民共和国国籍，并在被抽中调查小区内常住的人（指自然人，下同）。调查采用按常住人口登记的原则，以户为单位填报，只调查家庭户，不调查集体户。此次不调查中国人民解放军现役军人和武装警察（包括军队管理的离退休干部）。

应当在本调查小区进行登记的人包括:

1. 居住本调查小区，户口在本乡、镇、街道;

2. 居住本调查小区半年以上，户口在外乡、镇、街道;

3. 居住本调查小区不满半年，离开户口所在地半年以上;

4. 居住本调查小区，户口待定。

二、第二次全国残疾人抽样调查使用三种调查表，一是《住户调查表》，二是《残疾人调查表》，三是《社区调查表》。调查项目共有52个，包括调查样本人群的家庭及其个人的状况，重点调查残疾人的致残原因、生活状况及其主要需求。

三、本资料是按照现场调查登记直接汇总的数据，未作任何调整。请读者在使用本资料时，特别是推算总体时，对以下因素予以充分注意:

1. 本资料不含调查漏登的人口数;

2. 本资料数据抽样比为5.93‰;

3. 作为一次多指标的抽样调查，有些分组较细的指标，代表性相对较低。

四、本次调查的城乡划分口径为: 城镇包括街道和镇的居委会，农村包括乡和镇的村委会。

五、本资料中空项表示无该项数据。

六、由于计算机运算中采取四舍五入的处理，个别汇总表分栏数据之和与合计数存在微小的差别，不影响对数据的使用。

七、为帮助读者准确使用本资料，附录中编印了《青海省第二次全国残疾人抽样调查主要数据公报》、《第二次全国残疾人抽样调查方案》、《第二次全国残疾人抽样调查残疾标准》、《第二次全国残疾人抽样调查住户调查表》和填写说明、《第二次全国残疾人抽样调查残疾人调查表》和填写说明、《第二次全国残疾人抽样调查社区调查表》和填写说明、《青海省第二次全国残疾人抽样调查抽样实施方案》、《青海省第二次全国残疾人抽样调查调查队组成》等。

编　者

二〇〇七年九月

目　录

第一部分　调查人口的基本状况

第二部分　残疾人口的基本状况

三、持有残疾人证情况

四、6-14岁残疾儿童在校生接受义务教育情况

五、社会保障

六、曾接受服务或扶助

七、主要需求

第五部分　社区和住户基本情况

附　录

第一部分　调查人口的基本状况

1－1　各地区调查样本基本情况

地　区	调查县(市、区)数(个)	调查乡(镇、街道)数(个)	调查小区数(个)	调查户数(户)	调查人口			调查残疾人		
					小计	男	女	小计	男	女
总　计	**8**	**32**	**64**	**8335**	**30395**	**15332**	**15063**	**1683**	**821**	**862**
西宁市城中区	1	4	8	1285	3364	1622	1742	154	70	84
西宁市城西区	1	4	8	1271	3372	1646	1726	109	53	56
西宁市大通县	1	4	8	1014	3837	1973	1864	182	86	96
西宁市湟中县	1	4	8	1130	4268	2203	2065	278	130	148
海东地区民和县	1	4	8	998	3855	2065	1790	245	134	111
海东地区化隆县	1	4	8	846	3799	1925	1874	293	162	131
海北州刚察县	1	4	8	854	3870	1939	1931	209	102	107
黄南州同仁县	1	4	8	937	4030	1959	2071	213	84	129

1－2 分年龄、性别的人口

单位：人，%

年 龄	调查人口				调查残疾人			
	合计	男	女	性别比	合计	男	女	性别比
总 计	**30395**	**15332**	**15063**	**102**	**1683**	**821**	**862**	**95**
0-4	**2015**	**1128**	**887**	**127**	**45**	**25**	**20**	**125**
0岁	381	219	162	135	1	1		
1岁	386	217	169	128	8	6	2	300
2岁	394	207	187	111	12	5	7	71
3岁	410	229	181	127	11	7	4	175
4岁	444	256	188	136	13	6	7	86
5-9	**2228**	**1164**	**1064**	**109**	**44**	**23**	**21**	**110**
5岁	427	210	217	97	11	5	6	83
6岁	372	204	168	121	15	8	7	114
7岁	507	263	244	108	9	5	4	125
8岁	432	224	208	108	3	1	2	50
9岁	490	263	227	116	6	4	2	200
10-14	**2696**	**1405**	**1291**	**109**	**45**	**30**	**15**	**200**
10岁	540	278	262	106	9	9		
11岁	530	275	255	108	2	2		
12岁	537	286	251	114	12	7	5	140
13岁	576	302	274	110	14	8	6	133
14岁	513	264	249	106	8	4	4	100
15-19	**2528**	**1319**	**1209**	**109**	**31**	**20**	**11**	**182**
15岁	566	297	269	110	5	4	1	400
16岁	573	297	276	108	11	7	4	175
17岁	525	284	241	118	7	5	2	250
18岁	476	243	233	104	8	4	4	100
19岁	388	198	190	104				
20-24	**1888**	**881**	**1007**	**87**	**36**	**20**	**16**	**125**
20岁	338	161	177	91	8	5	3	167
21岁	354	168	186	90	4	2	2	100
22岁	331	150	181	83	8	2	6	33
23岁	434	212	222	95	10	7	3	233
24岁	431	190	241	79	6	4	2	200
25-29	**2524**	**1285**	**1239**	**104**	**60**	**30**	**30**	**100**
25岁	475	240	235	102	14	7	7	100

1-2 续表 1

单位：人，%

年 龄	调查人口				调查残疾人			
	合计	男	女	性别比	合计	男	女	性别比
26岁	504	267	237	113	8	1	7	14
27岁	486	254	232	109	11	7	4	175
28岁	520	234	286	82	15	8	7	114
29岁	539	290	249	116	12	7	5	140
30-34	**2799**	**1381**	**1418**	**97**	**65**	**31**	**34**	**91**
30岁	523	260	263	99	11	5	6	83
31岁	515	260	255	102	15	10	5	200
32岁	577	277	300	92	12	5	7	71
33岁	588	308	280	110	13	6	7	86
34岁	596	276	320	86	14	5	9	56
35-39	**3148**	**1557**	**1591**	**98**	**86**	**41**	**45**	**91**
35岁	638	313	325	96	14	7	7	100
36岁	653	348	305	114	11	4	7	57
37岁	670	320	350	91	21	11	10	110
38岁	604	296	308	96	19	10	9	111
39岁	583	280	303	92	21	9	12	75
40-44	**2734**	**1399**	**1335**	**105**	**98**	**63**	**35**	**180**
40岁	626	327	299	109	22	13	9	144
41岁	629	306	323	95	22	13	9	144
42岁	644	328	316	104	17	10	7	143
43岁	581	301	280	108	21	15	6	250
44岁	254	137	117	117	16	12	4	300
45-49	**1477**	**723**	**754**	**96**	**71**	**31**	**40**	**78**
45岁	217	110	107	103	6	3	3	100
46岁	247	114	133	86	11	3	8	38
47岁	278	140	138	101	18	10	8	125
48岁	381	180	201	90	17	8	9	89
49岁	354	179	175	102	19	7	12	58
50-54	**1768**	**894**	**874**	**102**	**115**	**60**	**55**	**109**
50岁	389	197	192	103	18	10	8	125
51岁	424	197	227	87	24	12	12	100
52岁	320	168	152	111	19	6	13	46
53岁	323	174	149	117	28	14	14	100
54岁	312	158	154	103	26	18	8	225

1－2 续表 2

单位：人，%

年 龄	调查人口				调查残疾人			
	合计	男	女	性别比	合计	男	女	性别比
55-59	**1307**	**627**	**680**	**92**	**150**	**66**	**84**	**79**
55岁	261	118	143	83	29	10	19	53
56岁	311	150	161	93	33	17	16	106
57岁	278	127	151	84	32	12	20	60
58岁	248	117	131	89	24	8	16	50
59岁	209	115	94	122	32	19	13	146
60-64	**1054**	**506**	**548**	**92**	**165**	**82**	**83**	**99**
60岁	226	111	115	97	24	11	13	85
61岁	218	100	118	85	30	15	15	100
62岁	191	93	98	95	31	15	16	94
63岁	229	105	124	85	41	22	19	116
64岁	190	97	93	104	39	19	20	95
65-69	**943**	**449**	**494**	**91**	**201**	**94**	**107**	**88**
65岁	199	91	108	84	34	14	20	70
66岁	179	93	86	108	32	16	16	100
67岁	173	73	100	73	35	10	25	40
68岁	188	93	95	98	52	27	25	108
69岁	204	99	105	94	48	27	21	129
70-74	**732**	**369**	**363**	**102**	**219**	**105**	**114**	**92**
70岁	188	90	98	92	45	20	25	80
71岁	141	71	70	101	39	21	18	117
72岁	164	83	81	102	48	24	24	100
73岁	136	70	66	106	43	21	22	95
74岁	103	55	48	115	44	19	25	76
75-79	**364**	**171**	**193**	**89**	**153**	**69**	**84**	**82**
75岁	116	58	58	100	48	22	26	85
76岁	74	34	40	85	27	10	17	59
77岁	64	30	34	88	24	12	12	100
78岁	69	29	40	73	35	16	19	84
79岁	41	20	21	95	19	9	10	90
80-84	**141**	**59**	**82**	**72**	**67**	**23**	**44**	**52**
80岁	42	19	23	83	22	9	13	69
81岁	42	15	27	56	20	6	14	43
82岁	20	9	11	82	7	2	5	40
83岁	26	12	14	86	12	4	8	50
84岁	11	4	7	57	6	2	4	50
85+	**49**	**15**	**34**	**44**	**32**	**8**	**24**	**33**

1－2a 城镇分年龄、性别的人口

单位：人，%

年龄	调查人口				调查残疾人			
	合计	男	女	性别比	合计	男	女	性别比
总 计	**11210**	**5492**	**5718**	**96**	**493**	**237**	**256**	**93**
0-4	**456**	**250**	**206**	**121**	**5**	**2**	**3**	**67**
0岁	83	47	36	131				
1岁	92	45	47	96				
2岁	71	42	29	145	2		2	
3岁	100	54	46	117				
4岁	110	62	48	129	3	2	1	200
5-9	**618**	**327**	**291**	**112**	**9**	**4**	**5**	**80**
5岁	105	51	54	94	2		2	
6岁	91	54	37	146	2	2		
7岁	175	93	82	113	4	2	2	100
8岁	111	53	58	91				
9岁	136	76	60	127	1		1	
10-14	**762**	**385**	**377**	**102**	**6**	**3**	**3**	**100**
10岁	138	66	72	92	1	1		
11岁	154	81	73	111				
12岁	147	74	73	101	2		2	
13岁	173	85	88	97	3	2	1	200
14岁	150	79	71	111				
15-19	**725**	**356**	**369**	**96**	**4**	**2**	**2**	**100**
15岁	194	104	90	116	1	1		
16岁	164	74	90	82	2	1	1	100
17岁	167	85	82	104	1		1	
18岁	119	63	56	113				
19岁	81	30	51	59				
20-24	**370**	**157**	**213**	**74**	**2**	**1**	**1**	**100**
20岁	52	24	28	86	1	1		
21岁	50	25	25	100				
22岁	60	19	41	46	1		1	
23岁	96	45	51	88				
24岁	112	44	68	65				
25-29	**756**	**343**	**413**	**83**	**8**	**6**	**2**	**300**
25岁	104	45	59	76	3	2	1	200

1－2a 续表 1

单位：人，%

年龄	调查人口				调查残疾人			
	合计	男	女	性别比	合计	男	女	性别比
26岁	155	72	83	87	1		1	
27岁	153	75	78	96	2	2		
28岁	171	59	112	53				
29岁	173	92	81	114	2	2		
30－34	**1072**	**493**	**579**	**85**	**22**	**9**	**13**	**69**
30岁	170	67	103	65	2		2	
31岁	192	95	97	98	6	4	2	200
32岁	200	98	102	96	3	1	2	50
33岁	233	109	124	88	5	2	3	67
34岁	277	124	153	81	6	2	4	50
35－39	**1494**	**724**	**770**	**94**	**22**	**11**	**11**	**100**
35岁	285	139	146	95	4	2	2	100
36岁	279	149	130	115	3	1	2	50
37岁	337	149	188	79	6	3	3	100
38岁	278	132	146	90	5	3	2	150
39岁	315	155	160	97	4	2	2	100
40－44	**1370**	**696**	**674**	**103**	**28**	**20**	**8**	**250**
40岁	297	158	139	114	4	2	2	100
41岁	334	173	161	107	5	4	1	400
42岁	317	144	173	83	6	4	2	200
43岁	292	149	143	104	6	5	1	500
44岁	130	72	58	124	7	5	2	250
45－49	**804**	**407**	**397**	**103**	**30**	**15**	**15**	**100**
45岁	125	65	60	108	2	1	1	100
46岁	153	72	81	89	4	2	2	100
47岁	173	88	85	104	10	6	4	150
48岁	183	85	98	87	5	2	3	67
49岁	170	97	73	133	9	4	5	80
50－54	**780**	**374**	**406**	**92**	**35**	**21**	**14**	**150**
50岁	175	86	89	97	5	5		
51岁	216	98	118	83	8	4	4	100
52岁	144	68	76	89	6	1	5	20
53岁	131	66	65	102	8	4	4	100
54岁	114	56	58	97	8	7	1	700

1－2a 续表 2

单位：人，%

年 龄	调查人口				调查残疾人			
	合计	男	女	性别比	合计	男	女	性别比
55－59	**522**	**262**	**260**	**101**	**43**	**19**	**24**	**79**
55岁	104	50	54	93	8	3	5	60
56岁	132	71	61	116	9	5	4	125
57岁	105	50	55	91	10	5	5	100
58岁	108	51	57	89	10	3	7	43
59岁	73	40	33	121	6	3	3	100
60－64	**451**	**194**	**257**	**75**	**46**	**15**	**31**	**48**
60岁	102	47	55	85	8	2	6	33
61岁	96	37	59	63	10	3	7	43
62岁	68	32	36	89	5	1	4	25
63岁	91	32	59	54	14	6	8	75
64岁	94	46	48	96	9	3	6	50
65－69	**466**	**221**	**245**	**90**	**77**	**30**	**47**	**64**
65岁	92	37	55	67	17	5	12	42
66岁	97	52	45	116	15	9	6	150
67岁	93	42	51	82	13	3	10	30
68岁	83	38	45	84	19	6	13	46
69岁	101	52	49	106	13	7	6	117
70－74	**318**	**177**	**141**	**126**	**70**	**35**	**35**	**100**
70岁	86	46	40	115	12	4	8	50
71岁	63	36	27	133	16	11	5	220
72岁	71	41	30	137	16	10	6	167
73岁	54	29	25	116	12	6	6	100
74岁	44	25	19	132	14	4	10	40
75－79	**186**	**99**	**87**	**114**	**61**	**35**	**26**	**135**
75岁	67	36	31	116	23	12	11	109
76岁	38	19	19	100	9	3	6	50
77岁	33	18	15	120	10	8	2	400
78岁	28	14	14	100	11	6	5	120
79岁	20	12	8	150	8	6	2	300
80－84	**46**	**22**	**24**	**92**	**19**	**8**	**11**	**73**
80岁	13	5	8	63	6	2	4	50
81岁	13	6	7	86	4	3	1	300
82岁	5	2	3	67	2		2	
83岁	10	6	4	150	5	2	3	67
84岁	5	3	2	150	2	1	1	100
85+	**14**	**5**	**9**	**56**	**6**	**1**	**5**	**20**

1-2b 农村分年龄、性别的人口

单位：人，%

年龄	调查人口				调查残疾人			
	合计	男	女	性别比	合计	男	女	性别比
总计	**19185**	**9840**	**9345**	**105**	**1190**	**584**	**606**	**96**
0-4	**1559**	**878**	**681**	**129**	**40**	**23**	**17**	**135**
0岁	298	172	126	137	1	1		
1岁	294	172	122	141	8	6	2	300
2岁	323	165	158	104	10	5	5	100
3岁	310	175	135	130	11	7	4	175
4岁	334	194	140	139	10	4	6	67
5-9	**1610**	**837**	**773**	**108**	**35**	**19**	**16**	**119**
5岁	322	159	163	98	9	5	4	125
6岁	281	150	131	115	13	6	7	86
7岁	332	170	162	105	5	3	2	150
8岁	321	171	150	114	3	1	2	50
9岁	354	187	167	112	5	4	1	400
10-14	1934	1020	914	112	39	27	12	225
10岁	402	212	190	112	8	8		
11岁	376	194	182	107	2	2		
12岁	390	212	178	119	10	7	3	233
13岁	403	217	186	117	11	6	5	120
14岁	363	185	178	104	8	4	4	100
15-19	**1803**	**963**	**840**	**115**	**27**	**18**	**9**	**200**
15岁	372	193	179	108	4	3	1	300
16岁	409	223	186	120	9	6	3	200
17岁	358	199	159	125	6	5	1	500
18岁	357	180	177	102	8	4	4	100
19岁	307	168	139	121				
20-24	**1518**	**724**	**794**	**91**	**34**	**19**	**15**	**127**
20岁	286	137	149	92	7	4	3	133
21岁	304	143	161	89	4	2	2	100
22岁	271	131	140	94	7	2	5	40
23岁	338	167	171	98	10	7	3	233
24岁	319	146	173	84	6	4	2	200
25-29	**1768**	**942**	**826**	**114**	**52**	**24**	**28**	**86**
25岁	371	195	176	111	11	5	6	83

1－2b 续表 1

单位：人，%

年龄	调查人口				调查残疾人			
	合计	男	女	性别比	合计	男	女	性别比
26岁	349	195	154	127	7	1	6	17
27岁	333	179	154	116	9	5	4	125
28岁	349	175	174	101	15	8	7	114
29岁	366	198	168	118	10	5	5	100
30-34	**1727**	**888**	**839**	**106**	**43**	**22**	**21**	**105**
30岁	353	193	160	121	9	5	4	125
31岁	323	165	158	104	9	6	3	200
32岁	377	179	198	90	9	4	5	80
33岁	355	199	156	128	8	4	4	100
34岁	319	152	167	91	8	3	5	60
35-39	**1654**	**833**	**821**	**101**	**64**	**30**	**34**	**88**
35岁	353	174	179	97	10	5	5	100
36岁	374	199	175	114	8	3	5	60
37岁	333	171	162	106	15	8	7	114
38岁	326	164	162	101	14	7	7	100
39岁	268	125	143	87	17	7	10	70
40-44	**1364**	**703**	**661**	**106**	**70**	**43**	**27**	**159**
40岁	329	169	160	106	18	11	7	157
41岁	295	133	162	82	17	9	8	113
42岁	327	184	143	129	11	6	5	120
43岁	289	152	137	111	15	10	5	200
44岁	124	65	59	110	9	7	2	350
45-49	**673**	**316**	**357**	**89**	**41**	**16**	**25**	**64**
45岁	92	45	47	96	4	2	2	100
46岁	94	42	52	81	7	1	6	17
47岁	105	52	53	98	8	4	4	100
48岁	198	95	103	92	12	6	6	100
49岁	184	82	102	80	10	3	7	43
50-54	**988**	**520**	**468**	**111**	**80**	**39**	**41**	**95**
50岁	214	111	103	108	13	5	8	63
51岁	208	99	109	91	16	8	8	100
52岁	176	100	76	132	13	5	8	63
53岁	192	108	84	129	20	10	10	100
54岁	198	102	96	106	18	11	7	157

1－2b 续表 2

单位：人，%

年 龄	调查人口				调查残疾人			
	合计	男	女	性别比	合计	男	女	性别比
55-59	**785**	**365**	**420**	**87**	**107**	**47**	**60**	**78**
55岁	157	68	89	76	21	7	14	50
56岁	179	79	100	79	24	12	12	100
57岁	173	77	96	80	22	7	15	47
58岁	140	66	74	89	14	5	9	56
59岁	136	75	61	123	26	16	10	160
60-64	**603**	**312**	**291**	**107**	**119**	**67**	**52**	**129**
60岁	124	64	60	107	16	9	7	129
61岁	122	63	59	107	20	12	8	150
62岁	123	61	62	98	26	14	12	117
63岁	138	73	65	112	27	16	11	145
64岁	96	51	45	113	30	16	14	114
65-69	**477**	**228**	**249**	**92**	**124**	**64**	**60**	**107**
65岁	107	54	53	102	17	9	8	113
66岁	82	41	41	100	17	7	10	70
67岁	80	31	49	63	22	7	15	47
68岁	105	55	50	110	33	21	12	175
69岁	103	47	56	84	35	20	15	133
70-74	**414**	**192**	**222**	**86**	**149**	**70**	**79**	**89**
70岁	102	44	58	76	33	16	17	94
71岁	78	35	43	81	23	10	13	77
72岁	93	42	51	82	32	14	18	78
73岁	82	41	41	100	31	15	16	94
74岁	59	30	29	103	30	15	15	100
75-79	**178**	**72**	**106**	**68**	**92**	**34**	**58**	**59**
75岁	49	22	27	81	25	10	15	67
76岁	36	15	21	71	18	7	11	64
77岁	31	12	19	63	14	4	10	40
78岁	41	15	26	58	24	10	14	71
79岁	21	8	13	62	11	3	8	38
80-84	**95**	**37**	**58**	**64**	**48**	**15**	**33**	**45**
80岁	29	14	15	93	16	7	9	78
81岁	29	9	20	45	16	3	13	23
82岁	15	7	8	88	5	2	3	67
83岁	16	6	10	60	7	2	5	40
84岁	6	1	5	20	4	1	3	33
85+	**35**	**10**	**25**	**40**	**26**	**7**	**19**	**37**

1-3 调查家庭户类别

单位：户

家庭户规模	合计	一代户	二代户	三代户	四代户及以上
总 计	**8335**	**1635**	**4500**	**2131**	**69**
一人户	492	492			
二人户	1433	1106	327		
三人户	2487	23	2391	73	
四人户	1710	6	1273	431	
五人户	1167	6	411	742	8
六人户	599		63	508	28
七人户	286		24	245	17
八人户	144	2	10	118	14
九人户	17		1	14	2

1-4 各地区分性别、户口登记状况的人口

单位：人

地 区	调查人口			住本调查小区，户口在本乡、镇、街道		
	合计	男	女	小计	男	女
总 计	**30395**	**15332**	**15063**	**27477**	**13879**	**13598**
西宁市城中区	3364	1622	1742	2511	1220	1291
西宁市城西区	3372	1646	1726	2693	1318	1375
西宁市大通县	3837	1973	1864	3726	1908	1818
西宁市湟中县	4268	2203	2065	3974	2056	1918
海东地区民和县	3855	2065	1790	3619	1939	1680
海东地区化隆县	3799	1925	1874	3574	1813	1761
海北州刚察县	3870	1939	1931	3749	1882	1867
黄南州同仁县	4030	1959	2071	3631	1743	1888

1－4 续表

单位：人

地 区	住本调查小区半年以上，户口在外乡、镇、街道			住本调查小区不满半年，离开户口所在地半年以上			住本调查小区，户口待定		
	小计	男	女	小计	男	女	小计	男	女
总 计	**2350**	**1137**	**1213**	**48**	**24**	**24**	**520**	**292**	**228**
西宁市城中区	840	395	445	10	5	5	3	2	1
西宁市城西区	631	301	330	36	18	18	12	9	3
西宁市大通县	53	33	20				58	32	26
西宁市湟中县	256	120	136				38	27	11
海东地区民和县	157	80	77				79	46	33
海东地区化隆县	149	79	70	1		1	75	33	42
海北州刚察县	60	23	37				61	34	27
黄南州同仁县	204	106	98	1	1		194	109	85

1－5 各地区分户口登记状况、户口性质的人口

单位：人

地 区	合计			住本调查小区，户口在本乡、镇、街道		
	合计	农业	非农业	小计	农业	非农业
总 计	**29875**	**18722**	**11153**	**27477**	**17973**	**9504**
西宁市城中区	3361	163	3198	2511	5	2506
西宁市城西区	3360	97	3263	2693	9	2684
西宁市大通县	3779	2681	1098	3726	2664	1062
西宁市湟中县	4230	3154	1076	3974	3032	942
海东地区民和县	3776	2865	911	3619	2758	861
海东地区化隆县	3724	3637	87	3574	3539	35
海北州刚察县	3809	3336	473	3749	3288	461
黄南州同仁县	3836	2789	1047	3631	2678	953

1－5 续表

单位：人

地区	住本调查小区半年以上，户口在外乡、镇、街道			住本调查小区不满半年，离开户口所在地半年以上		
	小计	农业	非农业	小计	农业	非农业
总计	**2350**	**737**	**1613**	**48**	**12**	**36**
西宁市城中区	840	157	683	10	1	9
西宁市城西区	631	78	553	36	10	26
西宁市大通县	53	17	36			
西宁市湟中县	256	122	134			
海东地区民和县	157	107	50			
海东地区化隆县	149	97	52	1	1	
海北州刚察县	60	48	12			
黄南州同仁县	204	111	93	1		1

1－6 6岁及以上人口分年龄、性别的受教育程度

单位：人

年 龄	调查人口			不识字			未上过学		
	合计	男	女	小计	男	女	小计	男	女
总 计	**27953**	**13994**	**13959**	**6413**	**1848**	**4565**	**180**	**81**	**99**
6-9	**1801**	**954**	**847**	**338**	**166**	**172**	**4**	**1**	**3**
6岁	372	204	168	241	132	109	2		2
7岁	507	263	244	53	21	32	1	1	
8岁	432	224	208	23	8	15	1		1
9岁	490	263	227	21	5	16			
10-14	**2696**	**1405**	**1291**	**113**	**35**	**78**	**5**	**1**	**4**
10岁	540	278	262	25	11	14			
11岁	530	275	255	12	3	9	1	1	
12岁	537	286	251	23	8	15			
13岁	576	302	274	30	7	23	4		4
14岁	513	264	249	23	6	17			
15-19	**2528**	**1319**	**1209**	**259**	**71**	**188**	**14**	**5**	**9**
15岁	566	297	269	30	7	23	2	1	1
16岁	573	297	276	47	15	32	3	1	2
17岁	525	284	241	53	16	37	4	3	1
18岁	476	243	233	57	12	45	3		3
19岁	388	198	190	72	21	51	2		2
20-24	**1888**	**881**	**1007**	**450**	**107**	**343**	**7**	**2**	**5**
20岁	338	161	177	77	16	61			
21岁	354	168	186	94	20	74	2		2
22岁	331	150	181	92	23	69	1	1	
23岁	434	212	222	92	23		3		3
24岁	431	190	241	95	25	70	1	1	
25-29	**2524**	**1285**	**1239**	**529**	**145**	**384**	**10**	**4**	**6**
25岁	475	240	235	135	41	94			
26岁	504	267	237	100	27	73	4	2	2
27岁	486	254	232	85	22	63			
28岁	520	234	286	101	26	75	3	1	2
29岁	539	290	249	108	29	79	3	1	2
30-34	**2799**	**1381**	**1418**	**561**	**157**	**404**	**12**	**5**	**7**
30岁	523	260	263	108	34	74			

1－6　续表 1

单位：人

年龄	调查人口			不识字			未上过学		
	合计	男	女	小计	男	女	小计	男	女
31岁	515	260	255	98	22	76	1		1
32岁	577	277	300	115	28	87	2		2
33岁	588	308	280	112	41	71	5	4	1
34岁	596	276	320	128	32	96	4	1	3
35-39	**3148**	**1557**	**1591**	**600**	**163**	**437**	**23**	**8**	**15**
35岁	638	313	325	137	43	94	3	1	2
36岁	653	348	305	132	32	100	2	1	1
37岁	670	320	350	119	30	89	6	3	3
38岁	604	296	308	107	32	75	8	3	5
39岁	583	280	303	105	26	79	4		4
40-44	**2734**	**1399**	**1335**	**486**	**128**	**358**	**19**	**4**	**15**
40岁	626	327	299	108	29	79	3	1	2
41岁	629	306	323	107	24	83	5	2	3
42岁	644	328	316	115	29	86	5	1	4
43岁	581	301	280	107	34	73	4		4
44岁	254	137	117	49	12	37	2		2
45-49	**1477**	**723**	**754**	**406**	**110**	**296**	**12**	**5**	**7**
45岁	217	110	107	46	9	37			
46岁	247	114	133	56	13	43	1		1
47岁	278	140	138	67	22	45	1		1
48岁	381	180	201	124	35	89	1		1
49岁	354	179	175	113	31	82	9	5	4
50-54	**1768**	**894**	**874**	**611**	**182**	**429**	**23**	**11**	**12**
50岁	389	197	192	141	46	95	5	1	4
51岁	424	197	227	127	35	92	3		3
52岁	320	168	152	102	26	76	7	5	2
53岁	323	174	149	117	42	75	4	2	2
54岁	312	158	154	124	33	91	4	3	1
55-59	**1307**	**627**	**680**	**504**	**125**	**379**	**19**	**11**	**8**
55岁	261	118	143	112	27	85	4	2	2
56岁	311	150	161	113	25	88	1	1	
57岁	278	127	151	114	29	85	7	4	3
58岁	248	117	131	100	24	76	4	2	2

1-6 续表 2

单位：人

年 龄	调查人口			不识字			未上过学		
	合计	男	女	小计	男	女	小计	男	女
59岁	209	115	94	65	20	45	3	2	1
60-64	**1054**	**506**	**548**	**394**	**125**	**269**	**8**	**6**	**2**
60岁	226	111	115	77	20	57	2	2	
61岁	218	100	118	84	24	60			
62岁	191	93	98	70	22	48	1		1
63岁	229	105	124	93	35	58	2	2	
64岁	190	97	93	70	24	46	3	2	1
65-69	**943**	**449**	**494**	**418**	**134**	**284**	**12**	**8**	**4**
65岁	199	91	108	80	23	57	5	3	2
66岁	179	93	86	73	25	48	3	3	
67岁	173	73	100	70	17	53	2	1	1
68岁	188	93	95	95	36	59	1	1	
69岁	204	99	105	100	33	67	1		1
70-74	**732**	**369**	**363**	**393**	**113**	**280**	**6**	**5**	**1**
70岁	188	90	98	94	30	64	3	2	1
71岁	141	71	70	71	18	53	1	1	
72岁	164	83	81	92	23	69	1	1	
73岁	136	70	66	78	22	56	1	1	
74岁	103	55	48	58	20	38			
75-79	**364**	**171**	**193**	**206**	**50**	**156**	**6**	**5**	**1**
75岁	116	58	58	62	18	44	1	1	
76岁	74	34	40	36	8	28	3	2	1
77岁	64	30	34	39	9	30			
78岁	69	29	40	44	10	34	1	1	
79岁	41	20	21	25	5	20	1	1	
80+	**190**	**74**	**116**	**145**	**37**	**108**			

1－6 续表 3

单位：人

年 龄	小学			初中			高中		
	小计	男	女	小计	男	女	小计	男	女
总 计	**8523**	**4851**	**3672**	**6525**	**3840**	**2685**	**2976**	**1597**	**1379**
6-9	**1457**	**786**	**671**	**2**	**1**	**1**			
6岁	129	72	57						
7岁	453	241	212						
8岁	406	215	191	2	1	1			
9岁	469	258	211						
10-14	**1650**	**872**	**778**	**915**	**492**	**423**	**12**	**5**	**7**
10岁	514	267	247	1		1			
11岁	497	255	242	20	16	4			
12岁	371	201	170	143	77	66			
13岁	164	89	75	377	205	172	1	1	
14岁	104	60	44	374	194	180	11	4	7
15-19	**484**	**265**	**219**	**877**	**496**	**381**	**845**	**462**	**383**
15岁	107	54	53	310	179	131	114	55	59
16岁	89	45	44	209	115	94	217	118	99
17岁	88	52	36	135	76	59	237	134	103
18岁	102	59	43	112	64	48	192	102	90
19岁	98	55	43	111	62	49	85	53	32
20-24	**552**	**331**	**221**	**501**	**268**	**233**	**150**	**78**	**72**
20岁	109	64	45	88	51	37	45	23	22
21岁	108	64	44	93	50	43	25	12	13
22岁	103	61	42	71	38	33	24	14	10
23岁	120	78	42	128	69	59	32	16	16
24岁	112	64	48	121	60	61	24	13	11
25-29	**681**	**423**	**258**	**667**	**401**	**266**	**217**	**113**	**104**
25岁	139	92	47	114	68	46	22	12	10
26岁	132	85	47	135	87	48	51	28	23
27岁	128	84	44	142	88	54	47	19	28
28岁	143	79	64	131	64	67	41	24	17
29岁	139	83	56	145	94	51	56	30	26
30-34	**675**	**407**	**268**	**662**	**377**	**285**	**360**	**191**	**169**
30岁	141	86	55	133	77	56	49	27	22

1-6 续表 4

单位：人

年龄	小学			初中			高中		
	小计	男	女	小计	男	女	小计	男	女
31岁	131	80	51	123	76	47	73	37	36
32岁	156	86	70	132	75	57	75	34	41
33岁	145	95	50	137	75	62	81	49	32
34岁	102	60	42	137	74	63	82	44	38
35-39	**653**	**371**	**282**	**717**	**422**	**295**	**458**	**236**	**222**
35岁	126	70	56	146	82	64	93	46	47
36岁	152	91	61	134	92	42	101	60	41
37岁	144	83	61	150	81	69	98	48	50
38岁	135	77	58	140	80	60	89	43	46
39岁	96	50	46	147	87	60	77	39	38
40-44	**515**	**273**	**242**	**704**	**455**	**249**	**402**	**188**	**214**
40岁	133	74	59	159	104	55	80	33	47
41岁	130	67	63	162	93	69	90	47	43
42岁	125	75	50	156	98	58	94	40	54
43岁	83	31	52	170	118	52	92	45	47
44岁	44	26	18	57	42	15	46	23	23
45-49	**220**	**117**	**103**	**364**	**224**	**140**	**226**	**118**	**108**
45岁	28	15	13	57	37	20	44	19	25
46岁	37	21	16	69	38	31	51	23	28
47岁	36	19	17	77	47	30	42	20	22
48岁	63	36	27	86	52	34	51	29	22
49岁	56	26	30	75	50	25	38	27	11
50-54	**416**	**263**	**153**	**414**	**242**	**172**	**112**	**69**	**43**
50岁	75	47	28	89	55	34	30	14	16
51岁	89	50	39	110	57	53	38	23	15
52岁	78	51	27	76	45	31	22	16	6
53岁	91	56	35	73	43	30	14	13	1
54岁	83	59	24	66	42	24	8	3	5
55-59	**393**	**237**	**156**	**226**	**148**	**78**	**57**	**41**	**16**
55岁	58	30	28	56	40	16	14	10	4
56岁	96	52	44	59	39	20	11	8	3
57岁	84	50	34	36	20	16	18	12	6
58岁	75	52	23	35	21	14	7	6	1

1－6 续表 5

单位：人

年龄	小学			初中			高中		
	小计	男	女	小计	男	女	小计	男	女
59岁	80	53	27	40	28	12	7	5	2
60-64	**324**	**191**	**133**	**201**	**109**	**92**	**51**	**30**	**21**
60岁	69	43	26	47	26	21	10	5	5
61岁	60	35	25	49	27	22	9	5	4
62岁	70	42	28	31	16	15	8	5	3
63岁	63	35	28	46	22	24	9	5	4
64岁	62	36	26	28	18	10	15	10	5
65-69	**236**	**128**	**108**	**141**	**92**	**49**	**44**	**31**	**13**
65岁	52	28	24	34	21	13	10	5	5
66岁	38	24	14	34	23	11	10	6	4
67岁	57	28	29	20	14	6	8	6	2
68岁	45	25	20	26	16	10	5	5	
69岁	44	23	21	27	18	9	11	9	2
70-74	**165**	**115**	**50**	**78**	**66**	**12**	**25**	**19**	**6**
70岁	46	27	19	15	12	3	10	6	4
71岁	31	21	10	21	17	4	5	4	1
72岁	40	31	9	12	12		8	7	1
73岁	29	25	4	19	15	4			
74岁	19	11	8	11	10	1	2	2	
75-79	**82**	**56**	**26**	**42**	**36**	**6**	**10**	**9**	**1**
75岁	27	19	8	17	12	5	2	2	
76岁	20	11	9	6	5	1	3	3	
77岁	13	10	3	7	7		3	2	1
78岁	14	8	6	8	8		2	2	
79岁	8	8		4	4				
80+	**20**	**16**	**4**	**14**	**11**	**3**	**7**	**7**	

1-6 续表 6

单位：人

年 龄	中专			大学专科			大学本科			研究生		
	小计	男	女	小计	男	女	小计	男	女	小计	男	女
总 计	**1007**	**512**	**495**	**1470**	**762**	**708**	**817**	**471**	**346**	**42**	**32**	**10**
6-9												
6岁												
7岁												
8岁												
9岁												
10-14	**1**		**1**									
10岁												
11岁												
12岁												
13岁												
14岁	1		1									
15-19	**31**	**14**	**17**	**10**	**3**	**7**	**8**	**3**	**5**			
15岁	3	1	2									
16岁	8	3	5									
17岁	6	3	3	1		1	1		1			
18岁	4	2	2	4	3	1	2	1	1			
19岁	10	5	5	5		5	5	2	3			
20-24	**47**	**19**	**28**	**121**	**51**	**70**	**60**	**25**	**35**			
20岁	4	2	2	10	4	6	5	1	4			
21岁	10	5	5	17	13	4	5	4	1			
22岁	10	3	7	22	6	16	8	4	4			
23岁	6	4	2	32	11	21	21	11	10			
24岁	17	5	12	40	17	23	21	5	16			
25-29	**119**	**60**	**59**	**195**	**82**	**113**	**99**	**52**	**47**	**7**	**5**	**2**
25岁	14	6	8	34	14	20	17	7	10			
26岁	25	13	12	38	17	21	19	8	11			
27岁	23	9	14	38	20	18	20	10	10	3	2	1
28岁	29	12	17	45	14	31	25	13	12	2	1	1
29岁	28	20	8	40	17	23	18	14	4	2	2	
30-34	**133**	**63**	**70**	**243**	**113**	**130**	**148**	**66**	**82**	**5**	**2**	**3**
30岁	23	9	14	45	20	25	24	7	17			

1－6　续表 7

单位：人

年龄	中专			大学专科			大学本科			研究生		
	小计	男	女	小计	男	女	小计	男	女	小计	男	女
31岁	21	10	11	36	19	17	32	16	16			
32岁	24	14	10	56	31	25	16	8	8	1	1	
33岁	28	15	13	50	17	33	27	11	16	3	1	2
34岁	37	15	22	56	26	30	49	24	25	1		1
35-39	**154**	**78**	**76**	**326**	**157**	**169**	**207**	**115**	**92**	**10**	**7**	**3**
35岁	29	18	11	64	32	32	39	20	19	1	1	
36岁	24	16	8	69	33	36	39	23	16			
37岁	35	14	21	65	30	35	52	30	22	1	1	
38岁	34	12	22	50	24	26	40	24	16	1	1	
39岁	32	18	14	78	38	40	37	18	19	7	4	3
40-44	**169**	**90**	**79**	**278**	**153**	**125**	**145**	**94**	**51**	**16**	**14**	**2**
40岁	36	19	17	68	40	28	36	26	10	3	1	2
41岁	43	22	21	57	29	28	31	18	13	4	4	
42岁	42	24	18	63	34	29	40	23	17	4	4	
43岁	34	22	12	64	30	34	25	19	6	2	2	
44岁	14	3	11	26	20	6	13	8	5	3	3	
45-49	**82**	**39**	**43**	**109**	**66**	**43**	**54**	**40**	**14**	**4**	**4**	
45岁	8	5	3	24	17	7	10	8	2			
46岁	12	4	8	13	7	6	7	7		1	1	
47岁	18	7	11	24	17	7	13	8	5			
48岁	24	13	11	19	6	13	11	7	4	2	2	
49岁	20	10	10	29	19	10	13	10	3	1	1	
50-54	**77**	**44**	**33**	**88**	**64**	**24**	**27**	**19**	**8**			
50岁	21	11	10	20	16	4	8	7	1			
51岁	24	12	12	27	19	8	6	1	5			
52岁	15	10	5	14	9	5	6	6				
53岁	8	5	3	12	9	3	4	4				
54岁	9	6	3	15	11	4	3	1	2			
55-59	**54**	**24**	**30**	**44**	**32**	**12**	**10**	**9**	**1**			
55岁	10	5	5	6	3	3	1	1				
56岁	7	4	3	20	18	2	4	3	1			
57岁	7	4	3	10	6	4	2	2				
58岁	18	6	12	7	4	3	2	2				

1－6 续表 8

单位：人

年龄	中专			大学专科			大学本科			研究生		
	小计	男	女	小计	男	女	小计	男	女	小计	男	女
59岁	12	5	7	1	1		1	1				
60-64	**45**	**24**	**21**	**15**	**10**	**5**	**16**	**11**	**5**			
60岁	12	7	5	4	4		5	4	1			
61岁	9	4	5	4	3	1	3	2	1			
62岁	8	5	3				3	3				
63岁	7	2	5	5	2	3	4	2	2			
64岁	9	6	3	2	1	1	1		1			
65-69	**55**	**27**	**28**	**19**	**14**	**5**	**18**	**15**	**3**			
65岁	13	7	6	1	1		4	3	1			
66岁	15	8	7	2	1	1	4	3	1			
67岁	10	3	7	4	2	2	2	2				
68岁	6	1	5	5	5		5	4	1			
69岁	11	8	3	7	5	2	3	3				
70-74	**32**	**24**	**8**	**14**	**11**	**3**	**19**	**16**	**3**			
70岁	12	8	4	4	3	1	4	2	2			
71岁	7	5	2	2	2		3	3				
72岁	4	4		1		1	6	5	1			
73岁	2	1	1	5	4	1	2	2				
74岁	7	6	1	2	2		4	4				
75-79	**7**	**5**	**2**	**5**	**4**	**1**	**6**	**6**				
75岁	2	1	1	2	2		3	3				
76岁	1	1		2	1	1	3	3				
77岁	1	1		1	1							
78岁												
79岁	3	2	1									
80+	**1**	**1**		**3**	**2**	**1**						

1－7　15岁及以上分年龄、性别的文盲人口

单位：人，%

年龄	调查人口			文盲人口			文盲人口占调查人口的比例		
	合计	男	女	小计	男	女	总比例	男	女
总　计	**23456**	**11635**	**11821**	**5962**	**1647**	**4315**	**25.42**	**14.16**	**36.50**
15-19	**2528**	**1319**	**1209**	**259**	**71**	**188**	**10.25**	**5.38**	**15.55**
15岁	566	297	269	30	7	23	5.30	2.36	8.55
16岁	573	297	276	47	15	32	8.20	5.05	11.59
17岁	525	284	241	53	16	37	10.10	5.63	15.35
18岁	476	243	233	57	12	45	11.97	4.94	19.31
19岁	388	198	190	72	21	51	18.56	10.61	26.84
20-24	**1888**	**881**	**1007**	**450**	**107**	**343**	**23.83**	**12.15**	**34.06**
20岁	338	161	177	77	16	61	22.78	9.94	34.46
21岁	354	168	186	94	20	74	26.55	11.90	39.78
22岁	331	150	181	92	23	69	27.79	15.33	38.12
23岁	434	212	222	92	23	69	21.20	10.85	31.08
24岁	431	190	241	95	25	70	22.04	13.16	29.05
25-29	**2524**	**1285**	**1239**	**529**	**145**	**384**	**20.96**	**11.28**	**30.99**
25岁	475	240	235	135	41	94	28.42	17.08	40.00
26岁	504	267	237	100	27	73	19.84	10.11	30.80
27岁	486	254	232	85	22	63	17.49	8.66	27.16
28岁	520	234	286	101	26	75	19.42	11.11	26.22
29岁	539	290	249	108	29	79	20.04	10.00	31.73
30-34	**2799**	**1381**	**1418**	**561**	**157**	**404**	**20.04**	**11.37**	**28.49**
30岁	523	260	263	108	34	74	20.65	13.08	28.14
31岁	515	260	255	98	22	76	19.03	8.46	29.80
32岁	577	277	300	115	28	87	19.93	10.11	29.00
33岁	588	308	280	112	41	71	19.05	13.31	25.36
34岁	596	276	320	128	32	96	21.48	11.59	30.00

1－7 续表 1

单位：人，%

年龄	调查人口			文盲人口			文盲人口占调查人口的比例		
	合计	男	女	小计	男	女	总比例	男	女
35-39	**3148**	**1557**	**1591**	**600**	**163**	**437**	**19.06**	**10.47**	**27.47**
35岁	638	313	325	137	43	94	21.47	13.74	28.92
36岁	653	348	305	132	32	100	20.21	9.20	32.79
37岁	670	320	350	119	30	89	17.76	9.38	25.43
38岁	604	296	308	107	32	75	17.72	10.81	24.35
39岁	583	280	303	105	26	79	18.01	9.29	26.07
40-44	**2734**	**1399**	**1335**	**486**	**128**	**358**	**17.78**	**9.15**	**26.82**
40岁	626	327	299	108	29	79	17.25	8.87	26.42
41岁	629	306	323	107	24	83	17.01	7.84	25.70
42岁	644	328	316	115	29	86	17.86	8.84	27.22
43岁	581	301	280	107	34	73	18.42	11.30	26.07
44岁	254	137	117	49	12	37	19.29	8.76	31.62
45-49	**1477**	**723**	**754**	**406**	**110**	**296**	**27.49**	**15.21**	**39.26**
45岁	217	110	107	46	9	37	21.20	8.18	34.58
46岁	247	114	133	56	13	43	22.67	11.40	32.33
47岁	278	140	138	67	22	45	24.10	15.71	32.61
48岁	381	180	201	124	35	89	32.55	19.44	44.28
49岁	354	179	175	113	31	82	31.92	17.32	46.86
50-54	**1768**	**894**	**874**	**611**	**182**	**429**	**34.56**	**20.36**	**49.08**
50岁	389	197	192	141	46	95	36.25	23.35	49.48
51岁	424	197	227	127	35	92	29.95	17.77	40.53
52岁	320	168	152	102	26	76	31.87	15.48	50.00
53岁	323	174	149	117	42	75	36.22	24.14	50.34
54岁	312	158	154	124	33	91	39.74	20.89	59.09
55-59	**1307**	**627**	**680**	**504**	**125**	**379**	**38.56**	**19.94**	**55.74**
55岁	261	118	143	112	27	85	42.91	22.88	59.44
56岁	311	150	161	113	25	88	36.33	16.67	54.66
57岁	278	127	151	114	29	85	41.01	22.83	56.29
58岁	248	117	131	100	24	76	40.32	20.51	58.02
59岁	209	115	94	65	20	45	31.10	17.39	47.87
60-64	**1054**	**506**	**548**	**394**	**125**	**269**	**37.38**	**24.70**	**49.09**
60岁	226	111	115	77	20	57	34.07	18.02	49.57
61岁	218	100	118	84	24	60	38.53	24.00	50.85

1－7 续表 2

单位：人，%

年 龄	调查人口			文盲人口			文盲人口占调查人口的比例		
	合计	男	女	小计	男	女	总比例	男	女
62岁	191	93	98	70	22	48	36.65	23.66	48.98
63岁	229	105	124	93	35	58	40.61	33.33	46.77
64岁	190	97	93	70	24	46	36.84	24.74	49.46
65-69	**943**	**449**	**494**	**418**	**134**	**284**	**44.33**	**29.84**	**57.49**
65岁	199	91	108	80	23	57	40.20	25.27	52.78
66岁	179	93	86	73	25	48	40.78	26.88	55.81
67岁	173	73	100	70	17	53	40.46	23.29	53.00
68岁	188	93	95	95	36	59	50.53	38.71	62.11
69岁	204	99	105	100	33	67	49.02	33.33	63.81
70-74	**732**	**369**	**363**	**393**	**113**	**280**	**53.69**	**30.62**	**77.13**
70岁	188	90	98	94	30	64	50.00	33.33	65.31
71岁	141	71	70	71	18	53	50.35	25.35	75.71
72岁	164	83	81	92	23	69	56.10	27.71	85.19
73岁	136	70	66	78	22	56	57.35	31.43	84.85
74岁	103	55	48	58	20	38	56.31	36.36	79.17
75-79	**364**	**171**	**193**	**206**	**50**	**156**	**56.59**	**29.24**	**80.83**
75岁	116	58	58	62	18	44	53.45	31.03	75.86
76岁	74	34	40	36	8	28	48.65	23.53	70.00
77岁	64	30	34	39	9	30	60.94	30.00	88.24
78岁	69	29	40	44	10	34	63.77	34.48	85.00
79岁	41	20	21	25	5	20	60.98	25.00	95.24
80-84	**141**	**59**	**82**	**103**	**27**	**76**	**73.05**	**45.76**	**92.68**
80岁	42	19	23	30	9	21	71.43	47.37	91.30
81岁	42	15	27	35	9	26	83.33	60.00	96.30
82岁	20	9	11	15	4	11	75.00	44.44	100.00
83岁	26	12	14	16	5	11	61.54	41.67	78.57
84岁	11	4	7	7		7	63.64		100.00
85+	**49**	**15**	**34**	**42**	**10**	**32**	**85.71**	**66.67**	**94.12**

1－7a 城镇15岁及以上分年龄、性别的文盲人口

单位：人，%

年 龄	调查人口			文盲人口			文盲人口占调查人口的比例		
	合计	男	女	小计	男	女	总比例	男	女
总 计	**9374**	**4530**	**4844**	**563**	**78**	**485**	**6.01**	**1.72**	**10.01**
15-19	**725**	**356**	**369**	**2**		**2**	**0.28**		**0.54**
15岁	194	104	90						
16岁	164	74	90	1		1	0.61		1.11
17岁	167	85	82	1		1	0.60		1.22
18岁	119	63	56						
19岁	81	30	51						
20-24	**370**	**157**	**213**	**4**	**1**	**3**	**1.08**	**0.64**	**1.41**
20岁	52	24	28						
21岁	50	25	25	1		1	2.00		4.00
22岁	60	19	41						
23岁	96	45	51						
24岁	112	44	68	3	1	2	2.68	2.27	2.94
25-29	**756**	**343**	**413**	**15**	**1**	**14**	**1.98**	**0.29**	**3.39**
25岁	104	45	59	5		5	4.81		8.47
26岁	155	72	83	2	1	1	1.29	1.39	1.20
27岁	153	75	78	2		2	1.31		2.56
28岁	171	59	112	5		5	2.92		4.46
29岁	173	92	81	1		1	0.58		1.23
30-34	**1072**	**493**	**579**	**22**	**6**	**16**	**2.05**	**1.22**	**2.76**
30岁	170	67	103	5	1	4	2.94	1.49	3.88
31岁	192	95	97	5	3	2	2.60	3.16	2.06
32岁	200	98	102	4	1	3	2.00	1.02	2.94
33岁	233	109	124	5	1	4	2.15	0.92	3.23
34岁	277	124	153	3		3	1.08		1.96
35-39	**1494**	**724**	**770**	**18**	**3**	**15**	**1.20**	**0.41**	**1.95**
35岁	285	139	146	5	1	4	1.75	0.72	2.74
36岁	279	149	130	5	1	4	1.79	0.67	3.08

1－7a 续表 1

单位：人，%

年 龄	调查人口			文盲人口			文盲人口占调查人口的比例		
	合计	男	女	小计	男	女	总比例	男	女
37岁	337	149	188	3		3	0.89		1.60
38岁	278	132	146	1		1	0.36		0.68
39岁	315	155	160	4	1	3	1.27	0.65	1.88
40-44	**1370**	**696**	**674**	**26**	**6**	**20**	**1.90**	**0.86**	**2.97**
40岁	297	158	139	5	2	3	1.68	1.27	2.16
41岁	334	173	161	3		3	0.90		1.86
42岁	317	144	173	9	1	8	2.84	0.69	4.62
43岁	292	149	143	6	1	5	2.05	0.67	3.50
44岁	130	72	58	3	2	1	2.31	2.78	1.72
45-49	**804**	**407**	**397**	**30**	**5**	**25**	**3.73**	**1.23**	**6.30**
45岁	125	65	60	3	1	2	2.40	1.54	3.33
46岁	153	72	81	9	1	8	5.88	1.39	9.88
47岁	173	88	85	6	2	4	3.47	2.27	4.71
48岁	183	85	98	8	1	7	4.37	1.18	7.14
49岁	170	97	73	4		4	2.35		5.48
50-54	**780**	**374**	**406**	**80**	**4**	**76**	**10.26**	**1.07**	**18.72**
50岁	175	86	89	15	1	14	8.57	1.16	15.73
51岁	216	98	118	15	1	14	6.94	1.02	11.86
52岁	144	68	76	18	1	17	12.50	1.47	22.37
53岁	131	66	65	17		17	12.98		26.15
54岁	114	56	58	15	1	14	13.16	1.79	24.14
55-59	**522**	**262**	**260**	**69**	**12**	**57**	**13.22**	**4.58**	**21.92**
55岁	104	50	54	16	2	14	15.38	4.00	25.93
56岁	132	71	61	15	2	13	11.36	2.82	21.31
57岁	105	50	55	16	3	13	15.24	6.00	23.64
58岁	108	51	57	17	3	14	15.74	5.88	24.56
59岁	73	40	33	5	2	3	6.85	5.00	9.09
60-64	**451**	**194**	**257**	**54**	**7**	**47**	**11.97**	**3.61**	**18.29**
60岁	102	47	55	19	2	17	18.63	4.26	30.91
61岁	96	37	59	13	2	11	13.54	5.41	18.64
62岁	68	32	36	5		5	7.35		13.89
63岁	91	32	59	8	1	7	8.79	3.13	11.86

1－7a 续表 2

单位：人，%

年 龄	调查人口			文盲人口			文盲人口占调查人口的比例		
	合计	男	女	小计	男	女	总比例	男	女
64岁	94	46	48	9	2	7	9.57	4.35	14.58
65-69	**466**	**221**	**245**	**75**	**11**	**64**	**16.09**	**4.98**	**26.12**
65岁	92	37	55	15	1	14	16.30	2.70	25.45
66岁	97	52	45	13	1	12	13.40	1.92	26.67
67岁	93	42	51	15	5	10	16.13	11.90	19.61
68岁	83	38	45	13	1	12	15.66	2.63	26.67
69岁	101	52	49	19	3	16	18.81	5.77	32.65
70-74	**318**	**177**	**141**	**76**	**9**	**67**	**23.90**	**5.08**	**47.52**
70岁	86	46	40	14	3	11	16.28	6.52	27.50
71岁	63	36	27	13	1	12	20.63	2.78	44.44
72岁	71	41	30	20	1	19	28.17	2.44	63.33
73岁	54	29	25	18	2	16	33.33	6.90	64.00
74岁	44	25	19	11	2	9	25.00	8.00	47.37
75-79	**186**	**99**	**87**	**63**	**10**	**53**	**33.87**	**10.10**	**60.92**
75岁	67	36	31	23	5	18	34.33	13.89	58.06
76岁	38	19	19	11	2	9	28.95	10.53	47.37
77岁	33	18	15	12	1	11	36.36	5.56	73.33
78岁	28	14	14	9	1	8	32.14	7.14	57.14
79岁	20	12	8	8	1	7	40.00	8.33	87.50
80-84	**46**	**22**	**24**	**20**	**1**	**19**	**43.48**	**4.55**	**79.17**
80岁	13	5	8	6		6	46.15		75.00
81岁	13	6	7	7	1	6	53.85	16.67	85.71
82岁	5	2	3	3		3	60.00		100.00
83岁	10	6	4	2		2	20.00		50.00
84岁	5	3	2	2		2	40.00		100.00
85+	**14**	**5**	**9**	**9**	**2**	**7**	**64.29**	**40.00**	**77.78**

1－7b 农村15岁及以上分年龄、性别的文盲人口

单位：人，%

年龄	调查人口			文盲人口			文盲人口占调查人口的比例		
	合计	男	女	小计	男	女	总比例	男	女
总　计	**14082**	**7105**	**6977**	**5399**	**1569**	**3830**	**38.34**	**22.08**	**54.89**
15-19	**1803**	**963**	**840**	**257**	**71**	**186**	**14.25**	**7.37**	**22.14**
15岁	372	193	179	30	7	23	8.06	3.63	12.85
16岁	409	223	186	46	15	31	11.25	6.73	16.67
17岁	358	199	159	52	16	36	14.53	8.04	22.64
18岁	357	180	177	57	12	45	15.97	6.67	25.42
19岁	307	168	139	72	21	51	23.45	12.50	36.69
20-24	**1518**	**724**	**794**	**446**	**106**	**340**	**29.38**	**14.64**	**42.82**
20岁	286	137	149	77	16	61	26.92	11.68	40.94
21岁	304	143	161	93	20	73	30.59	13.99	45.34
22岁	271	131	140	92	23	69	33.95	17.56	49.29
23岁	338	167	171	92	23	69	27.22	13.77	40.35
24岁	319	146	173	92	24	68	28.84	16.44	39.31
25-29	**1768**	**942**	**826**	**514**	**144**	**370**	**29.07**	**15.29**	**44.79**
25岁	371	195	176	130	41	89	35.04	21.03	50.57
26岁	349	195	154	98	26	72	28.08	13.33	46.75
27岁	333	179	154	83	22	61	24.92	12.29	39.61
28岁	349	175	174	96	26	70	27.51	14.86	40.23
29岁	366	198	168	107	29	78	29.23	14.65	46.43
30-34	**1727**	**888**	**839**	**539**	**151**	**388**	**31.21**	**17.00**	**46.25**
30岁	353	193	160	103	33	70	29.18	17.10	43.75
31岁	323	165	158	93	19	74	28.79	11.52	46.84
32岁	377	179	198	111	27	84	29.44	15.08	42.42
33岁	355	199	156	107	40	67	30.14	20.10	42.95
34岁	319	152	167	125	32	93	39.18	21.05	55.69
35-39	**1654**	**833**	**821**	**582**	**160**	**422**	**35.19**	**19.21**	**51.40**
35岁	353	174	179	132	42	90	37.39	24.14	50.28
36岁	374	199	175	127	31	96	33.96	15.58	54.86
37岁	333	171	162	116	30	86	34.83	17.54	53.09
38岁	326	164	162	106	32	74	32.52	19.51	45.68
39岁	268	125	143	101	25	76	37.69	20.00	53.15

1－7b 续表 1

单位：人，%

年 龄	调查人口			文盲人口			文盲人口占调查人口的比例		
	合计	男	女	小计	男	女	总比例	男	女
40-44	**1364**	**703**	**661**	**460**	**122**	**338**	**33.72**	**17.35**	**51.13**
40岁	329	169	160	103	27	76	31.31	15.98	47.50
41岁	295	133	162	104	24	80	35.25	18.05	49.38
42岁	327	184	143	106	28	78	32.42	15.22	54.55
43岁	289	152	137	101	33	68	34.95	21.71	49.64
44岁	124	65	59	46	10	36	37.10	15.38	61.02
45-49	**673**	**316**	**357**	**376**	**105**	**271**	**55.87**	**33.23**	**75.91**
45岁	92	45	47	43	8	35	46.74	17.78	74.47
46岁	94	42	52	47	12	35	50.00	28.57	67.31
47岁	105	52	53	61	20	41	58.10	38.46	77.36
48岁	198	95	103	116	34	82	58.59	35.79	79.61
49岁	184	82	102	109	31	78	59.24	37.80	76.47
50-54	**988**	**520**	**468**	**531**	**178**	**353**	**53.74**	**34.23**	**75.43**
50岁	214	111	103	126	45	81	58.88	40.54	78.64
51岁	208	99	109	112	34	78	53.85	34.34	71.56
52岁	176	100	76	84	25	59	47.73	25.00	77.63
53岁	192	108	84	100	42	58	52.08	38.89	69.05
54岁	198	102	96	109	32	77	55.05	31.37	80.21
55-59	**785**	**365**	**420**	**435**	**113**	**322**	**55.41**	**30.96**	**76.67**
55岁	157	68	89	96	25	71	61.15	36.76	79.78
56岁	179	79	100	98	23	75	54.75	29.11	75.00
57岁	173	77	96	98	26	72	56.65	33.77	75.00
58岁	140	66	74	83	21	62	59.29	31.82	83.78
59岁	136	75	61	60	18	42	44.12	24.00	68.85
60-64	**603**	**312**	**291**	**340**	**118**	**222**	**56.38**	**37.82**	**76.29**
60岁	124	64	60	58	18	40	46.77	28.13	66.67
61岁	122	63	59	71	22	49	58.20	34.92	83.05

1－7b 续表 2

单位：人，%

年 龄	调查人口			文盲人口			文盲人口占调查人口的比例		
	合计	男	女	小计	男	女	总比例	男	女
62岁	123	61	62	65	22	43	52.85	36.07	69.35
63岁	138	73	65	85	34	51	61.59	46.58	78.46
64岁	96	51	45	61	22	39	63.54	43.14	86.67
65–69	**477**	**228**	**249**	**343**	**123**	**220**	**71.91**	**53.95**	**88.35**
65岁	107	54	53	65	22	43	60.75	40.74	81.13
66岁	82	41	41	60	24	36	73.17	58.54	87.80
67岁	80	31	49	55	12	43	68.75	38.71	87.76
68岁	105	55	50	82	35	47	78.10	63.64	94.00
69岁	103	47	56	81	30	51	78.64	63.83	91.07
70–74	**414**	**192**	**222**	**317**	**104**	**213**	**76.57**	**54.17**	**95.95**
70岁	102	44	58	80	27	53	78.43	61.36	91.38
71岁	78	35	43	58	17	41	74.36	48.57	95.35
72岁	93	42	51	72	22	50	77.42	52.38	98.04
73岁	82	41	41	60	20	40	73.17	48.78	97.56
74岁	59	30	29	47	18	29	79.66	60.00	100.00
75–79	**178**	**72**	**106**	**143**	**40**	**103**	**80.34**	**55.56**	**97.17**
75岁	49	22	27	39	13	26	79.59	59.09	96.30
76岁	36	15	21	25	6	19	69.44	40.00	90.48
77岁	31	12	19	27	8	19	87.10	66.67	100.00
78岁	41	15	26	35	9	26	85.37	60.00	100.00
79岁	21	8	13	17	4	13	80.95	50.00	100.00
80–84	**95**	**37**	**58**	**83**	**26**	**57**	**87.37**	**70.27**	**98.28**
80岁	29	14	15	24	9	15	82.76	64.29	100.00
81岁	29	9	20	28	8	20	96.55	88.89	100.00
82岁	15	7	8	12	4	8	80.00	57.14	100.00
83岁	16	6	10	14	5	9	87.50	83.33	90.00
84岁	6	1	5	5		5	83.33		100.00
85+	**35**	**10**	**25**	**33**	**8**	**25**	**94.29**	**80.00**	**100.00**

1－8 15岁及以上人口分年龄、性别的婚姻状况

单位：人

年龄	调查人口			未婚			初婚有配偶		
	合计	男	女	小计	男	女	小计	男	女
总计	**23456**	**11635**	**11821**	**3960**	**2410**	**1550**	**16512**	**8158**	**8354**
15-19	**2528**	**1319**	**1209**	**2301**	**1262**	**1039**	**219**	**57**	**162**
15岁	566	297	269	560	296	264	6	1	5
16岁	573	297	276	560	293	267	13	4	9
17岁	525	284	241	487	277	210	37	7	30
18岁	476	243	233	413	232	181	58	11	47
19岁	388	198	190	281	164	117	105	34	71
20-24	**1888**	**881**	**1007**	**800**	**507**	**293**	**1010**	**350**	**660**
20岁	338	161	177	197	120	77	133	40	93
21岁	354	168	186	157	110	47	179	56	123
22岁	331	150	181	134	83	51	189	63	126
23岁	434	212	222	172	105	67	243	103	140
24岁	431	190	241	140	89	51	266	88	178
25-29	**2524**	**1285**	**1239**	**481**	**338**	**143**	**1884**	**885**	**999**
25岁	475	240	235	109	70	39	347	163	184
26岁	504	267	237	133	94	39	346	166	180
27岁	486	254	232	98	72	26	355	168	187
28岁	520	234	286	76	51	25	406	169	237
29岁	539	290	249	65	51	14	430	219	211
30-34	**2799**	**1381**	**1418**	**169**	**137**	**32**	**2403**	**1150**	**1253**
30岁	523	260	263	49	37	12	433	205	228
31岁	515	260	255	40	33	7	431	206	225
32岁	577	277	300	32	27	5	483	229	254
33岁	588	308	280	31	26	5	527	267	260
34岁	596	276	320	17	14	3	529	243	286
35-39	**3148**	**1557**	**1591**	**100**	**82**	**18**	**2757**	**1353**	**1404**
35岁	638	313	325	29	21	8	557	272	285

1－8 续表 1

单位：人

年龄	调查人口			未婚			初婚有配偶		
	合计	男	女	小计	男	女	小计	男	女
36岁	653	348	305	25	20	5	571	302	269
37岁	670	320	350	22	19	3	579	275	304
38岁	604	296	308	14	13	1	537	255	282
39岁	583	280	303	10	9	1	513	249	264
40-44	**2734**	**1399**	**1335**	**48**	**34**	**14**	**2394**	**1235**	**1159**
40岁	626	327	299	17	13	4	547	288	259
41岁	629	306	323	15	10	5	541	261	280
42岁	644	328	316	9	6	3	572	296	276
43岁	581	301	280	6	4	2	518	272	246
44岁	254	137	117	1	1		216	118	98
45-49	**1477**	**723**	**754**	**10**	**8**	**2**	**1271**	**642**	**629**
45岁	217	110	107	1		1	198	101	97
46岁	247	114	133	2	2		213	103	110
47岁	278	140	138	2	2		236	118	118
48岁	381	180	201	3	2	1	327	162	165
49岁	354	179	175	2	2		297	158	139
50-54	**1768**	**894**	**874**	**14**	**12**	**2**	**1522**	**797**	**725**
50岁	389	197	192	1	1		340	178	162
51岁	424	197	227	3	3		370	177	193
52岁	320	168	152	3	2	1	269	152	117
53岁	323	174	149	3	3		281	156	125
54岁	312	158	154	4	3	1	262	134	128
55-59	**1307**	**627**	**680**	**6**	**4**	**2**	**1023**	**539**	**484**
55岁	261	118	143	2	1	1	208	102	106
56岁	311	150	161				250	130	120
57岁	278	127	151	1		1	218	112	106
58岁	248	117	131	2	2		187	103	84
59岁	209	115	94	1	1		160	92	68
60-64	**1054**	**506**	**548**	**8**	**7**	**1**	**777**	**399**	**378**
60岁	226	111	115	1	1		170	89	81
61岁	218	100	118	2	2		163	82	81

1-8 续表 2

单位：人

年 龄	调查人口			未婚			初婚有配偶		
	合计	男	女	小计	男	女	小计	男	女
62岁	191	93	98	3	2	1	138	72	66
63岁	229	105	124	1	1		169	82	87
64岁	190	97	93	1	1		137	74	63
65-69	**943**	**449**	**494**	**7**	**7**		**633**	**353**	**280**
65岁	199	91	108	3	3		132	70	62
66岁	179	93	86				132	82	50
67岁	173	73	100	1	1		110	55	55
68岁	188	93	95	1	1		119	68	51
69岁	204	99	105	2	2		140	78	62
70-74	**732**	**369**	**363**	**8**	**5**	**3**	**402**	**257**	**145**
70岁	188	90	98	1		1	115	69	46
71岁	141	71	70				82	53	29
72岁	164	83	81	4	3	1	89	59	30
73岁	136	70	66	1		1	61	39	22
74岁	103	55	48	2	2		55	37	18
75-79	**364**	**171**	**193**	**5**	**4**	**1**	**169**	**108**	**61**
75岁	116	58	58	1	1		59	39	20
76岁	74	34	40	4	3	1	37	25	12
77岁	64	30	34				30	16	14
78岁	69	29	40				30	19	11
79岁	41	20	21				13	9	4
80-84	**141**	**59**	**82**	**3**	**3**		**43**	**29**	**14**
80岁	42	19	23				12	9	3
81岁	42	15	27	2	2		11	7	4
82岁	20	9	11	1	1		6	3	3
83岁	26	12	14				10	7	3
84岁	11	4	7				4	3	1
85+	**49**	**15**	**34**				**5**	**4**	**1**

1-8 续表 3

单位：人

年 龄	再婚有配偶			离婚			丧偶		
	小计	男	女	小计	男	女	小计	男	女
总 计	**878**	**445**	**433**	**670**	**260**	**410**	**1436**	**362**	**1074**
15-19	**2**		**2**	**5**		**5**	**1**		**1**
15岁									
16岁									
17岁				1		1			
18岁	1		1	3		3	1		1
19岁	1		1	1		1			
20-24	**20**	**9**	**11**	**58**	**15**	**43**			
20岁	2		2	6	1	5			
21岁	2		2	16	2	14			
22岁	2	1	1	6	3	3			
23岁	5	1	4	14	3	11			
24岁	9	7	2	16	6	10			
25-29	**71**	**26**	**45**	**83**	**34**	**49**	**5**	**2**	**3**
25岁	8	4	4	10	3	7	1		1
26岁	11	3	8	13	4	9	1		1
27岁	12	5	7	21	9	12			
28岁	22	7	15	15	6	9	1	1	
29岁	18	7	11	24	12	12	2	1	1
30-34	**105**	**50**	**55**	**105**	**41**	**64**	**17**	**3**	**14**
30岁	23	11	12	15	5	10	3	2	1
31岁	17	9	8	25	12	13	2		2
32岁	31	12	19	26	9	17	5		5
33岁	14	8	6	15	6	9	1	1	
34岁	20	10	10	24	9	15	6		6
35-39	**132**	**61**	**71**	**129**	**53**	**76**	**30**	**8**	**22**
35岁	21	11	10	23	7	16	8	2	6

1－8 续表 4

单位：人

年 龄	再婚有配偶			离婚			丧偶		
	小计	男	女	小计	男	女	小计	男	女
36岁	27	13	14	27	12	15	3	1	2
37岁	33	14	19	28	11	17	8	1	7
38岁	25	14	11	23	11	12	5	3	2
39岁	26	9	17	28	12	16	6	1	5
40－44	**140**	**72**	**68**	**106**	**46**	**60**	**46**	**12**	**34**
40岁	27	11	16	30	14	16	5	1	4
41岁	42	23	19	24	10	14	7	2	5
42岁	28	12	16	21	9	12	14	5	9
43岁	31	19	12	13	4	9	13	2	11
44岁	12	7	5	18	9	9	7	2	5
45－49	**93**	**44**	**49**	**50**	**20**	**30**	**53**	**9**	**44**
45岁	10	8	2	4	1	3	4		4
46岁	13	6	7	10	3	7	9		9
47岁	20	11	9	12	5	7	8	4	4
48岁	25	10	15	13	3	10	13	3	10
49岁	25	9	16	11	8	3	19	2	17
50－54	**92**	**43**	**49**	**48**	**17**	**31**	**92**	**25**	**67**
50岁	25	11	14	11	4	7	12	3	9
51岁	21	8	13	12	6	6	18	3	15
52岁	16	8	8	9	1	8	23	5	18
53岁	14	7	7	10	3	7	15	5	10
54岁	16	9	7	6	3	3	24	9	15
55－59	**83**	**45**	**38**	**37**	**12**	**25**	**158**	**27**	**131**
55岁	17	7	10	7	3	4	27	5	22
56岁	17	9	8	12	5	7	32	6	26
57岁	20	12	8	9	1	8	30	2	28
58岁	12	7	5	5		5	42	5	37
59岁	17	10	7	4	3	1	27	9	18
60－64	**52**	**33**	**19**	**27**	**14**	**13**	**190**	**53**	**137**
60岁	9	8	1	4	3	1	42	10	32
61岁	7	5	2	9	3	6	37	8	29

1－8 续表 5

单位：人

年 龄	再婚有配偶			离婚			丧偶		
	小计	男	女	小计	男	女	小计	男	女
62岁	14	8	6	6	3	3	30	8	22
63岁	12	9	3	5	3	2	42	10	32
64岁	10	3	7	3	2	1	39	17	22
65-69	**39**	**23**	**16**	**9**	**3**	**6**	**255**	**63**	**192**
65岁	9	5	4	2	1	1	53	12	41
66岁	6	3	3	2	1	1	39	7	32
67岁	9	5	4				53	12	41
68岁	8	5	3	4	1	3	56	18	38
69岁	7	5	2	1		1	54	14	40
70-74	**30**	**21**	**9**	**7**	**3**	**4**	**285**	**83**	**202**
70岁	11	10	1	2	1	1	59	10	49
71岁	3	2	1	1		1	55	16	39
72岁	5	2	3	1		1	65	19	46
73岁	7	5	2	3	2	1	64	24	40
74岁	4	2	2				42	14	28
75-79	**11**	**10**	**1**	**5**	**1**	**4**	**174**	**48**	**126**
75岁	6	6		3	1	2	47	11	36
76岁	1	1		1		1	31	5	26
77岁	1	1					33	13	20
78岁	1		1	1		1	37	10	27
79岁	2	2					26	9	17
80-84	**4**	**4**		**1**	**1**		**90**	**22**	**68**
80岁	2	2					28	8	20
81岁							29	6	23
82岁	1	1					12	4	8
83岁	1	1		1	1		14	3	11
84岁							7	1	6
85+	**4**	**4**					**40**	**7**	**33**

1－9　15岁及以上人口分性别、受教育程度的婚姻状况

单位：人

受教育程度	调查人口			未婚			初婚有配偶		
	合计	男	女	小计	男	女	小计	男	女
总　计	**23456**	**11635**	**11821**	**3960**	**2410**	**1550**	**16512**	**8158**	**8354**
不识字	5962	1647	4315	399	205	194	4085	1154	2931
未上过学	171	79	92	14	6	8	137	63	74
小学	5416	3193	2223	775	558	217	3978	2272	1706
初中	5608	3347	2261	1257	807	450	3936	2311	1625
高中	2964	1592	1372	1048	598	450	1740	920	820
中专	1006	512	494	111	63	48	807	412	395
大学专科	1470	762	708	223	102	121	1149	614	535
大学本科	817	471	346	128	67	61	645	385	260
研究生	42	32	10	5	4	1	35	27	8

1－9　续表

单位：人

受教育程度	再婚有配偶			离婚			丧偶		
	小计	男	女	小计	男	女	小计	男	女
总　计	**878**	**445**	**433**	**670**	**260**	**410**	**1436**	**362**	**1074**
不识字	309	91	218	234	51	183	935	146	789
未上过学	3	2	1	5	1	4	12	7	5
小学	237	156	81	133	78	55	293	129	164
初中	167	107	60	133	71	62	115	51	64
高中	81	42	39	60	22	38	35	10	25
中专	22	14	8	37	13	24	29	10	19
大学专科	46	27	19	44	15	29	8	4	4
大学本科	13	6	7	22	8	14	9	5	4
研究生				2	1	1			

1－10 分年龄、性别的经济活动人口

单位：人

年龄	调查人口			在业人口			不在业人口		
	合计	男	女	小计	男	女	小计	男	女
总计	**23456**	**11635**	**11821**	**16276**	**8654**	**7622**	**7180**	**2981**	**4199**
15-19	**2528**	**1319**	**1209**	**1068**	**527**	**541**	**1460**	**792**	**668**
15岁	566	297	269	121	56	65	445	241	204
16岁	573	297	276	183	88	95	390	209	181
17岁	525	284	241	222	113	109	303	171	132
18岁	476	243	233	260	128	132	216	115	101
19岁	388	198	190	282	142	140	106	56	50
20-24	**1888**	**881**	**1007**	**1659**	**784**	**875**	**229**	**97**	**132**
20岁	338	161	177	271	130	141	67	31	36
21岁	354	168	186	308	141	167	46	27	19
22岁	331	150	181	294	140	154	37	10	27
23岁	434	212	222	396	197	199	38	15	23
24岁	431	190	241	390	176	214	41	14	27
25-29	**2524**	**1285**	**1239**	**2289**	**1221**	**1068**	**235**	**64**	**171**
25岁	475	240	235	425	226	199	50	14	36
26岁	504	267	237	461	257	204	43	10	33
27岁	486	254	232	447	243	204	39	11	28
28岁	520	234	286	473	221	252	47	13	34
29岁	539	290	249	483	274	209	56	16	40
30-34	**2799**	**1381**	**1418**	**2526**	**1296**	**1230**	**273**	**85**	**188**
30岁	523	260	263	459	243	216	64	17	47
31岁	515	260	255	473	243	230	42	17	25
32岁	577	277	300	524	259	265	53	18	35
33岁	588	308	280	531	286	245	57	22	35
34岁	596	276	320	539	265	274	57	11	46
35-39	**3148**	**1557**	**1591**	**2830**	**1468**	**1362**	**318**	**89**	**229**
35岁	638	313	325	576	296	280	62	17	45
36岁	653	348	305	604	334	270	49	14	35
37岁	670	320	350	598	300	298	72	20	52
38岁	604	296	308	531	273	258	73	23	50
39岁	583	280	303	521	265	256	62	15	47

1－10 续表 1

单位：人

年龄	调查人口			在业人口			不在业人口		
	合计	男	女	小计	男	女	小计	男	女
40-44	**2734**	**1399**	**1335**	**2392**	**1291**	**1101**	**342**	**108**	**234**
40岁	626	327	299	559	303	256	67	24	43
41岁	629	306	323	545	281	264	84	25	59
42岁	644	328	316	568	309	259	76	19	57
43岁	581	301	280	510	277	233	71	24	47
44岁	254	137	117	210	121	89	44	16	28
45-49	**1477**	**723**	**754**	**1187**	**652**	**535**	**290**	**71**	**219**
45岁	217	110	107	186	103	83	31	7	24
46岁	247	114	133	196	105	91	51	9	42
47岁	278	140	138	221	126	95	57	14	43
48岁	381	180	201	303	160	143	78	20	58
49岁	354	179	175	281	158	123	73	21	52
50-54	**1768**	**894**	**874**	**1177**	**716**	**461**	**591**	**178**	**413**
50岁	389	197	192	270	161	109	119	36	83
51岁	424	197	227	289	162	127	135	35	100
52岁	320	168	152	217	140	77	103	28	75
53岁	323	174	149	209	138	71	114	36	78
54岁	312	158	154	192	115	77	120	43	77
55-59	**1307**	**627**	**680**	**625**	**357**	**268**	**682**	**270**	**412**
55岁	261	118	143	137	73	64	124	45	79
56岁	311	150	161	153	82	71	158	68	90
57岁	278	127	151	135	74	61	143	53	90
58岁	248	117	131	103	63	40	145	54	91
59岁	209	115	94	97	65	32	112	50	62
60-64	**1054**	**506**	**548**	**332**	**216**	**116**	**722**	**290**	**432**
60岁	226	111	115	68	42	26	158	69	89
61岁	218	100	118	77	52	25	141	48	93
62岁	191	93	98	66	41	25	125	52	73
63岁	229	105	124	68	46	22	161	59	102
64岁	190	97	93	53	35	18	137	62	75
65+	**2229**	**1063**	**1166**	**191**	**126**	**65**	**2038**	**937**	**1101**

1－11 人口分年龄、性别的职业状况

单位：人

年龄	在业人口			国家机关、党群组织、企业、事业单位负责人			专业技术人员			办事人员和有关人员		
	合计	男	女	小计	男	女	小计	男	女	小计	男	女
总　计	**16276**	**8654**	**7622**	**537**	**427**	**110**	**1574**	**682**	**892**	**981**	**675**	**306**
15-19	1068	527	541				29	21	8	7	5	2
20-24	1659	784	875	6	3	3	98	28	70	49	27	22
25-29	2289	1221	1068	19	14	5	191	89	102	115	72	43
30-34	2526	1296	1230	52	40	12	277	109	168	109	71	38
35-39	2830	1468	1362	133	103	30	367	142	225	221	138	83
40-44	2392	1291	1101	150	113	37	332	140	192	228	164	64
45-49	1187	652	535	83	66	17	148	66	82	145	101	44
50-54	1177	716	461	72	67	5	98	57	41	81	72	9
55-59	625	357	268	19	18	1	22	18	4	13	13	
60-64	332	216	116	2	2		6	6		9	8	1
65+	191	126	65	1	1		6	6		4	4	

1－11 续表

单位：人

年龄	商业、服务业人员			农、林、牧、渔、水利业生产人员			生产、运输设备操作人员及有关人员			不便分类的其他从业人员		
	小计	男	女	小计	男	女	小计	男	女	小计	男	女
总　计	**1848**	**826**	**1022**	**9109**	**4185**	**4924**	**2226**	**1858**	**368**	**1**	**1**	
15-19	161	65	96	747	324	423	123	111	12	1	1	
20-24	193	91	102	1088	450	638	225	185	40			
25-29	284	123	161	1280	574	706	400	349	51			
30-34	301	124	177	1363	614	749	424	338	86			
35-39	367	161	206	1304	579	725	438	345	93			
40-44	286	123	163	1069	481	588	327	270	57			
45-49	132	65	67	518	218	300	161	136	25			
50-54	68	38	30	760	385	375	98	97	1			
55-59	30	18	12	516	267	249	25	23	2			
60-64	14	10	4	297	187	110	4	3	1			
65+	12	8	4	167	106	61	1	1				

1－12 人口分性别、受教育程度的职业状况

单位：人

受教育程度	在业人口			国家机关、党群组织、企业、事业单位负责人			专业技术人员			办事人员和有关人员		
	合计	男	女	小计	男	女	小计	男	女	小计	男	女
总　计	**16276**	**8654**	**7622**	**537**	**427**	**110**	**1574**	**682**	**892**	**981**	**675**	**306**
不识字	4011	1214	2797	1	1		9	8	1	7	5	2
未上过学	135	61	74				2	2		2	2	
小学	4247	2651	1596	22	21	1	67	63	4	36	32	4
初中	3696	2426	1270	53	47	6	110	68	42	201	157	44
高中	1541	893	648	82	59	23	168	66	102	180	128	52
中专	657	343	314	60	49	11	267	87	180	93	69	24
大学专科	1246	642	604	169	134	35	576	222	354	290	173	117
大学本科	702	393	309	132	101	31	359	155	204	165	104	61
研究生	41	31	10	18	15	3	16	11	5	7	5	2

1－12 续表

单位：人

受教育程度	商业、服务业人员			农、林、牧、渔、水利业生产人员			生产、运输设备操作人员及有关人员			不便分类的其他从业人员		
	合计	男	女	小计	男	女	小计	男	女	小计	男	女
总　计	**1848**	**826**	**1022**	**9109**	**4185**	**4924**	**2226**	**1858**	**368**	**1**	**1**	
不识字	123	47	76	3715	1048	2667	156	105	51			
未上过学	3	2	1	120	48	72	7	6	1	1	1	
小学	245	142	103	3405	1974	1431	472	419	53			
初中	739	329	410	1571	939	632	1022	886	136			
高中	474	182	292	229	135	94	408	323	85			
中专	118	49	69	33	21	12	86	68	18			
大学专科	118	56	62	30	15	15	63	42	21			
大学本科	28	19	9	6	5	1	12	9	3			
研究生												

1－13　分年龄、性别的未工作人口

单位：人

年　龄	未工作人口			在校学生			离退休		
	合计	男	女	小计	男	女	小计	男	女
总　计	**7180**	**2981**	**4199**	**1429**	**798**	**631**	**1895**	**1069**	**826**
15－19	**1460**	**792**	**668**	**1344**	**747**	**597**			
15岁	445	241	204	421	230	191			
16岁	390	209	181	357	198	159			
17岁	303	171	132	283	163	120			
18岁	216	115	101	197	108	89			
19岁	106	56	50	86	48	38			
20－24	**229**	**97**	**132**	**83**	**51**	**32**			
20岁	67	31	36	41	20	21			
21岁	46	27	19	19	15	4			
22岁	37	10	27	10	7	3			
23岁	38	15	23	9	6	3			
24岁	41	14	27	4	3	1			
25－29	**235**	**64**	**171**	**1**		**1**			
25岁	50	14	36						
26岁	43	10	33						
27岁	39	11	28	1		1			
28岁	47	13	34						
29岁	56	16	40						
30－34	**273**	**85**	**188**	**1**		**1**	**1**		**1**
30岁	64	17	47	1		1			
31岁	42	17	25						
32岁	53	18	35						
33岁	57	22	35				1		1
34岁	57	11	46						
35－39	**318**	**89**	**229**				**7**	**3**	**4**
35岁	62	17	45						
36岁	49	14	35						

1－13 续表 1

单位：人

年 龄	未工作人口			在校学生			离退休		
	合计	男	女	小计	男	女	小计	男	女
37岁	72	20	52				1		1
38岁	73	23	50				2	1	1
39岁	62	15	47				4	2	2
40-44	**342**	**108**	**234**				**24**	**10**	**14**
40岁	67	24	43				2	1	1
41岁	84	25	59				7	1	6
42岁	76	19	57				5	3	2
43岁	71	24	47				6	3	3
44岁	44	16	28				4	2	2
45-49	**290**	**71**	**219**				**76**	**21**	**55**
45岁	31	7	24				6	1	5
46岁	51	9	42				14	1	13
47岁	57	14	43				14	2	12
48岁	78	20	58				19	6	13
49岁	73	21	52				23	11	12
50-54	**591**	**178**	**413**				**317**	**109**	**208**
50岁	119	36	83				45	16	29
51岁	135	35	100				81	21	60
52岁	103	28	75				64	20	44
53岁	114	36	78				68	29	39
54岁	120	43	77				59	23	36
55-59	**682**	**270**	**412**				**367**	**214**	**153**
55岁	124	45	79				73	36	37
56岁	158	68	90				82	53	29
57岁	143	53	90				75	45	30
58岁	145	54	91				77	40	37
59岁	112	50	62				60	40	20
60-64	**722**	**290**	**432**				**337**	**191**	**146**

1－13 续表 2

单位：人

年龄	未工作人口			在校学生			离退休		
	合计	男	女	小计	男	女	小计	男	女
60岁	158	69	89				78	48	30
61岁	141	48	93				67	35	32
62岁	125	52	73				51	29	22
63岁	161	59	102				72	36	36
64岁	137	62	75				69	43	26
65-69	**803**	**359**	**444**				**362**	**219**	**143**
65岁	152	60	92				71	38	33
66岁	148	74	74				80	52	28
67岁	148	59	89				65	38	27
68岁	170	81	89				66	41	25
69岁	185	85	100				80	50	30
70-74	**694**	**342**	**352**				**251**	**182**	**69**
70岁	176	83	93				72	49	23
71岁	134	66	68				50	36	14
72岁	155	76	79				55	42	13
73岁	129	64	65				40	28	12
74岁	100	53	47				34	27	7
75-79	**358**	**166**	**192**				**122**	**92**	**30**
75岁	114	56	58				46	33	13
76岁	71	32	39				25	18	7
77岁	64	30	34				19	17	2
78岁	68	28	40				18	13	5
79岁	41	20	21				14	11	3
80-84	**134**	**55**	**79**				**26**	**24**	**2**
80岁	39	17	22				7	7	
81岁	41	14	27				6	5	1
82岁	20	9	11				3	3	
83岁	23	11	12				7	6	1
84岁	11	4	7				3	3	
85+	**49**	**15**	**34**				**5**	**4**	**1**

1-13 续表 3

单位：人

年龄	料理家务			丧失劳动能力			毕业后未工作			因单位原因失去原工作		
	小计	男	女	小计	男	女	小计	男	女	小计	男	女
总 计	**2258**	**363**	**1895**	**799**	**341**	**458**	**130**	**66**	**64**	**459**	**227**	**232**
15-19	**54**	**7**	**47**	**16**	**9**	**7**	**24**	**9**	**15**	**1**	**1**	
15岁	13	2	11	2	1	1	2	1	1			
16岁	18	4	14	7	4	3	5		5			
17岁	8		8	5	3	2	5	4	1			
18岁	8	1	7	2	1	1	5	1	4			
19岁	7		7				7	3	4	1	1	
20-24	**71**	**4**	**67**	**13**	**10**	**3**	**48**	**26**	**22**			
20岁	13	1	12	7	6	1	5	4	1			
21岁	12	2	10	1		1	11	9	2			
22岁	15	1	14	1	1		9	1	8			
23岁	11		11	3	2	1	11	4	7			
24岁	20		20	1	1		12	8	4			
25-29	**118**	**5**	**113**	**25**	**14**	**11**	**42**	**21**	**21**	**24**	**12**	**12**
25岁	19		19	9	5	4	13	6	7	3	1	2
26岁	25		25	1		1	10	5	5	1	1	
27岁	21	2	19	5	3	2	5	3	2	4	2	2
28岁	26	2	24	6	4	2	6	2	4	6	3	3
29岁	27	1	26	4	2	2	8	5	3	10	5	5
30-34	**145**	**8**	**137**	**24**	**15**	**9**	**11**	**7**	**4**	**62**	**35**	**27**
30岁	36	1	35	6	2	4	2	1	1	11	7	4
31岁	19	1	18	6	5	1	3	2	1	7	6	1
32岁	29	1	28	4	3	1	3	2	1	13	9	4
33岁	26	4	22	5	4	1	3	2	1	16	7	9
34岁	35	1	34	3	1	2				15	6	9
35-39	**134**	**4**	**130**	**26**	**15**	**11**	**5**	**3**	**2**	**121**	**51**	**70**
35岁	28		28	5	4	1	2	1	1	24	11	13
36岁	20		20	3	1	2				20	8	12

1－13 续表 4

单位：人

年龄	料理家务			丧失劳动能力			毕业后未工作			因单位原因失去原工作		
	小计	男	女	小计	男	女	小计	男	女	小计	男	女
37岁	31	2	29	7	3	4	2	1	1	26	11	15
38岁	30	2	28	5	3	2				32	16	16
39岁	25		25	6	4	2	1	1		19	5	14
40-44	**144**	**11**	**133**	**25**	**17**	**8**				**134**	**63**	**71**
40岁	28	3	25	7	5	2				26	13	13
41岁	35	1	34	4	3	1				37	19	18
42岁	38	4	34	3	1	2				27	9	18
43岁	29	2	27	7	5	2				24	14	10
44岁	14	1	13	4	3	1				20	8	12
45-49	**114**	**7**	**107**	**18**	**9**	**9**				**72**	**30**	**42**
45岁	14	2	12							11	4	7
46岁	21	1	20	2		2				12	6	6
47岁	18		18	5	2	3				17	9	8
48岁	28	3	25	9	5	4				18	5	13
49岁	33	1	32	2	2					14	6	8
50-54	**191**	**19**	**172**	**40**	**18**	**22**				**34**	**26**	**8**
50岁	50	6	44	9	5	4				14	9	5
51岁	39	5	34	8	3	5				4	3	1
52岁	26	2	24	5	1	4				7	5	2
53岁	37	3	34	5	1	4				2	2	
54岁	39	3	36	13	8	5				7	7	
55-59	**249**	**27**	**222**	**51**	**19**	**32**				**7**	**6**	**1**
55岁	34	3	31	14	5	9				1		1
56岁	63	6	57	9	5	4				3	3	
57岁	57	5	52	10	3	7						
58岁	54	7	47	8	3	5				2	2	
59岁	41	6	35	10	3	7				1	1	
60-64	**302**	**61**	**241**	**73**	**33**	**40**				**1**	**1**	

1－13 续表 5

单位：人

年 龄	料理家务			丧失劳动能力			毕业后未工作			因单位原因失去原工作		
	小计	男	女	小计	男	女	小计	男	女	小计	男	女
60岁	63	11	52	16	9	7						
61岁	63	11	52	9	2	7						
62岁	53	11	42	19	11	8				1	1	
63岁	76	18	58	12	5	7						
64岁	47	10	37	17	6	11						
65-69	**333**	**90**	**243**	**98**	**45**	**53**				**1**		**1**
65岁	60	11	49	18	9	9						
66岁	56	18	38	10	4	6						
67岁	66	14	52	15	6	9						
68岁	79	27	52	25	13	12						
69岁	72	20	52	30	13	17				1		1
70-74	**257**	**86**	**171**	**170**	**63**	**107**				**1**	**1**	
70岁	74	22	52	27	11	16						
71岁	51	20	31	28	8	20						
72岁	54	15	39	44	17	27						
73岁	46	17	29	41	17	24						
74岁	32	12	20	30	10	20				1	1	
75-79	**107**	**24**	**83**	**115**	**43**	**72**				**1**	**1**	
75岁	31	8	23	32	12	20						
76岁	26	9	17	19	5	14						
77岁	17	2	15	26	9	17						
78岁	23	4	19	23	10	13						
79岁	10	1	9	15	7	8				1	1	
80-84	**35**	**9**	**26**	**66**	**21**	**45**						
80岁	6	2	4	23	8	15						
81岁	17	5	12	15	4	11						
82岁	6	2	4	11	4	7						
83岁	3		3	12	4	8						
84岁	3		3	5	1	4						
85+	**4**	**1**	**3**	**39**	**10**	**29**						

1－13 续表 6

单位：人

年 龄	因本人原因失去原工作			承包土地被征用			其他		
	小计	男	女	小计	男	女	小计	男	女
总 计	**57**	**31**	**26**	**3**	**1**	**2**	**150**	**85**	**65**
15-19	**1**	**1**		**1**	**1**		**19**	**17**	**2**
15岁							7	7	
16岁							3	3	
17岁							2	1	1
18岁				1	1		3	3	
19岁	1	1					4	3	1
20-24	**6**	**3**	**3**				**8**	**3**	**5**
20岁							1		1
21岁	1		1				2	1	1
22岁	1		1				1		1
23岁	1	1					3	2	1
24岁	3	2	1				1		1
25-29	**5**	**3**	**2**				**20**	**9**	**11**
25岁	1		1				5	2	3
26岁	1		1				5	4	1
27岁	1	1					2		2
28岁	1	1					2	1	1
29岁	1	1					6	2	4
30-34	**14**	**10**	**4**	**1**		**1**	**14**	**10**	**4**
30岁	2	1	1				6	5	1
31岁	5	2	3	1		1	1	1	
32岁	2	2					2	1	1
33岁	4	4					2	1	1
34岁	1	1					3	2	1
35-39	**12**	**3**	**9**				**13**	**10**	**3**
35岁	1		1				2	1	1
36岁	3	2	1				3	3	

1－13 续表 7

单位：人

年 龄	因本人原因失去原工作			承包土地被征用			其他		
	小计	男	女	小计	男	女	小计	男	女
37岁	2		2				3	3	
38岁	2		2				2	1	1
39岁	4	1	3				3	2	1
40-44	**8**	**4**	**4**				**7**	**3**	**4**
40岁	3	1	2				1	1	
41岁							1	1	
42岁	1	1					2	1	1
43岁	2		2				3		3
44岁	2	2							
45-49	**5**	**2**	**3**				**5**	**2**	**3**
45岁									
46岁	1	1					1		1
47岁	2		2				1	1	
48岁	2	1	1				2		2
49岁							1	1	
50-54	**4**	**3**	**1**				**5**	**3**	**2**
50岁							1		1
51岁	1	1					2	2	
52岁	1		1						
53岁	1	1					1		1
54岁	1	1					1	1	
55-59	**1**	**1**					**7**	**3**	**4**
55岁	1	1					1		1
56岁							1	1	
57岁							1		1
58岁							4	2	2
59岁									
60-64							**9**	**4**	**5**

1－13 续表 7

单位：人

年龄	因本人原因失去原工作			承包土地被征用			其他		
	小计	男	女	小计	男	女	小计	男	女
60岁							1	1	
61岁							2		2
62岁							1		1
63岁							1		1
64岁							4	3	1
65-69							**9**	**5**	**4**
65岁							3	2	1
66岁							2		2
67岁							2	1	1
68岁									
69岁							2	2	
70-74							**15**	**10**	**5**
70岁							3	1	2
71岁							5	2	3
72岁							2	2	
73岁							2	2	
74岁							3	3	
75-79	**1**	**1**		**1**		**1**	**11**	**5**	**6**
75岁	1	1		1		1	3	2	1
76岁							1		1
77岁							2	2	
78岁							4	1	3
79岁							1		1
80-84							**7**	**1**	**6**
80岁							3		3
81岁							3		3
82岁									
83岁							1	1	
84岁									
85+							**1**		**1**

1-14　分年龄、性别的未工作者主要生活来源

单位：人

年　龄	未工作人口			离退休金			领取基本生活费		
	合计	男	女	小计	男	女	小计	男	女
总　计	**7180**	**2981**	**4199**	**1895**	**1071**	**824**	**406**	**141**	**265**
15-19	**1460**	**792**	**668**				**14**	**5**	**9**
15岁	445	241	204				2	1	1
16岁	390	209	181				5	1	4
17岁	303	171	132				5	1	4
18岁	216	115	101				1	1	
19岁	106	56	50				1	1	
20-24	**229**	**97**	**132**				**16**	**6**	**10**
20岁	67	31	36				3	3	
21岁	46	27	19				4	2	2
22岁	37	10	27				2		2
23岁	38	15	23				4	1	3
24岁	41	14	27				3		3
25-29	**235**	**64**	**171**				**24**	**10**	**14**
25岁	50	14	36				6	2	4
26岁	43	10	33				3	2	1
27岁	39	11	28				3		3
28岁	47	13	34				5	1	4
29岁	56	16	40				7	5	2
30-34	**273**	**85**	**188**	**1**		**1**	**50**	**23**	**27**
30岁	64	17	47				11	5	6
31岁	42	17	25				8	5	3
32岁	53	18	35				10	5	5
33岁	57	22	35	1		1	11	5	6
34岁	57	11	46				10	3	7
35-39	**318**	**89**	**229**	**7**	**3**	**4**	**59**	**25**	**34**
35岁	62	17	45				14	7	7

1-14 续表 1

单位：人

年龄	未工作人口			离退休金			领取基本生活费		
	合计	男	女	小计	男	女	小计	男	女
36岁	49	14	35				8	3	5
37岁	72	20	52	1		1	14	6	8
38岁	73	23	50	2	1	1	14	6	8
39岁	62	15	47	4	2	2	9	3	6
40-44	**342**	**108**	**234**	**23**	**9**	**14**	**56**	**23**	**33**
40岁	67	24	43	2	1	1	6	2	4
41岁	84	25	59	6		6	22	10	12
42岁	76	19	57	5	3	2	8	2	6
43岁	71	24	47	6	3	3	15	6	9
44岁	44	16	28	4	2	2	5	3	2
45-49	**290**	**71**	**219**	**76**	**21**	**55**	**33**	**7**	**26**
45岁	31	7	24	6	1	5	4	1	3
46岁	51	9	42	14	1	13	7	1	6
47岁	57	14	43	13	2	11	10	3	7
48岁	78	20	58	19	6	13	9	1	8
49岁	73	21	52	24	11	13	3	1	2
50-54	**591**	**178**	**413**	**319**	**111**	**208**	**35**	**18**	**17**
50岁	119	36	83	46	16	30	11	6	5
51岁	135	35	100	80	21	59	5	2	3
52岁	103	28	75	66	22	44	3	2	1
53岁	114	36	78	68	29	39	6	1	5
54岁	120	43	77	59	23	36	10	7	3
55-59	**682**	**270**	**412**	**368**	**214**	**154**	**22**	**7**	**15**
55岁	124	45	79	73	36	37	7	2	5
56岁	158	68	90	82	53	29	4	1	3
57岁	143	53	90	75	45	30	4		4
58岁	145	54	91	77	40	37	5	3	2
59岁	112	50	62	61	40	21	2	1	1

1-14 续表 2

单位：人

年 龄	未工作人口			离退休金			领取基本生活费		
	合计	男	女	小计	男	女	小计	男	女
60-64	**722**	**290**	**432**	**337**	**191**	**146**	**18**	**4**	**14**
60岁	158	69	89	79	48	31	2		2
61岁	141	48	93	67	35	32	6		6
62岁	125	52	73	50	29	21	5	3	2
63岁	161	59	102	72	36	36	3	1	2
64岁	137	62	75	69	43	26	2		2
65-69	**803**	**359**	**444**	**359**	**219**	**140**	**28**	**3**	**25**
65岁	152	60	92	71	38	33	5	2	3
66岁	148	74	74	79	52	27	6		6
67岁	148	59	89	64	38	26	9		9
68岁	170	81	89	65	41	24	5	1	4
69岁	185	85	100	80	50	30	3		3
70-74	**694**	**342**	**352**	**252**	**183**	**69**	**25**	**4**	**21**
70岁	176	83	93	72	49	23	7	1	6
71岁	134	66	68	51	37	14	2		2
72岁	155	76	79	55	42	13	6	1	5
73岁	129	64	65	40	28	12	6	1	5
74岁	100	53	47	34	27	7	4	1	3
75-79	**358**	**166**	**192**	**122**	**92**	**30**	**20**	**6**	**14**
75岁	114	56	58	46	33	13	7	2	5
76岁	71	32	39	25	18	7	6	1	5
77岁	64	30	34	19	17	2	3	1	2
78岁	68	28	40	18	13	5	3	1	2
79岁	41	20	21	14	11	3	1	1	
80-84	**134**	**55**	**79**	**26**	**24**	**2**	**5**		**5**
80岁	39	17	22	7	7		2		2
81岁	41	14	27	6	5	1	1		1
82岁	20	9	11	3	3		1		1
83岁	23	11	12	7	6	1	1		1
84岁	11	4	7	3	3				
85+	**49**	**15**	**34**	**5**	**4**	**1**	**1**		**1**

1-14 续表 3

单位：人

年龄	家庭其他成员供养			财产性收入			保险收入			其他		
	小计	男	女	小计	男	女	小计	男	女	小计	男	女
总　计	**4752**	**1694**	**3058**	**18**	**11**	**7**	**1**		**1**	**108**	**64**	**44**
15-19	**1441**	**784**	**657**	**3**	**2**	**1**				**2**	**1**	**1**
15岁	443	240	203									
16岁	383	207	176	1	1					1		1
17岁	298	170	128									
18岁	213	113	100	1		1				1	1	
19岁	104	54	50	1	1							
20-24	**211**	**90**	**121**	**1**		**1**				**1**	**1**	
20岁	64	28	36									
21岁	42	25	17									
22岁	34	10	24	1		1						
23岁	34	14	20									
24岁	37	13	24							1	1	
25-29	**203**	**49**	**154**							**8**	**5**	**3**
25岁	42	12	30							2		2
26岁	39	7	32							1	1	
27岁	34	10	24							2	1	1
28岁	39	9	30							3	3	
29岁	49	11	38									
30-34	**208**	**52**	**156**	**1**		**1**				**13**	**10**	**3**
30岁	49	10	39							4	2	2
31岁	34	12	22									
32岁	39	10	29							3	3	
33岁	42	14	28							3	3	
34岁	44	6	38							3	2	1
35-39	**232**	**50**	**182**	**2**	**2**					**18**	**9**	**9**
35岁	43	7	36	1	1					4	2	2

1-14 续表 4

单位：人

年龄	家庭其他成员供养			财产性收入			保险收入			其他		
	小计	男	女	小计	男	女	小计	男	女	小计	男	女
36岁	40	11	29							1		1
37岁	52	12	40							5	2	3
38岁	51	12	39							6	4	2
39岁	46	8	38	1	1					2	1	1
40-44	**237**	**58**	**179**	**2**	**2**					**24**	**16**	**8**
40岁	52	15	37	1	1					6	5	1
41岁	51	12	39	1	1					4	2	2
42岁	56	10	46							7	4	3
43岁	46	12	34							4	3	1
44岁	32	9	23							3	2	1
45-49	**168**	**35**	**133**	**3**	**1**	**2**				**10**	**7**	**3**
45岁	19	3	16							2	2	
46岁	28	6	22	2	1	1						
47岁	31	7	24							3	2	1
48岁	47	11	36	1		1				2	2	
49岁	43	8	35							3	1	2
50-54	**233**	**46**	**187**							**4**	**3**	**1**
50岁	61	13	48							1	1	
51岁	50	12	38									
52岁	32	3	29							2	1	1
53岁	40	6	34									
54岁	50	12	38							1	1	
55-59	**288**	**47**	**241**	**1**	**1**					**3**	**1**	**2**
55岁	44	7	37									
56岁	70	12	58	1	1					1	1	
57岁	64	8	56									
58岁	62	11	51							1		1
59岁	48	9	39							1		1

1-14 续表 5

单位：人

年龄	家庭其他成员供养			财产性收入			保险收入			其他		
	小计	男	女	小计	男	女	小计	男	女	小计	男	女
60-64	**362**	**92**	**270**	**1**	**1**					**4**	**2**	**2**
60岁	75	20	55							2	1	1
61岁	67	12	55							1	1	
62岁	69	19	50	1	1							
63岁	85	22	63							1		1
64岁	66	19	47									
65-69	**408**	**134**	**274**	**3**	**1**	**2**	**1**		**1**	**4**	**2**	**2**
65岁	74	19	55	1		1				1	1	
66岁	63	22	41									
67岁	73	21	52	1		1	1		1			
68岁	100	39	61									
69岁	98	33	65	1	1					3	1	2
70-74	**406**	**150**	**256**	**1**	**1**					**10**	**4**	**6**
70岁	97	33	64									
71岁	77	27	50							4	2	2
72岁	92	31	61	1	1					1	1	
73岁	80	34	46							3	1	2
74岁	60	25	35							2		2
75-79	**211**	**65**	**146**							**5**	**3**	**2**
75岁	58	20	38							3	1	2
76岁	39	12	27							1	1	
77岁	42	12	30									
78岁	46	13	33							1	1	
79岁	26	8	18									
80-84	**102**	**31**	**71**							**1**		**1**
80岁	29	10	19							1		1
81岁	34	9	25									
82岁	16	6	10									
83岁	15	5	10									
84岁	8	1	7									
85+	**42**	**11**	**31**							**1**		**1**

第二部分　残疾人口的基本状况

2-1 各地区分性别、残疾类别的残疾人

单位：人

地区	残疾人			视力残疾人			听力残疾人			言语残疾人		
	合计	男	女	小计	男	女	小计	男	女	小计	男	女
总　计	**1683**	**821**	**862**	**276**	**119**	**157**	**446**	**240**	**206**	**30**	**14**	**16**
西宁市城中区	154	70	84	29	11	18	53	24	29			
西宁市城西区	109	53	56	14	8	6	44	25	19	3	1	2
西宁市大通县	182	86	96	35	14	21	53	23	30	7.	3	4
西宁市湟中县	278	130	148	25	11	14	60	34	26	4		4
海东地区民和县	245	134	111	36	15	21	79	44	35	1		1
海东地区化隆县	293	162	131	63	30	33	67	41	26	5	4	1
海北州刚察县	209	102	107	39	16	23	33	20	13	7	4	3
黄南州同仁县	213	84	129	35	14	21	57	29	28	3	2	1

2-1 续表

单位：人

地区	肢体残疾人			智力残疾人			精神残疾人			多重残疾人		
	小计	男	女	小计	男	女	小计	男	女	小计	男	女
总　计	**464**	**235**	**229**	**92**	**44**	**48**	**73**	**40**	**33**	**302**	**129**	**173**
西宁市城中区	41	21	20	3		3	5	3	2	23	11	12
西宁市城西区	27	9	18	5	2	3	6	4	2	10	4	6
西宁市大通县	43	28	15	16	7	9	5	2	3	23	9	14
西宁市湟中县	109	53	56	12	6	6	9	6	3	59	20	39
海东地区民和县	61	39	22	16	9	7	14	8	6	38	19	19
海东地区化隆县	48	30	18	30	19	11	7	3	4	73	35	38
海北州刚察县	81	39	42	6	1	5	12	3	9	31	19	12
黄南州同仁县	54	16	38	4		4	15	11	4	45	12	33

2-2 分年龄、性别、残疾类别的残疾人

单位：人

年龄	残疾人			视力残疾人			听力残疾人			言语残疾人		
	合计	男	女	小计	男	女	小计	男	女	小计	男	女
总　计	**1683**	**821**	**862**	**276**	**119**	**157**	**446**	**240**	**206**	**30**	**14**	**16**
0-4	**45**	**25**	**20**	**3**	**2**	**1**	**1**		**1**	**6**	**4**	**2**
0岁	1	1										
1岁	8	6	2									
2岁	12	5	7				1		1			
3岁	11	7	4							3	2	1
4岁	13	6	7	3	2	1				3	2	1
5-9	**44**	**23**	**21**	**7**	**5**	**2**				**5**	**3**	**2**
5岁	11	5	6	3	1	2				1	1	
6岁	15	8	7									
7岁	9	5	4	2	2					2		2
8岁	3	1	2							1	1	
9岁	6	4	2	2	2					1	1	
10-14	**45**	**30**	**15**	**2**	**2**		**2**	**2**		**3**	**1**	**2**
10岁	9	9					1	1				
11岁	2	2										
12岁	12	7	5	2	2					1	1	
13岁	14	8	6				1	1		1		1
14岁	8	4	4							1		1
15-19	**31**	**20**	**11**	**3**	**3**		**2**		**2**			
15岁	5	4	1	1	1							
16岁	11	7	4	1	1		1		1			
17岁	7	5	2				1		1			
18岁	8	4	4	1	1							
19岁												
20-24	**36**	**20**	**16**				**3**	**2**	**1**	**1**	**1**	
20岁	8	5	3									
21岁	4	2	2									
22岁	8	2	6				2	1	1			
23岁	10	7	3				1	1				
24岁	6	4	2							1	1	
25-29	**60**	**30**	**30**	**7**	**4**	**3**	**4**	**1**	**3**	**2**		**2**
25岁	14	7	7	2	1	1						

2-2 续表 1

单位：人

年 龄	残疾人			视力残疾人			听力残疾人			言语残疾人		
	合计	男	女	小计	男	女	小计	男	女	小计	男	女
26岁	8	1	7	1		1						
27岁	11	7	4	2	1	1	2	1	1			
28岁	15	8	7	2	2		1		1	1		1
29岁	12	7	5				1		1	1		1
30-34	**65**	**31**	**34**	**8**	**3**	**5**	**7**	**3**	**4**	**2**		**2**
30岁	11	5	6	1		1	2	1	1			
31岁	15	10	5	1		1	1	1		1		1
32岁	12	5	7	1		1				1		1
33岁	13	6	7	1	1		4	1	3			
34岁	14	5	9	4	2	2						
35-39	**86**	**41**	**45**	**10**	**4**	**6**	**16**	**4**	**12**	**1**	**1**	
35岁	14	7	7	2	2		4		4			
36岁	11	4	7				2	1	1			
37岁	21	11	10	2		2	2		2			
38岁	19	10	9	3	1	2	5	2	3	1	1	
39岁	21	9	12	3	1	2	3	1	2			
40-44	**98**	**63**	**35**	**5**	**3**	**2**	**19**	**12**	**7**	**2**	**2**	
40岁	22	13	9				3	1	2	1	1	
41岁	22	13	9	1		1	6	4	2			
42岁	17	10	7				3	2	1			
43岁	21	15	6	2	2		3	2	1	1	1	
44岁	16	12	4	2	1	1	4	3	1			
45-49	**71**	**31**	**40**	**8**	**5**	**3**	**12**	**5**	**7**	**1**		**1**
45岁	6	3	3				1	1		1		1
46岁	11	3	8	2	2		1		1			
47岁	18	10	8	3	1	2	3	1	2			
48岁	17	8	9	1	1		2	1	1			
49岁	19	7	12	2	1	1	5	2	3			
50-54	**115**	**60**	**55**	**14**	**8**	**6**	**27**	**15**	**12**	**1**		**1**
50岁	18	10	8	3	2	1	4	1	3			
51岁	24	12	12	2	1	1	4	3	1			
52岁	19	6	13	3	1	2	5	2	3	1		1
53岁	28	14	14	4	2	2	6	4	2			
54岁	26	18	8	2	2		8	5	3			

2-2 续表 2

单位：人

年 龄	残疾人			视力残疾人			听力残疾人			言语残疾人		
	合计	男	女	小计	男	女	小计	男	女	小计	男	女
55-59	**150**	**66**	**84**	**27**	**8**	**19**	**41**	**27**	**14**	**2**	**1**	**1**
55岁	29	10	19	5	2	3	4	3	1	2	1	1
56岁	33	17	16	6	2	4	7	6	1			
57岁	32	12	20	6	1	5	10	5	5			
58岁	24	8	16	6		6	5	3	2			
59岁	32	19	13	4	3	1	15	10	5			
60-64	**165**	**82**	**83**	**31**	**10**	**21**	**53**	**35**	**18**			
60岁	24	11	13	5	1	4	10	5	5			
61岁	30	15	15	4	1	3	7	6	1			
62岁	31	15	16	8	2	6	7	6	1			
63岁	41	22	19	6	4	2	19	10	9			
64岁	39	19	20	8	2	6	10	8	2			
65-69	**201**	**94**	**107**	**49**	**21**	**28**	**79**	**38**	**41**	**1**		**1**
65岁	34	14	20	5	2	3	14	5	9	1		1
66岁	32	16	16	9	3	6	12	6	6			
67岁	35	10	25	8	1	7	14	5	9			
68岁	52	27	25	14	8	6	14	7	7			
69岁	48	27	21	13	7	6	25	15	10			
70-74	**219**	**105**	**114**	**55**	**23**	**32**	**82**	**48**	**34**	**1**	**1**	
70岁	45	20	25	10	2	8	21	11	10			
71岁	39	21	18	11	6	5	18	10	8	1	1	
72岁	48	24	24	11	5	6	14	11	3			
73岁	43	21	22	12	6	6	13	9	4			
74岁	44	19	25	11	4	7	16	7	9			
75-79	**153**	**69**	**84**	**32**	**14**	**18**	**65**	**37**	**28**	**2**		**2**
75岁	48	22	26	7	3	4	18	10	8	1		1
76岁	27	10	17	7	5	2	10	5	5	1		1
77岁	24	12	12	5	2	3	13	8	5			
78岁	35	16	19	9	3	6	14	7	7			
79岁	19	9	10	4	1	3	10	7	3			
80-84	**67**	**23**	**44**	**10**	**3**	**7**	**27**	**10**	**17**			
80岁	22	9	13	4	1	3	9	4	5			
81岁	20	6	14	4		4	7	2	5			
82岁	7	2	5				3	2	1			
83岁	12	4	8	2	2		4	2	2			
84岁	6	2	4				4		4			
85+	**32**	**8**	**24**	**5**	**1**	**4**	**6**	**1**	**5**			

2-2 续表 3

单位：人

年 龄	肢体残疾人			智力残疾人			精神残疾人			多重残疾人		
	小计	男	女	小计	男	女	小计	男	女	小计	男	女
总 计	**464**	**235**	**229**	**92**	**44**	**48**	**73**	**40**	**33**	**302**	**129**	**173**
0-4	**1**	**1**		**17**	**11**	**6**	**1**		**1**	**16**	**7**	**9**
0岁				1	1							
1岁	1	1		4	3	1				3	2	1
2岁				5	2	3				6	3	3
3岁				3	3		1		1	4	2	2
4岁				4	2	2				3		3
5-9	**4**	**3**	**1**	**14**	**6**	**8**				**14**	**6**	**8**
5岁	2	1	1	2	1	1				3	1	2
6岁	1	1		8	4	4				6	3	3
7岁	1	1								4	2	2
8岁				2		2						
9岁				2	1	1				1		1
10-14	**13**	**9**	**4**	**11**	**6**	**5**	**2**	**2**		**12**	**8**	**4**
10岁	2	2		3	3					3	3	
11岁	1	1								1	1	
12岁	3	2	1	2	1	1				4	1	3
13岁	5	3	2	2		2	2	2		3	2	1
14岁	2	1	1	4	2	2				1	1	
15-19	**8**	**5**	**3**	**6**	**4**	**2**	**3**	**1**	**2**	**9**	**7**	**2**
15岁	2	1	1	1	1					1	1	
16岁	2	1	1	3	2	1				4	3	1
17岁	2	2		2	1	1	1	1		1	1	
18岁	2	1	1				2		2	3	2	1
19岁												
20-24	**12**	**7**	**5**	**5**	**3**	**2**	**5**	**3**	**2**	**10**	**4**	**6**
20岁	4	2	2	1	1		1	1		2	1	1
21岁				1	1		1		1	2	1	1
22岁	1		1	1		1	1		1	3	1	2
23岁	4	2	2	1	1		2	2		2	1	1
24岁	3	3		1		1				1		1
25-29	**22**	**15**	**7**	**8**	**1**	**7**	**3**	**2**	**1**	**14**	**7**	**7**
25岁	4	2	2	3	1	2	1	1		4	2	2

2-2 续表 4

单位：人

年 龄	肢体残疾人			智力残疾人			精神残疾人			多重残疾人		
	小计	男	女	小计	男	女	小计	男	女	小计	男	女
26岁	5	1	4	1		1				1		1
27岁	3	3		2		2				2	2	
28岁	3	3		1		1	2	1	1	5	2	3
29岁	7	6	1	1		1				2	1	1
30-34	**20**	**9**	**11**	**10**	**4**	**6**	**8**	**6**	**2**	**10**	**6**	**4**
30岁	3	2	1				3	2	1	2		2
31岁	3	2	1	3	2	1	2	2		4	3	1
32岁	5	1	4	2	1	1	1	1		2	2	
33岁	3	2	1	1		1	2	1	1	2	1	1
34岁	6	2	4	4	1	3						
35-39	**29**	**18**	**11**	**5**	**2**	**3**	**5**	**3**	**2**	**20**	**9**	**11**
35岁	5	4	1	1	1		1		1	1		1
36岁	2	1	1	2		2				5	2	3
37岁	12	9	3				1		1	4	2	2
38岁	3	1	2	1		1	2	2		4	3	1
39岁	7	3	4	1	1		1	1		6	2	4
40-44	**46**	**34**	**12**	**3**	**2**	**1**	**11**	**6**	**5**	**12**	**4**	**8**
40岁	12	8	4	1	1		2	1	1	3	1	2
41岁	8	6	2	2	1	1	2	1	1	3	1	2
42岁	7	6	1				4	2	2	3		3
43岁	11	8	3				2	1	1	2	1	1
44岁	8	6	2				1	1		1	1	
45-49	**39**	**17**	**22**	**2**		**2**	**3**	**1**	**2**	**6**	**3**	**3**
45岁	3	1	2							1	1	
46岁	7	1	6							1		1
47岁	8	6	2							4	2	2
48岁	13	6	7				1		1			
49岁	8	3	5	2		2	2	1	1			
50-54	**46**	**21**	**25**	**3**	**2**	**1**	**7**	**4**	**3**	**17**	**10**	**7**
50岁	7	5	2				2	1	1	2	1	1
51岁	10	2	8	1	1		3	2	1	4	3	1
52岁	7	1	6	2	1	1	1	1				
53岁	13	5	8							5	3	2
54岁	9	8	1				1		1	6	3	3

2-2 续表 5

单位：人

年 龄	肢体残疾人			智力残疾人			精神残疾人			多重残疾人		
	小计	男	女	小计	男	女	小计	男	女	小计	男	女
55-59	**49**	**20**	**29**	**2**	**1**	**1**	**13**	**6**	**7**	**16**	**3**	**13**
55岁	8	3	5	1		1	4	1	3	5		5
56岁	12	5	7	1	1		5	3	2	2		2
57岁	14	5	9				1	1		1		1
58岁	8	3	5				2		2	3	2	1
59岁	7	4	3				1	1		5	1	4
60-64	**49**	**25**	**24**	**2**		**2**	**4**	**1**	**3**	**26**	**11**	**15**
60岁	6	3	3				1		1	2	2	
61岁	14	8	6	1		1				4		4
62岁	8	5	3							8	2	6
63岁	8	4	4				2	1	1	6	3	3
64岁	13	5	8	1		1	1		1	6	4	2
65-69	**47**	**22**	**25**	**1**	**1**		**4**	**3**	**1**	**20**	**9**	**11**
65岁	11	5	6				2	1	1	1	1	
66岁	6	3	3							5	4	1
67岁	10	3	7							3	1	2
68岁	14	7	7	1	1		1	1		8	3	5
69岁	6	4	2				1	1		3		3
70-74	**41**	**18**	**23**	**1**		**1**	**3**	**2**	**1**	**36**	**13**	**23**
70岁	8	6	2	1		1				5	1	4
71岁	6	2	4				1	1		2	1	1
72岁	11	5	6							12	3	9
73岁	7	1	6				1	1		10	4	6
74岁	9	4	5				1		1	7	4	3
75-79	**25**	**9**	**16**	**2**	**1**	**1**	**1**		**1**	**26**	**8**	**18**
75岁	12	6	6	1	1		1		1	8	2	6
76岁	3		3	1		1				5		5
77岁	2		2							4	2	2
78岁	5	2	3							7	4	3
79岁	3	1	2							2		2
80-84	**10**	**2**	**8**							**20**	**8**	**12**
80岁	2	1	1							7	3	4
81岁	4	1	3							5	3	2
82岁	1		1							3		3
83岁	3		3							3		3
84岁										2	2	
85+	**3**		**3**							**18**	**6**	**12**

2－2a　城镇分年龄、性别、残疾类别的残疾人

单位：人

年　龄	残疾人			视力残疾人			听力残疾人			言语残疾人		
	合计	男	女	小计	男	女	小计	男	女	小计	男	女
总　计	**493**	**237**	**256**	**62**	**25**	**37**	**165**	**90**	**75**	**5**	**1**	**4**
0-4	**5**	**2**	**3**	**2**	**1**	**1**						
0岁												
1岁												
2岁	2		2									
3岁												
4岁	3	2	1	2	1	1						
5-9	**9**	**4**	**5**	**2**	**1**	**1**				**1**		**1**
5岁	2		2	1		1						
6岁	2	2										
7岁	4	2	2	1	1					1		1
8岁												
9岁	1		1									
10-14	**6**	**3**	**3**									
10岁	1	1										
11岁												
12岁	2		2									
13岁	3	2	1									
14岁												
15-19	**4**	**2**	**2**				**1**		**1**			
15岁	1	1										
16岁	2	1	1				1		1			
17岁	1		1									
18岁												
19岁												
20-24	**2**	**1**	**1**									
20岁	1	1										
21岁												
22岁	1		1									
23岁												
24岁												
25-29	**8**	**6**	**2**									
25岁	3	2	1									

2-2a 续表 1

单位：人

年龄	残疾人			视力残疾人			听力残疾人			言语残疾人		
	合计	男	女	小计	男	女	小计	男	女	小计	男	女
26岁	1		1									
27岁	2	2										
28岁												
29岁	2	2										
30-34	**22**	**9**	**13**	**3**	**2**	**1**	**2**		**2**			
30岁	2		2				1		1			
31岁	6	4	2	1		1						
32岁	3	1	2									
33岁	5	2	3	1	1		1		1			
34岁	6	2	4	1	1							
35-39	**22**	**11**	**11**	**2**	**1**	**1**	**3**	**1**	**2**			
35岁	4	2	2	1	1		1		1			
36岁	3	1	2									
37岁	6	3	3				1		1			
38岁	5	3	2	1		1	1	1				
39岁	4	2	2									
40-44	**28**	**20**	**8**	**3**	**2**	**1**	**5**	**4**	**1**			
40岁	4	2	2									
41岁	5	4	1				2	1	1			
42岁	6	4	2									
43岁	6	5	1	1	1		1	1				
44岁	7	5	2	2	1	1	2	2				
45-49	**30**	**15**	**15**	**4**	**3**	**1**	**3**		**3**			
45岁	2	1	1									
46岁	4	2	2	1	1							
47岁	10	6	4	2	1	1						
48岁	5	2	3	1	1							
49岁	9	4	5				3		3			
50-54	**35**	**21**	**14**	**2**	**2**		**9**	**6**	**3**	**1**		**1**
50岁	5	5		1	1							
51岁	8	4	4				2	2				
52岁	6	1	5				1		1	1		1
53岁	8	4	4	1	1		2	1	1			
54岁	8	7	1				4	3	1			
55-59	**43**	**19**	**24**	**6**	**1**	**5**	**12**	**8**	**4**			

2-2a 续表 2

单位：人

年龄	残疾人			视力残疾人			听力残疾人			言语残疾人		
	合计	男	女	小计	男	女	小计	男	女	小计	男	女
55岁	8	3	5	1		1	3	2	1			
56岁	9	5	4				3	2	1			
57岁	10	5	5	2	1	1	3	2	1			
58岁	10	3	7	3		3						
59岁	6	3	3				3	2	1			
60-64	**46**	**15**	**31**	**8**		**8**	**15**	**8**	**7**			
60岁	8	2	6	2		2	2	1	1			
61岁	10	3	7	2		2	3	2	1			
62岁	5	1	4	2		2						
63岁	14	6	8				10	5	5			
64岁	9	3	6	2		2						
65-69	**77**	**30**	**47**	**15**	**5**	**10**	**34**	**11**	**23**	**1**		**1**
65岁	17	5	12	4	2	2	8	1	7	1		1
66岁	15	9	6	3	1	2	6	3	3			
67岁	13	3	10	2		2	7	2	5			
68岁	19	6	13	4	1	3	6	2	4			
69岁	13	7	6	2	1	1	7	3	4			
70-74	**70**	**35**	**35**	**9**	**4**	**5**	**31**	**20**	**11**	**1**	**1**	
70岁	12	4	8	2		2	6	3	3			
71岁	16	11	5	3	3		8	5	3	1	1	
72岁	16	10	6				9	7	2			
73岁	12	6	6	1	1		3	2	1			
74岁	14	4	10	3		3	5	3	2			
75-79	**61**	**35**	**26**	**5**	**3**	**2**	**38**	**26**	**12**	**1**		**1**
75岁	23	12	11	2	1	1	11	8	3	1		1
76岁	9	3	6				6	3	3			
77岁	10	8	2	1	1		8	7	1			
78岁	11	6	5	1		1	7	4	3			
79岁	8	6	2	1	1		6	4	2			
80-84	**19**	**8**	**11**				**10**	**5**	**5**			
80岁	6	2	4				4	2	2			
81岁	4	3	1				1	1				
82岁	2		2				1		1			
83岁	5	2	3				3	2	1			
84岁	2	1	1				1		1			
85+	**6**	**1**	**5**	**1**		**1**	**2**	**1**	**1**			

2-2a 续表 3

单位：人

年龄	肢体残疾人			智力残疾人			精神残疾人			多重残疾人		
	小计	男	女	小计	男	女	小计	男	女	小计	男	女
总 计	**149**	**71**	**78**	**15**	**5**	**10**	**28**	**15**	**13**	**69**	**30**	**39**
0-4				**1**	**1**					**2**		**2**
0岁												
1岁												
2岁										2		2
3岁												
4岁				1	1							
5-9				**1**	**1**					**5**	**2**	**3**
5岁										1		1
6岁				1	1					1	1	
7岁										2	1	1
8岁												
9岁										1		1
10-14				**1**		**1**	**1**	**1**		**4**	**2**	**2**
10岁										1	1	
11岁												
12岁										2		2
13岁				1		1	1	1		1	1	
14岁												
15-19	**1**	**1**		**1**		**1**				**1**	**1**	
15岁										1	1	
16岁	1	1										
17岁				1		1						
18岁												
19岁												
20-24	**1**	**1**		**1**		**1**						
20岁	1	1										
21岁												
22岁				1		1						
23岁												
24岁												
25-29	**6**	**5**	**1**	**1**		**1**				**1**	**1**	
25岁	1	1		1		1				1	1	

2-2a 续表 4

单位：人

年 龄	肢体残疾人			智力残疾人			精神残疾人			多重残疾人		
	小计	男	女	小计	男	女	小计	男	女	小计	男	女
26岁	1		1									
27岁	2	2										
28岁												
29岁	2	2										
30-34	**7**	**2**	**5**	**4**	**1**	**3**	**3**	**2**	**1**	**3**	**2**	**1**
30岁												
31岁	2	1	1	1	1		1	1		1	1	
32岁	1		1	1		1				1	1	
33岁	1		1				1	1		1		1
34岁	3	1	2	2		2						
35-39	**7**	**4**	**3**	**1**	**1**		**4**	**2**	**2**	**5**	**2**	**3**
35岁	1	1										
36岁										3	1	2
37岁	3	2	1				1		1	1	1	
38岁	1		1				2	2				
39岁	2	1	1	1	1					1		1
40-44	**12**	**8**	**4**				**4**	**3**	**1**	**4**	**3**	**1**
40岁	4	2	2									
41岁	1	1					1	1		1	1	
42岁	3	3					2	1	1	1		1
43岁	2	1	1				1	1		1	1	
44岁	2	1	1							1	1	
45-49	**18**	**10**	**8**	**1**		**1**	**1**	**1**		**3**	**1**	**2**
45岁	1		1							1	1	
46岁	2	1	1							1		1
47岁	7	5	2							1		1
48岁	4	1	3									
49岁	4	3	1	1		1	1	1				
50-54	**18**	**10**	**8**	**1**		**1**	**2**	**1**	**1**	**2**	**2**	
50岁	3	3								1	1	
51岁	4	1	3				2	1	1			
52岁	3	1	2	1		1						
53岁	4	1	3							1	1	
54岁	4	4										
55-59	**15**	**5**	**10**				**8**	**3**	**5**	**2**	**2**	

2-2a 续表 5

单位：人

年龄	肢体残疾人			智力残疾人			精神残疾人			多重残疾人		
	小计	男	女	小计	男	女	小计	男	女	小计	男	女
55岁	1		1				3	1	2			
56岁	3	1	2				3	2	1			
57岁	5	2	3									
58岁	3	1	2				2		2	2	2	
59岁	3	1	2									
60-64	**16**	**5**	**11**				**2**		**2**	**5**	**2**	**3**
60岁	3	1	2				1		1			
61岁	4	1	3							1		1
62岁	2	1	1							1		1
63岁	2		2				1		1	1	1	
64岁	5	2	3							2	1	1
65-69	**20**	**10**	**10**	**1**	**1**		**1**	**1**		**5**	**2**	**3**
65岁	4	2	2									
66岁	4	3	1							2	2	
67岁	3	1	2							1		1
68岁	6	2	4	1	1					2		2
69岁	3	2	1				1	1				
70-74	**15**	**5**	**10**	**1**		**1**	**1**	**1**		**12**	**4**	**8**
70岁	1	1		1		1				2		2
71岁	2	1	1				1	1		1		1
72岁	4	2	2							3	1	2
73岁	5	1	4							3	2	1
74岁	3		3							3	1	2
75-79	**9**	**5**	**4**				**1**		**1**	**7**	**1**	**6**
75岁	6	3	3				1		1	2		2
76岁	1		1							2		2
77岁										1		1
78岁	1	1								2	1	1
79岁	1	1										
80-84	**3**		**3**							**6**	**3**	**3**
80岁										2		2
81岁	1		1							2	2	
82岁	1		1									
83岁	1		1							1		1
84岁										1	1	
85+	**1**		**1**							**2**		**2**

2－2b 农村分年龄、性别、残疾类别的残疾人

单位：人

年龄	残疾人			视力残疾人			听力残疾人			言语残疾人		
	合计	男	女	小计	男	女	小计	男	女	小计	男	女
总计	**1190**	**584**	**606**	**214**	**94**	**120**	**281**	**150**	**131**	**25**	**13**	**12**
0-4	**40**	**23**	**17**	**1**	**1**		**1**		**1**	**6**	**4**	**2**
0岁	1	1										
1岁	8	6	2									
2岁	10	5	5				1		1			
3岁	11	7	4							3	2	1
4岁	10	4	6	1	1					3	2	1
5-9	**35**	**19**	**16**	**5**	**4**	**1**				**4**	**3**	**1**
5岁	9	5	4	2	1	1				1	1	
6岁	13	6	7									
7岁	5	3	2	1	1					1		1
8岁	3	1	2							1	1	
9岁	5	4	1	2	2					1	1	
10-14	**39**	**27**	**12**	**2**	**2**		**2**	**2**		**3**	**1**	**2**
10岁	8	8					1	1				
11岁	2	2										
12岁	10	7	3	2	2					1	1	
13岁	11	6	5				1	1		1		1
14岁	8	4	4							1		1
15-19	**27**	**18**	**9**	**3**	**3**		**1**		**1**			
15岁	4	3	1	1	1							
16岁	9	6	3	1	1							
17岁	6	5	1				1		1			
18岁	8	4	4	1	1							
19岁												
20-24	**34**	**19**	**15**				**3**	**2**	**1**	**1**	**1**	
20岁	7	4	3									
21岁	4	2	2									
22岁	7	2	5				2	1	1			
23岁	10	7	3				1	1				
24岁	6	4	2							1	1	
25-29	**52**	**24**	**28**	**7**	**4**	**3**	**4**	**1**	**3**	**2**		**2**
25岁	11	5	6	2	1	1						
26岁	7	1	6	1		1						

2－2b 续表 1

单位：人

年 龄	残疾人			视力残疾人			听力残疾人			言语残疾人		
	合计	男	女	小计	男	女	小计	男	女	小计	男	女
27岁	9	5	4	2	1	1	2	1	1			
28岁	15	8	7	2	2		1		1	1		1
29岁	10	5	5				1		1	1		1
30-34	**43**	**22**	**21**	**5**	**1**	**4**	**5**	**3**	**2**	**2**		**2**
30岁	9	5	4	1		1	1	1				
31岁	9	6	3				1	1		1		1
32岁	9	4	5	1		1				1		1
33岁	8	4	4				3	1	2			
34岁	8	3	5	3	1	2						
35-39	**64**	**30**	**34**	**8**	**3**	**5**	**13**	**3**	**10**	**1**	**1**	
35岁	10	5	5	1	1		3		3			
36岁	8	3	5				2	1	1			
37岁	15	8	7	2		2	1		1			
38岁	14	7	7	2	1	1	4	1	3	1	1	
39岁	17	7	10	3	1	2	3	1	2			
40-44	**70**	**43**	**27**	**2**	**1**	**1**	**14**	**8**	**6**	**2**	**2**	
40岁	18	11	7				3	1	2	1	1	
41岁	17	9	8	1		1	4	3	1			
42岁	11	6	5				3	2	1			
43岁	15	10	5	1	1		2	1	1	1	1	
44岁	9	7	2				2	1	1			
45-49	**41**	**16**	**25**	**4**	**2**	**2**	**9**	**5**	**4**	**1**		**1**
45岁	4	2	2				1	1		1		1
46岁	7	1	6	1	1		1		1			
47岁	8	4	4	1		1	3	1	2			
48岁	12	6	6				2	1	1			
49岁	10	3	7	2	1	1	2	2				
50-54	**80**	**39**	**41**	**12**	**6**	**6**	**18**	**9**	**9**			
50岁	13	5	8	2	1	1	4	1	3			
51岁	16	8	8	2	1	1	2	1	1			
52岁	13	5	8	3	1	2	4	2	2			
53岁	20	10	10	3	1	2	4	3	1			
54岁	18	11	7	2	2		4	2	2			
55-59	**107**	**47**	**60**	**21**	**7**	**14**	**29**	**19**	**10**	**2**	**1**	**1**
55岁	21	7	14	4	2	2	1	1		2	1	1

2－2b 续表 2

单位：人

年 龄	残疾人			视力残疾人			听力残疾人			言语残疾人		
	合计	男	女	小计	男	女	小计	男	女	小计	男	女
56岁	24	12	12	6	2	4	4	4				
57岁	22	7	15	4		4	7	3	4			
58岁	14	5	9	3		3	5	3	2			
59岁	26	16	10	4	3	1	12	8	4			
60-64	**119**	**67**	**52**	**23**	**10**	**13**	**38**	**27**	**11**			
60岁	16	9	7	3	1	2	8	4	4			
61岁	20	12	8	2	1	1	4	4				
62岁	26	14	12	6	2	4	7	6	1			
63岁	27	16	11	6	4	2	9	5	4			
64岁	30	16	14	6	2	4	10	8	2			
65-69	**124**	**64**	**60**	**34**	**16**	**18**	**45**	**27**	**18**			
65岁	17	9	8	1		1	6	4	2			
66岁	17	7	10	6	2	4	6	3	3			
67岁	22	7	15	6	1	5	7	3	4			
68岁	33	21	12	10	7	3	8	5	3			
69岁	35	20	15	11	6	5	18	12	6			
70-74	**149**	**70**	**79**	**46**	**19**	**27**	**51**	**28**	**23**			
70岁	33	16	17	8	2	6	15	8	7			
71岁	23	10	13	8	3	5	10	5	5			
72岁	32	14	18	11	5	6	5	4	1			
73岁	31	15	16	11	5	6	10	7	3			
74岁	30	15	15	8	4	4	11	4	7			
75-79	**92**	**34**	**58**	**27**	**11**	**16**	**27**	**11**	**16**	**1**		**1**
75岁	25	10	15	5	2	3	7	2	5			
76岁	18	7	11	7	5	2	4	2	2	1		1
77岁	14	4	10	4	1	3	5	1	4			
78岁	24	10	14	8	3	5	7	3	4			
79岁	11	3	8	3		3	4	3	1			
80-84	**48**	**15**	**33**	**10**	**3**	**7**	**17**	**5**	**12**			
80岁	16	7	9	4	1	3	5	2	3			
81岁	16	3	13	4		4	6	1	5			
82岁	5	2	3				2	2				
83岁	7	2	5	2	2		1		1			
84岁	4	1	3				3		3			
85+	**26**	**7**	**19**	**4**	**1**	**3**	**4**		**4**			

2－2b 续表 3

单位：人

年龄	肢体残疾人			智力残疾人			精神残疾人			多重残疾人		
	小计	男	女	小计	男	女	小计	男	女	小计	男	女
总　计	**315**	**164**	**151**	**77**	**39**	**38**	**45**	**25**	**20**	**233**	**99**	**134**
0–4	**1**	**1**		**16**	**10**	**6**	**1**		**1**	**14**	**7**	**7**
0岁				1	1							
1岁	1	1		4	3	1				3	2	1
2岁				5	2	3				4	3	1
3岁				3	3		1		1	4	2	2
4岁				3	1	2				3		3
5–9	**4**	**3**	**1**	**13**	**5**	**8**				**9**	**4**	**5**
5岁	2	1	1	2	1	1				2	1	1
6岁	1	1		7	3	4				5	2	3
7岁	1	1								2	1	1
8岁				2		2						
9岁				2	1	1						
10–14	**13**	**9**	**4**	**10**	**6**	**4**	**1**	**1**		**8**	**6**	**2**
10岁	2	2		3	3					2	2	
11岁	1	1								1	1	
12岁	3	2	1	2	1	1				2	1	1
13岁	5	3	2	1		1	1	1		2	1	1
14岁	2	1	1	4	2	2				1	1	
15–19	**7**	**4**	**3**	**5**	**4**	**1**	**3**	**1**	**2**	**8**	**6**	**2**
15岁	2	1	1	1	1							
16岁	1		1	3	2	1				4	3	1
17岁	2	2		1	1		1	1		1	1	
18岁	2	1	1				2		2	3	2	1
19岁												
20–24	**11**	**6**	**5**	**4**	**3**	**1**	**5**	**3**	**2**	**10**	**4**	**6**
20岁	3	1	2	1	1		1	1		2	1	1
21岁				1	1		1		1	2	1	1
22岁	1		1				1		1	3	1	2
23岁	4	2	2	1	1		2	2		2	1	1
24岁	3	3		1						1		1
25–29	**16**	**10**	**6**	**7**	**1**	**6**	**3**	**2**	**1**	**13**	**6**	**7**
25岁	3	1	2	2	1	1	1	1		3	1	2
26岁	4	1	3	1		1				1		1

2－2b 续表 4

单位：人

年龄	肢体残疾人			智力残疾人			精神残疾人			多重残疾人		
	小计	男	女	小计	男	女	小计	男	女	小计	男	女
27岁	1	1		2		2				2	2	
28岁	3	3		1		1	2	1	1	5	2	3
29岁	5	4	1	1		1				2	1	1
30-34	**13**	**7**	**6**	**6**	**3**	**3**	**5**	**4**	**1**	**7**	**4**	**3**
30岁	3	2	1				2	2		2		2
31岁	1	1		2	1	1	1	1		3	2	1
32岁	4	1	3	1	1		1	1		1	1	
33岁	2	2		1		1	1		1	1	1	
34岁	3	1	2	2	1	1						
35-39	**22**	**14**	**8**	**4**	**1**	**3**	**1**	**1**		**15**	**7**	**8**
35岁	4	3	1	1	1					1		1
36岁	2	1	1	2		2				2	1	1
37岁	9	7	2							3	1	2
38岁	2	1	1	1		1				4	3	1
39岁	5	2	3				1	1		5	2	3
40-44	**34**	**26**	**8**	**3**	**2**	**1**	**7**	**3**	**4**	**8**	**1**	**7**
40岁	8	6	2	1	1		2	1	1	3	1	2
41岁	7	5	2	2	1	1	1		1	2		2
42岁	4	3	1				2	1	1	2		2
43岁	9	7	2				1		1	1		1
44岁	6	5	1				1	1				
45-49	**21**	**7**	**14**	**1**		**1**	**2**		**2**	**3**	**2**	**1**
45岁	2	1	1									
46岁	5		5									
47岁	1	1								3	2	1
48岁	9	5	4				1		1			
49岁	4		4	1		1	1		1			
50-54	**28**	**11**	**17**	**2**	**2**		**5**	**3**	**2**	**15**	**8**	**7**
50岁	4	2	2				2	1	1	1		1
51岁	6	1	5	1	1		1	1		4	3	1
52岁	4		4	1	1		1	1				
53岁	9	4	5							4	2	2
54岁	5	4	1				1		1	6	3	3
55-59	**34**	**15**	**19**	**2**	**1**	**1**	**5**	**3**	**2**	**14**	**1**	**13**
55岁	7	3	4	1		1	1		1	5		5

2－2b　续表 5

单位：人

年　龄	肢体残疾人			智力残疾人			精神残疾人			多重残疾人		
	小计	男	女	小计	男	女	小计	男	女	小计	男	女
56岁	9	4	5	1	1		2	1	1	2		2
57岁	9	3	6				1	1		1		1
58岁	5	2	3							1		1
59岁	4	3	1				1	1		5	1	4
60–64	**33**	**20**	**13**	**2**		**2**	**2**	**1**	**1**	**21**	**9**	**12**
60岁	3	2	1							2	2	
61岁	10	7	3	1		1				3		3
62岁	6	4	2							7	2	5
63岁	6	4	2				1	1		5	2	3
64岁	8	3	5	1		1	1		1	4	3	1
65–69	**27**	**12**	**15**				**3**	**2**	**1**	**15**	**7**	**8**
65岁	7	3	4				2	1	1	1	1	
66岁	2		2							3	2	1
67岁	7	2	5							2	1	1
68岁	8	5	3				1	1		6	3	3
69岁	3	2	1							3		3
70–74	**26**	**13**	**13**				**2**	**1**	**1**	**24**	**9**	**15**
70岁	7	5	2							3	1	2
71岁	4	1	3							1	1	
72岁	7	3	4							9	2	7
73岁	2		2				1	1		7	2	5
74岁	6	4	2				1		1	4	3	1
75–79	**16**	**4**	**12**	**2**	**1**	**1**				**19**	**7**	**12**
75岁	6	3	3	1	1					6	2	4
76岁	2		2	1		1				3		3
77岁	2		2							3	2	1
78岁	4	1	3							5	3	2
79岁	2		2							2		2
80–84	**7**	**2**	**5**							**14**	**5**	**9**
80岁	2	1	1							5	3	2
81岁	3	1	2							3	1	2
82岁										3		3
83岁	2		2							2		2
84岁										1	1	
85+	**2**		**2**							**16**	**6**	**10**

2－3 多重残疾人的残疾类别组合

单位：人，%

残疾类别组合	多重残疾人			占多重残疾人总数的比重
	合计	男	女	
总　　计	**302**	**129**	**173**	**100.00**
二种残疾类别组合人数小计	**242**	**105**	**137**	**80.13**
视力、听力	67	24	43	22.19
视力、言语	1	1		0.33
视力、肢体	29	6	23	9.60
视力、智力	6	2	4	1.99
视力、精神				
听力、言语	39	20	19	12.91
听力、智力	3	3		0.99
听力、肢体	30	13	17	9.93
听力、精神	1	1		0.33
言语、智力	19	10	9	6.29
言语、肢体	10	7	3	3.31
言语、精神	2		2	0.66
智力、肢体	7	2	5	2.32
智力、精神	23	13	10	7.62
肢体、精神	5	3	2	1.66
三种残疾类别组合人数小计	**48**	**20**	**28**	**15.89**
视力、听力、言语				
视力、听力、肢体	12	3	9	3.97
视力、听力、智力	3		3	0.99

2－3 续表

单位：人，%

残疾类别组合	多重残疾人数			占多重残疾人总数的比重
	合计	男	女	
视力、听力、精神	1	1		0.33
视力、言语、肢体				
视力、言语、智力				
视力、言语、精神				
视力、肢体、智力	1		1	0.33
视力、肢体、精神				
视力、智力、精神				
听力、言语、肢体	1		1	0.33
听力、言语、智力	4	1	3	1.32
听力、言语、精神	1		1	0.33
听力、肢体、智力				
听力、肢体、精神	1	1		0.33
听力、智力、精神	2	2		0.66
言语、肢体、智力	10	4	6	3.31
言语、肢体、精神	2	2		0.66
言语、智力、精神	7	5	2	2.32
肢体、智力、精神	3	1	2	0.99
四种残疾类别组合人数小计	**10**	**2**	**8**	**3.31**
五种残疾类别组合人数小计	**2**	**2**		**0.66**
六种残疾类别组合人数小计				

2－4 各地区分民族、性别的残疾人

单位：人

地　区	残疾人			汉族			蒙古族		
	合计	男	女	小计	男	女	小计	男	女
总　计	**1683**	**821**	**862**	**973**	**491**	**482**	**11**	**5**	**6**
西宁市城中区	154	70	84	143	67	76	3		3
西宁市城西区	109	53	56	104	51	53			
西宁市大通县	182	86	96	146	71	75	2	1	1
西宁市湟中县	278	130	148	253	119	134	2	2	
海东地区民和县	245	134	111	182	101	81			
海东地区化隆县	293	162	131	106	64	42			
海北州刚察县	209	102	107	30	12	18	4	2	2
黄南州同仁县	213	84	129	9	6	3			

2－4 续表 1

单位：人

地　区	回族			藏族			维吾尔族		
	小计	男	女	小计	男	女	小计	男	女
总　计	**156**	**83**	**73**	**446**	**207**	**239**			
西宁市城中区	8	3	5						
西宁市城西区	2	2		1		1			
西宁市大通县	12	7	5						
西宁市湟中县	6	3	3	16	6	10			
海东地区民和县	21	14	7	20	9	11			
海东地区化隆县	106	54	52	81	44	37			
海北州刚察县	1		1	173	88	85			
黄南州同仁县				155	60	95			

2－4 续表 2

单位：人

地　区	苗族			彝族			壮族		
	小计	男	女	小计	男	女	小计	男	女
总　计									
西宁市城中区									
西宁市城西区									
西宁市大通县									
西宁市湟中县									
海东地区民和县									
海东地区化隆县									
海北州刚察县									
黄南州同仁县									

2－4 续表 3

单位：人

地　区	布依族			朝鲜族			满族			其他少数民族		
	小计	男	女	小计	男	女	小计	男	女	小计	男	女
总　计							**3**		**3**	**94**	**35**	**59**
西宁市城中区												
西宁市城西区							2		2			
西宁市大通县							1		1	21	7	14
西宁市湟中县										1		1
海东地区民和县										22	10	12
海东地区化隆县												
海北州刚察县										1		1
黄南州同仁县										49	18	31

2－5 各地区分性别、户口登记状况的残疾人

单位：人

地　区	残疾人			住本调查小区，户口在本乡、镇、街道		
	合计	男	女	小计	男	女
总　计	**1683**	**821**	**862**	**1591**	**783**	**808**
西宁市城中区	154	70	84	125	59	66
西宁市城西区	109	53	56	92	45	47
西宁市大通县	182	86	96	180	85	95
西宁市湟中县	278	130	148	267	123	144
海东地区民和县	245	134	111	235	132	103
海东地区化隆县	293	162	131	281	157	124
海北州刚察县	209	102	107	205	102	103
黄南州同仁县	213	84	129	206	80	126

2－5 续表

单位：人

地　区	住本调查小区半年以上，户口在外乡、镇、街道			住本调查小区不满半年，离开户口所在地半年以上			住本调查小区，户口待定		
	小计	男	女	小计	男	女	小计	男	女
总　计	**83**	**35**	**48**	**1**		**1**	**8**	**3**	**5**
西宁市城中区	29	11	18						
西宁市城西区	17	8	9						
西宁市大通县							2	1	1
西宁市湟中县	11	7	4						
海东地区民和县	6	1	5				4	1	3
海东地区化隆县	10	5	5	1		1	1		1
海北州刚察县	4		4						
黄南州同仁县	6	3	3				1	1	

2－6　各地区分性别、户口性质的残疾人

单位：人

地　区	残疾人			农业户口			非农业户口			户口性质待定		
	合计	男	女	小计	男	女	小计	男	女	小计	男	女
总　计	**1683**	**821**	**862**	**1167**	**564**	**603**	**508**	**254**	**254**	**8**	**3**	**5**
西宁市城中区	154	70	84	2	1	1	152	69	83			
西宁市城西区	109	53	56				109	53	56			
西宁市大通县	182	86	96	117	53	64	63	32	31	2	1	1
西宁市湟中县	278	130	148	214	95	119	64	35	29			
海东地区民和县	245	134	111	199	104	95	42	29	13	4	1	3
海东地区化隆县	293	162	131	288	158	130	4	4		1		1
海北州刚察县	209	102	107	188	93	95	21	9	12			
黄南州同仁县	213	84	129	159	60	99	53	23	30	1	1	

2-7 有残疾人的家庭户类别

单位：户

家庭户类型	合计	一代户				二代户			
		小计	只有1个残疾人的户	有2个残疾人的户	有3人以上残疾人的户	小计	只有1个残疾人的户	有2个残疾人的户	有3人以上残疾人的户
总　计	**1470**	**214**	**193**	**21**		**542**	**483**	**50**	**9**
一人户	62	62	62						
二人户	201	144	124	20		57	55	2	
三人户	244	6	5	1		215	192	21	2
四人户	297	1	1			164	146	14	4
五人户	305	1	1			75	63	11	1
六人户	200					15	14		1
七人户	104					11	9	2	
八人户	52					4	3		1
九人户	5					1	1		

2-7 续表

单位：户

家庭户类型	三代户				四代户及以上			
	小计	只有1个残疾人的户	有2个残疾人的户	有3人以上残疾人的户	小计	只有1个残疾人的户	有2个残疾人的户	有3人以上残疾人的户
总　计	**669**	**564**	**96**	**9**	**45**	**37**	**8**	
一人户								
二人户								
三人户	23	23						
四人户	132	119	12	1				
五人户	224	185	33	6	5	4	1	
六人户	166	134	31	1	19	15	4	
七人户	83	68	14	1	10	8	2	
八人户	38	32	6		10	9	1	
九人户	3	3			1	1		

2-7a 城镇有残疾人的家庭户类别

单位：户

家庭户类型	合计	一代户				二代户			
		小计	只有1个残疾人的户	有2个残疾人的户	有3人以上残疾人的户	小计	只有1个残疾人的户	有2个残疾人的户	有3人以上残疾人的户
总　计	**439**	**143**	**128**	**15**		**178**	**159**	**17**	**2**
一人户	34	34	34						
二人户	131	105	91	14		26	26		
三人户	131	4	3	1		118	105	12	1
四人户	75					29	24	4	1
五人户	41					5	4	1	
六人户	17								
七人户	7								
八人户	2								
九人户	1								

2-7a 续表

单位：户

家庭户类型	三代户				四代户及以上			
	小计	只有1个残疾人的户	有2个残疾人的户	有3人以上残疾人的户	小计	只有1个残疾人的户	有2个残疾人的户	有3人以上残疾人的户
总　计	**117**	**100**	**17**		**1**		**1**	
一人户								
二人户								
三人户	9	9						
四人户	46	40	6					
五人户	35	31	4		1		1	
六人户	17	12	5					
七人户	7	6	1					
八人户	2	1	1					
九人户	1	1						

2-7b 农村有残疾人的家庭户类别

单位：户

家庭户类型	合计	一代户				二代户			
		小计	只有1个残疾人的户	有2个残疾人的户	有3人以上残疾人的户	小计	只有1个残疾人的户	有2个残疾人的户	有3人以上残疾人的户
总　计	**1031**	**71**	**65**	**6**		**364**	**324**	**33**	**7**
一人户	28	28	28						
二人户	70	39	33	6		31	29	2	
三人户	113	2	2			97	87	9	1
四人户	222	1	1			135	122	10	3
五人户	264	1	1			70	59	10	1
六人户	183					15	14		1
七人户	97					11	9	2	
八人户	50					4	3		1
九人户	4					1	1		

2-7b 续表

单位：户

家庭户类型	三代户				四代户及以上			
	小计	只有1个残疾人的户	有2个残疾人的户	有3人以上残疾人的户	小计	只有1个残疾人的户	有2个残疾人的户	有3人以上残疾人的户
总　计	**552**	**464**	**79**	**9**	**44**	**37**	**7**	
一人户								
二人户								
三人户	14	14						
四人户	86	79	6	1				
五人户	189	154	29	6	4	4		
六人户	149	122	26	1	19	15	4	
七人户	76	62	13	1	10	8	2	
八人户	36	31	5		10	9	1	
九人户	2	2			1	1		

2－8　6岁及以上残疾人分年龄、性别的受教育程度

单位：人

年　龄	残疾人			不识字			未上过学		
	合计	男	女	小计	男	女	小计	男	女
总　计	**1627**	**791**	**836**	**876**	**289**	**587**	**15**	**6**	**9**
6岁	15	8	7	12	6	6			
7岁	9	5	4	5	2	3	1	1	
8岁	3	1	2	1		1			
9岁	6	4	2	1		1			
10岁	9	9		4	4				
11岁	2	2		2	2				
12岁	12	7	5	5	2	3			
13岁	14	8	6	3	2	1	1		1
14岁	8	4	4	3	2	1			
15岁	5	4	1	1	1				
16岁	11	7	4	7	5	2			
17岁	7	5	2	5	3	2			
18岁	8	4	4	4	1	3			
19岁									
20岁	8	5	3	5	4	1			
21岁	4	2	2	2	1	1			
22岁	8	2	6	5	2	3			
23岁	10	7	3	5	3	2			
24岁	6	4	2	2	1	1			
25岁	14	7	7	11	4	7			
26岁	8	1	7	5	1	4			
27岁	11	7	4	6	3	3			
28岁	15	8	7	9	3	6	1		1
29岁	12	7	5	4	2	2			
30岁	11	5	6	5	2	3			

2-8 续表 1

单位：人

年龄	残疾人			不识字			未上过学		
	小计	男	女	小计	男	女	小计	男	女
31岁	15	10	5	5	2	3			
32岁	12	5	7	9	3	6			
33岁	13	6	7	5	2	3			
34岁	14	5	9	6	2	4			
35岁	14	7	7	5	2	3			
36岁	11	4	7	8	1	7			
37岁	21	11	10	7	2	5	1		1
38岁	19	10	9	10	5	5			
39岁	21	9	12	13	4	9			
40岁	22	13	9	7	4	3			
41岁	22	13	9	8	3	5			
42岁	17	10	7	4	2	2			
43岁	21	15	6	6	5	1			
44岁	16	12	4	4	2	2			
45岁	6	3	3	3	1	2			
46岁	11	3	8	5		5			
47岁	18	10	8	7	2	5			
48岁	17	8	9	7	2	5			
49岁	19	7	12	5	1	4	2		2
50岁	18	10	8	7	1	6			
51岁	24	12	12	12	6	6			
52岁	19	6	13	7	2	5	1	1	
53岁	28	14	14	16	7	9			
54岁	26	18	8	9	4	5			
55岁	29	10	19	19	4	15			
56岁	33	17	16	11	2	9			
57岁	32	12	20	16	4	12	1		1
58岁	24	8	16	13	2	11	1		1

2-8 续表 2

单位：人

年龄	残疾人			不识字			未上过学		
	小计	男	女	小计	男	女	小计	男	女
59岁	32	19	13	10	5	5			
60岁	24	11	13	7	2	5			
61岁	30	15	15	14	5	9			
62岁	31	15	16	15	4	11			
63岁	41	22	19	23	10	13	1	1	
64岁	39	19	20	24	9	15	1		1
65岁	34	14	20	17	5	12			
66岁	32	16	16	16	3	13	1	1	
67岁	35	10	25	19	4	15	1		1
68岁	52	27	25	37	19	18			
69岁	48	27	21	28	11	17			
70岁	45	20	25	31	12	19			
71岁	39	21	18	20	4	16			
72岁	48	24	24	30	7	23			
73岁	43	21	22	28	6	22			
74岁	44	19	25	30	8	22			
75岁	48	22	26	28	7	21			
76岁	27	10	17	16	3	13	1	1	
77岁	24	12	12	17	5	12			
78岁	35	16	19	23	7	16	1	1	
79岁	19	9	10	12	2	10			
80岁	22	9	13	18	5	13			
81岁	20	6	14	18	4	14			
82岁	7	2	5	6	1	5			
83岁	12	4	8	8	1	7			
84岁	6	2	4	4		4			
85＋	32	8	24	31	7	24			

2-8 续表 3

单位：人

年 龄	小学			初中			高中		
	小计	男	女	小计	男	女	小计	男	女
总 计	**395**	**249**	**146**	**212**	**152**	**60**	**62**	**51**	**11**
6岁	3	2	1						
7岁	3	2	1						
8岁	2	1	1						
9岁	5	4	1						
10岁	5	5							
11岁									
12岁	6	5	1	1		1			
13岁	7	3	4	3	3				
14岁	3	1	2	2	1	1			
15岁	3	2	1	1	1				
16岁	1		1	2	1	1	1	1	
17岁	1	1		1	1				
18岁	2	1	1	1	1		1	1	
19岁									
20岁	1	1		1		1			
21岁	1	1		1		1			
22岁	3		3						
23岁	5	4	1						
24岁	3	2	1	1	1				
25岁				1	1		1	1	
26岁	1		1						
27岁	2	1	1	2	2		1	1	
28岁	4	4		1	1				
29岁	5	3	2	2	1	1			
30岁	2	1	1	3	2	1	1		1

2-8 续表 4

单位：人

年 龄	小学			初中			高中		
	小计	男	女	小计	男	女	小计	男	女
31岁	4	4		3	3		2	1	1
32岁	1	1		1	1				
33岁	4	2	2	2		2	1	1	
34岁	2		2	3		3	2	2	
35岁	4	3	1	3	1	2	2	1	1
36岁	2	2		1	1				
37岁	5	4	1	6	4	2	1	1	
38岁	3	1	2	5	4	1	1		1
39岁	3	1	2	4	4		1		1
40岁	4	2	2	9	6	3	2	1	1
41岁	9	7	2	3	1	2	2	2	
42岁	5	1	4	4	3	1	3	3	
43岁	7	3	4	5	4	1	3	3	
44岁	3	3		5	4	1	3	2	1
45岁	1		1	2	2				
46岁	2		2	2	1	1	2	2	
47岁	1		1	4	3	1	3	3	
48岁	3	2	1	2	1	1	3	2	1
49岁	2		2	7	4	3	1	1	
50岁	4	3	1	6	5	1			
51岁	5	2	3	5	3	2	1		1
52岁	6	1	5	3	2	1			
53岁	9	5	4	3	2	1			
54岁	13	11	2	3	2	1			
55岁	2	1	1	6	4	2			
56岁	15	9	6	5	4	1	1	1	
57岁	10	4	6	3	2	1	1	1	
58岁	5	4	1	2	2				

2-8 续表 5

单位：人

年 龄	小学			初中			高中		
	小计	男	女	小计	男	女	小计	男	女
59岁	14	9	5	5	2	3	3	3	
60岁	12	7	5	3	1	2	1		1
61岁	10	6	4	5	3	2	1	1	
62岁	12	9	3	4	2	2			
63岁	9	6	3	4	3	1	2	2	
64岁	8	5	3	3	3		1	1	
65岁	9	3	6	7	5	2			
66岁	8	6	2	5	4	1			
67岁	11	5	6	4	1	3			
68岁	7	3	4	3	2	1			
69岁	10	8	2	4	3	1	2	1	1
70岁	7	4	3	1		1	2	2	
71岁	9	7	2	6	6				
72岁	11	10	1	3	3		2	2	
73岁	7	7		6	6				
74岁	6	3	3	4	4		2	2	
75岁	14	9	5	5	5				
76岁	7	4	3						
77岁	5	5		1	1		1	1	
78岁	7	4	3	2	2		2	2	
79岁	4	4		2	2				
80岁	1	1		2	2		1	1	
81岁	1	1					1	1	
82岁							1	1	
83岁	3	2	1	1	1				
84岁	1	1		1	1				
85+				1	1				

2-8 续表 6

单位：人

年 龄	中专			大学专科			大学本科			研究生		
	小计	男	女	小计	男	女	小计	男	女	小计	男	女
总 计	**35**	**21**	**14**	**24**	**17**	**7**	**8**	**6**	**2**			
6岁												
7岁												
8岁												
9岁												
10岁												
11岁												
12岁												
13岁												
14岁												
15岁												
16岁												
17岁												
18岁												
19岁												
20岁				1		1						
21岁												
22岁												
23岁												
24岁												
25岁				1	1							
26岁	1		1				1		1			
27岁												
28岁												
29岁	1	1										
30岁												

2-8 续表 7

单位：人

年龄	中专			大学专科			大学本科			研究生		
	小计	男	女	小计	男	女	小计	男	女	小计	男	女
31岁							1		1			
32岁				1		1						
33岁	1	1										
34岁				1	1							
35岁												
36岁												
37岁	1		1									
38岁												
39岁												
40岁												
41岁												
42岁				1	1							
43岁												
44岁				1	1							
45岁												
46岁												
47岁	1		1	2	2							
48岁	1	1		1		1						
49岁	2	1	1									
50岁	1	1										
51岁	1	1										
52岁	2		2									
53岁												
54岁				1	1							
55岁				2	1	1						
56岁				1	1							
57岁				1	1							
58岁	2		2	1		1						

2-8 续表 8

单位：人

年龄	中专			大学专科			大学本科			研究生		
	小计	男	女	小计	男	女	小计	男	女	小计	男	女
59岁												
60岁							1	1				
61岁												
62岁												
63岁	1		1	1		1						
64岁	2	1	1									
65岁	1	1										
66岁	1	1		1	1							
67岁												
68岁	2		2	2	2		1	1				
69岁	3	3					1	1				
70岁	3	1	2	1	1							
71岁	2	2					2	2				
72岁	2	2										
73岁	1	1		1	1							
74岁	2	2										
75岁				1	1							
76岁				2	1	1	1	1				
77岁												
78岁												
79岁	1	1										
80岁												
81岁												
82岁												
83岁												
84岁												
85+												

2－8a 城镇6岁及以上残疾人分年龄、性别的受教育程度

单位：人

年 龄	残疾人			不识字			未上过学		
	合计	男	女	小计	男	女	小计	男	女
总 计	**486**	**235**	**251**	**129**	**23**	**106**	**3**	**1**	**2**
6岁	2	2		2	2				
7岁	4	2	2	2		2	1	1	
8岁									
9岁	1		1	1		1			
10岁	1	1		1	1				
11岁									
12岁	2		2	2		2			
13岁	3	2	1	2	1	1			
14岁									
15岁	1	1							
16岁	2	1	1						
17岁	1		1	1		1			
18岁									
19岁									
20岁	1	1							
21岁									
22岁	1		1						
23岁									
24岁									
25岁	3	2	1	1		1			
26岁	1		1						
27岁	2	2							
28岁									
29岁	2	2							
30岁	2		2						

2-8a 续表 1

单位：人

年 龄	残疾人			不识字			未上过学		
	小计	男	女	小计	男	女	小计	男	女
31岁	6	4	2						
32岁	3	1	2	2	1	1			
33岁	5	2	3	1		1			
34岁	6	2	4						
35岁	4	2	2	1	1				
36岁	3	1	2	2		2			
37岁	6	3	3						
38岁	5	3	2						
39岁	4	2	2	1	1				
40岁	4	2	2	1		1			
41岁	5	4	1						
42岁	6	4	2						
43岁	6	5	1	1	1				
44岁	7	5	2	1	1				
45岁	2	1	1	2	1	1			
46岁	4	2	2	1		1			
47岁	10	6	4	2		2			
48岁	5	2	3						
49岁	9	4	5						
50岁	5	5							
51岁	8	4	4						
52岁	6	1	5	1		1			
53岁	8	4	4	1		1			
54岁	8	7	1	1	1				
55岁	8	3	5	1		1			
56岁	9	5	4	2		2			
57岁	10	5	5				1		1
58岁	10	3	7	3	1	2	1		1

2－8a 续表 2

单位：人

年 龄	残疾人			不识字			未上过学		
	小计	男	女	小计	男	女	小计	男	女
59岁	6	3	3						
60岁	8	2	6	1		1			
61岁	10	3	7	2	1	1			
62岁	5	1	4						
63岁	14	6	8	2		2			
64岁	9	3	6	2		2			
65岁	17	5	12	6		6			
66岁	15	9	6	3		3			
67岁	13	3	10	4	1	3			
68岁	19	6	13	8	1	7			
69岁	13	7	6	3	1	2			
70岁	12	4	8	3	1	2			
71岁	16	11	5	5	1	4			
72岁	16	10	6	5		5			
73岁	12	6	6	6		6			
74岁	14	4	10	7		7			
75岁	23	12	11	8	1	7			
76岁	9	3	6	4	1	3			
77岁	10	8	2	3	1	2			
78岁	11	6	5	3	1	2			
79岁	8	6	2	2		2			
80岁	6	2	4	4		4			
81岁	4	3	1	2	1	1			
82岁	2		2	2		2			
83岁	5	2	3	2		2			
84岁	2	1	1	1		1			
85+	6	1	5	5		5			

2－8a 续表 3

单位：人

年 龄	小学			初中			高中		
	小计	男	女	小计	男	女	小计	男	女
总 计	**124**	**56**	**68**	**124**	**80**	**44**	**48**	**38**	**10**
6岁									
7岁	1	1							
8岁									
9岁									
10岁									
11岁									
12岁									
13岁	1	1							
14岁									
15岁				1	1				
16岁	1		1				1	1	
17岁									
18岁									
19岁									
20岁	1	1							
21岁									
22岁	1		1						
23岁									
24岁									
25岁				1	1				
26岁									
27岁				1	1		1	1	
28岁									
29岁				1	1				
30岁	1		1				1		1

2－8a 续表 4

单位：人

年 龄	小学			初中			高中		
	小计	男	女	小计	男	女	小计	男	女
31岁				3	3		2	1	1
32岁									
33岁				2		2	1	1	
34岁	1		1	3		3	1	1	
35岁				1		1	2	1	1
36岁	1	1							
37岁				4	2	2	1	1	
38岁				4	3	1	1		1
39岁	1		1	1	1		1		1
40岁				2	1	1	1	1	
41岁	2	2		2	1	1	1	1	
42岁	1		1	2	1	1	2	2	
43岁				2	1	1	3	3	
44岁	1	1		2	1	1	2	1	1
45岁									
46岁	1		1				2	2	
47岁				2	1	1	3	3	
48岁				2	1	1	2	1	1
49岁	1		1	5	2	3	1	1	
50岁	1	1		3	3				
51岁	3	1	2	4	3	1	1		
52岁	1		1	2	1	1			
53岁	4	2	2	3	2	1			
54岁	3	3		3	2	1			
55岁	1		1	4	2	2			
56岁	3	2	1	3	2	1	1	1	
57岁	4	1	3	3	2	1	1	1	
58岁	1		1	2	2				

2－8a 续表 5

单位：人

年 龄	小学			初中			高中		
	小计	男	女	小计	男	女	小计	男	女
59岁	2	2		3		3	1	1	
60岁	3		3	2	1	1	1		1
61岁	4		4	3	1	2	1	1	
62岁	2		2	3	1	2			
63岁	6	3	3	2	1	1	2	2	
64岁	5	2	3						
65岁	6	1	5	4	3	1			
66岁	5	3	2	5	4	1			
67岁	5	1	4	4	1	3			
68岁	4	1	3	3	2	1			
69岁	3	1	2	2	1	1	2	1	1
70岁	3		3	1		1	2	2	
71岁	2	1	1	5	5				
72岁	5	4	1	2	2		2	2	
73岁	1	1		4	4				
74岁	3		3	1	1		1	1	
75岁	9	5	4	5	5				
76岁	2		2						
77岁	5	5		1	1		1	1	
78岁	5	2	3	2	2		1	1	
79岁	3	3		2	2				
80岁	1	1					1	1	
81岁	1	1					1	1	
82岁									
83岁	2	1	1	1	1				
84岁	1	1							
85+				1	1				

2-8a 续表 6

单位：人

年 龄	中专			大学专科			大学本科			研究生		
	小计	男	女	小计	男	女	小计	男	女	小计	男	女
总 计	**30**	**17**	**13**	**21**	**15**	**6**	**7**	**5**	**2**			
6岁												
7岁												
8岁												
9岁												
10岁												
11岁												
12岁												
13岁												
14岁												
15岁												
16岁												
17岁												
18岁												
19岁												
20岁												
21岁												
22岁												
23岁												
24岁												
25岁												
26岁												
27岁												
28岁												
29岁												
30岁												

2－8a 续表 7

单位：人

年龄	中专			大学专科			大学本科			研究生		
	小计	男	女	小计	男	女	小计	男	女	小计	男	女
31岁							1		1			
32岁				1		1						
33岁	1	1										
34岁				1	1							
35岁												
36岁												
37岁	1		1									
38岁												
39岁												
40岁												
41岁												
42岁				1	1							
43岁												
44岁				1	1							
45岁												
46岁												
47岁	1		1	2	2							
48岁				1		1						
49岁	2	1	1									
50岁	1	1										
51岁												
52岁	2		2									
53岁												
54岁				1	1							
55岁				2	1	1						
56岁												
57岁				1	1							
58岁	2		2	1		1						

2－8a 续表 8

单位：人

年龄	中专			大学专科			大学本科			研究生		
	小计	男	女	小计	男	女	小计	男	女	小计	男	女
59岁												
60岁							1	1				
61岁												
62岁												
63岁	1		1	1		1						
64岁	2	1	1									
65岁	1	1										
66岁	1	1		1	1							
67岁												
68岁	2		2	1	1		1	1				
69岁	3	3										
70岁	2		2	1	1							
71岁	2	2					2	2				
72岁	2	2										
73岁				1	1							
74岁	2	2										
75岁				1	1							
76岁				2	1	1	1	1				
77岁												
78岁												
79岁	1	1										
80岁												
81岁												
82岁												
83岁												
84岁												
85+												

2－8b 农村6岁及以上残疾人分年龄、性别的受教育程度

单位：人

年 龄	残疾人			不识字			未上过学		
	合计	男	女	小计	男	女	小计	男	女
总 计	**1141**	**556**	**585**	**747**	**266**	**481**	**12**	**5**	**7**
6岁	13	6	7	10	4	6			
7岁	5	3	2	3	2	1			
8岁	3	1	2	1		1			
9岁	5	4	1						
10岁	8	8		3	3				
11岁	2	2		2	2				
12岁	10	7	3	3	2	1			
13岁	11	6	5	1	1		1		1
14岁	8	4	4	3	2	1			
15岁	4	3	1	1	1				
16岁	9	6	3	7	5	2			
17岁	6	5	1	4	3	1			
18岁	8	4	4	4	1	3			
19岁									
20岁	7	4	3	5	4	1			
21岁	4	2	2	2	1	1			
22岁	7	2	5	5	2	3			
23岁	10	7	3	5	3	2			
24岁	6	4	2	2	1	1			
25岁	11	5	6	10	4	6			
26岁	7	1	6	5	1	4			
27岁	9	5	4	6	3	3			
28岁	15	8	7	9	3	6	1		1
29岁	10	5	5	4	2	2			
30岁	9	5	4	5	2	3			

2－8b 续表 1

单位：人

年 龄	残疾人			不识字			未上过学		
	小计	男	女	小计	男	女	小计	男	女
31岁	9	6	3	5	2	3			
32岁	9	4	5	7	2	5			
33岁	8	4	4	4	2	2			
34岁	8	3	5	6	2	4			
35岁	10	5	5	4	1	3			
36岁	8	3	5	6	1	5			
37岁	15	8	7	7	2	5	1		1
38岁	14	7	7	10	5	5			
39岁	17	7	10	12	3	9			
40岁	18	11	7	6	4	2			
41岁	17	9	8	8	3	5			
42岁	11	6	5	4	2	2			
43岁	15	10	5	5	4	1			
44岁	9	7	2	3	1	2			
45岁	4	2	2	1		1			
46岁	7	1	6	4		4			
47岁	8	4	4	5	2	3			
48岁	12	6	6	7	2	5			
49岁	10	3	7	5	1	4	2		2
50岁	13	5	8	7	1	6			
51岁	16	8	8	12	6	6			
52岁	13	5	8	6	2	4	1	1	
53岁	20	10	10	15	7	8			
54岁	18	11	7	8	3	5			
55岁	21	7	14	18	4	14			
56岁	24	12	12	9	2	7			
57岁	22	7	15	16	4	12			
58岁	14	5	9	10	1	9			

2-8b 续表 2

单位：人

年 龄	残疾人			不识字			未上过学		
	小计	男	女	小计	男	女	小计	男	女
59岁	26	16	10	10	5	5			
60岁	16	9	7	6	2	4			
61岁	20	12	8	12	4	8			
62岁	26	14	12	15	4	11			
63岁	27	16	11	21	10	11	1	1	
64岁	30	16	14	22	9	13	1		1
65岁	17	9	8	11	5	6			
66岁	17	7	10	13	3	10	1	1	
67岁	22	7	15	15	3	12	1		1
68岁	33	21	12	29	18	11			
69岁	35	20	15	25	10	15			
70岁	33	16	17	28	11	17			
71岁	23	10	13	15	3	12			
72岁	32	14	18	25	7	18			
73岁	31	15	16	22	6	16			
74岁	30	15	15	23	8	15			
75岁	25	10	15	20	6	14			
76岁	18	7	11	12	2	10	1	1	
77岁	14	4	10	14	4	10			
78岁	24	10	14	20	6	14	1	1	
79岁	11	3	8	10	2	8			
80岁	16	7	9	14	5	9			
81岁	16	3	13	16	3	13			
82岁	5	2	3	4	1	3			
83岁	7	2	5	6	1	5			
84岁	4	1	3	3		3			
85+	26	7	19	26	7	19			

2－8b 续表 3

单位：人

年龄	小学			初中			高中		
	小计	男	女	小计	男	女	小计	男	女
总　计	**271**	**193**	**78**	**88**	**72**	**16**	**14**	**13**	**1**
6岁	3	2	1						
7岁	2	1	1						
8岁	2	1	1						
9岁	5	4	1						
10岁	5	5							
11岁									
12岁	6	5	1	1		1			
13岁	6	2	4	3	3				
14岁	3	1	2	2	1	1			
15岁	3	2	1						
16岁				2	1	1			
17岁	1	1		1	1				
18岁	2	1	1	1	1		1	1	
19岁									
20岁				1		1			
21岁	1	1		1		1			
22岁	2		2						
23岁	5	4	1						
24岁	3	2	1	1	1				
25岁							1	1	
26岁	1		1						
27岁	2	1	1	1	1				
28岁	4	4		1	1				
29岁	5	3	2	1		1			
30岁	1	1		3	2	1			

2－8b 续表 4

单位：人

年龄	小学			初中			高中		
	小计	男	女	小计	男	女	小计	男	女
31岁	4	4							
32岁	1	1		1	1				
33岁	4	2	2						
34岁	1		1				1	1	
35岁	4	3	1	2	1	1			
36岁	1	1		1	1				
37岁	5	4	1	2	2				
38岁	3	1	2	1	1				
39岁	2	1	1	3	3				
40岁	4	2	2	7	5	2	1		1
41岁	7	5	2	1		1	1	1	
42岁	4	1	3	2	2		1	1	
43岁	7	3	4	3	3				
44岁	2	2		3	3		1	1	
45岁	1		1	2	2				
46岁	1		1	2	1	1			
47岁	1		1	2	2				
48岁	3	2	1				1	1	
49岁	1		1	2	2				
50岁	3	2	1	3	2	1			
51岁	2	1	1	1		1			
52岁	5	1	4	1	1				
53岁	5	3	2						
54岁	10	8	2						
55岁	1	1		2	2				
56岁	12	7	5	2	2				
57岁	6	3	3						
58岁	4	4							

2－8b 续表 5

单位：人

年 龄	小学			初中			高中		
	小计	男	女	小计	男	女	小计	男	女
59岁	12	7	5	2	2		2	2	
60岁	9	7	2	1		1			
61岁	6	6		2	2				
62岁	10	9	1	1	1				
63岁	3	3		2	2				
64岁	3	3		3	3		1	1	
65岁	3	2	1	3	2	1			
66岁	3	3							
67岁	6	4	2						
68岁	3	2	1						
69岁	7	7		2	2				
70岁	4	4							
71岁	7	6	1	1	1				
72岁	6	6		1	1				
73岁	6	6		2	2				
74岁	3	3		3	3		1	1	
75岁	5	4	1						
76岁	5	4	1						
77岁									
78岁	2	2					1	1	
79岁	1	1							
80岁				2	2				
81岁									
82岁							1	1	
83岁	1	1							
84岁				1	1				
85＋									

2－8b 续表 6

单位：人

年 龄	中专			大学专科			大学本科			研究生		
	小计	男	女	小计	男	女	小计	男	女	小计	男	女
总 计	**5**	**4**	**1**	**3**	**2**	**1**	**1**	**1**				
6岁												
7岁												
8岁												
9岁												
10岁												
11岁												
12岁												
13岁												
14岁												
15岁												
16岁												
17岁												
18岁												
19岁												
20岁				1		1						
21岁												
22岁												
23岁												
24岁												
25岁												
26岁	1		1									
27岁												
28岁												
29岁												
30岁												

2－8b 续表 7

单位：人

年 龄	中专			大学专科			大学本科			研究生		
	小计	男	女	小计	男	女	小计	男	女	小计	男	女
31岁												
32岁												
33岁												
34岁												
35岁												
36岁												
37岁												
38岁												
39岁												
40岁												
41岁												
42岁												
43岁												
44岁												
45岁												
46岁												
47岁												
48岁	1	1										
49岁												
50岁												
51岁	1	1										
52岁												
53岁												
54岁												
55岁												
56岁				1	1							
57岁												
58岁												

2－8b　续表 8

单位：人

年　龄	中专			大学专科			大学本科			研究生		
	小计	男	女	小计	男	女	小计	男	女	小计	男	女
59岁												
60岁												
61岁												
62岁												
63岁												
64岁												
65岁												
66岁												
67岁												
68岁				1	1							
69岁							1	1				
70岁	1	1										
71岁												
72岁												
73岁	1	1										
74岁												
75岁												
76岁												
77岁												
78岁												
79岁												
80岁												
81岁												
82岁												
83岁												
84岁												
85＋												

2-9 各地区6岁及以上残疾人分性别的受教育程度

单位：人

地区	残疾人			不识字			未上过学		
	合计	男	女	小计	男	女	小计	男	女
总计	**1627**	**791**	**836**	**876**	**289**	**587**	**15**	**6**	**9**
西宁市城中区	151	69	82	40	5	35			
西宁市城西区	109	53	56	21	3	18	2		2
西宁市大通县	178	84	94	84	26	58	2	2	
西宁市湟中县	268	124	144	130	36	94	5	2	3
海东地区民和县	233	130	103	136	56	80	1		1
海东地区化隆县	279	152	127	191	81	110	1		1
海北州刚察县	201	96	105	146	57	89			
黄南州同仁县	208	83	125	128	25	103	4	2	2

2-9 续表 1

单位：人

地区	小学			初中			高中		
	小计	男	女	小计	男	女	小计	男	女
总计	**395**	**249**	**146**	**212**	**152**	**60**	**62**	**51**	**11**
西宁市城中区	41	19	22	45	26	19	15	12	3
西宁市城西区	31	14	17	28	19	9	9	8	1
西宁市大通县	47	25	22	36	26	10	7	5	2
西宁市湟中县	71	39	32	41	30	11	6	5	1
海东地区民和县	50	35	15	27	22	5	10	10	
海东地区化隆县	68	54	14	14	12	2	4	4	
海北州刚察县	35	27	8	8	7	1	7	4	3
黄南州同仁县	52	36	16	13	10	3	4	3	1

2-9 续表 2

单位：人

地 区	中专			大学专科			大学本科			研究生		
	小计	男	女	小计	男	女	小计	男	女	小计	男	女
总 计	**35**	**21**	**14**	**24**	**17**	**7**	**8**	**6**	**2**			
西宁市城中区	7	4	3	2	2		1	1				
西宁市城西区	8	3	5	7	3	4	3	3				
西宁市大通县	2		2									
西宁市湟中县	6	5	1	9	7	2						
海东地区民和县	5	3	2	3	3		1	1				
海东地区化隆县							1	1				
海北州刚察县	1		1	2	1	1	2		2			
黄南州同仁县	6	6		1	1							

2-10 各地区15岁及以上残疾人分性别的文盲人口

单位：人，%

地 区	残疾人口			文盲人口			文盲人口占残疾人口的比例		
	合计	男	女	小计	男	女	总比例	男	女
总 计	**1549**	**743**	**806**	**840**	**269**	**571**	**54.23**	**36.20**	**70.84**
西宁市城中区	149	68	81	38	4	34	25.50	5.88	41.98
西宁市城西区	108	52	56	21	3	18	19.44	5.77	32.14
西宁市大通县	172	81	91	83	26	57	48.26	32.10	62.64
西宁市湟中县	260	120	140	127	35	92	48.85	29.17	65.71
海东地区民和县	224	123	101	129	51	78	57.59	41.46	77.23
海东地区化隆县	253	134	119	182	76	106	71.94	56.72	89.08
海北州刚察县	185	87	98	134	49	85	72.43	56.32	86.73
黄南州同仁县	198	78	120	126	25	101	63.64	32.05	84.17

2－10a 各地区城镇15岁及以上残疾人分性别的文盲人口

单位：人，%

地区	残疾人口			文盲人口			文盲人口占残疾人口的比例		
	合计	男	女	小计	男	女	总比例	男	女
总计	**473**	**228**	**245**	**119**	**19**	**100**	**25.16**	**8.33**	**40.82**
西宁市城中区	149	68	81	38	4	34	25.50	5.88	41.98
西宁市城西区	108	52	56	21	3	18	19.44	5.77	32.14
西宁市大通县	56	29	27	8	2	6	14.29	6.90	22.22
西宁市湟中县	56	29	27	15	1	14	26.79	3.45	51.85
海东地区民和县	37	25	12	4	2	2	10.81	8.00	16.67
海东地区化隆县									
海北州刚察县	17	4	13	8	2	6	47.06	50.00	46.15
黄南州同仁县	50	21	29	25	5	20	50.00	23.81	68.97

2－10b 各地区农村15岁及以上残疾人分性别的文盲人口

单位：人，%

地区	残疾人口			文盲人口			文盲人口占残疾人口的比例		
	合计	男	女	小计	男	女	总比例	男	女
总计	**1076**	**515**	**561**	**721**	**250**	**471**	**67.01**	**48.54**	**83.96**
西宁市城中区									
西宁市城西区									
西宁市大通县	116	52	64	75	24	51	64.66	46.15	79.69
西宁市湟中县	204	91	113	112	34	78	54.90	37.36	69.03
海东地区民和县	187	98	89	125	49	76	66.84	50.00	85.39
海东地区化隆县	253	134	119	182	76	106	71.94	56.72	89.08
海北州刚察县	168	83	85	126	47	79	75.00	56.63	92.94
黄南州同仁县	148	57	91	101	20	81	68.24	35.09	89.01

2－11 15岁及以上残疾人分年龄、性别的文盲人口

单位：人，%

年龄	残疾人口			文盲人口			文盲人口占残疾人口的比例		
	合计	男	女	小计	男	女	总比例	男	女
总 计	**1549**	**743**	**806**	**840**	**269**	**571**	**54.23**	**36.20**	**70.84**
15-19	**31**	**20**	**11**	**17**	**10**	**7**	**54.84**	**50.00**	**63.64**
15岁	5	4	1	1	1		20.00	25.00	
16岁	11	7	4	7	5	2	63.64	71.43	50.00
17岁	7	5	2	5	3	2	71.43	60.00	100.00
18岁	8	4	4	4	1	3	50.00	25.00	75.00
19岁									
20-24	**36**	**20**	**16**	**19**	**11**	**8**	**52.78**	**55.00**	**50.00**
20岁	8	5	3	5	4	1	62.50	80.00	33.33
21岁	4	2	2	2	1	1	50.00	50.00	50.00
22岁	8	2	6	5	2	3	62.50	100.00	50.00
23岁	10	7	3	5	3	2	50.00	42.86	66.67
24岁	6	4	2	2	1	1	33.33	25.00	50.00
25-29	**60**	**30**	**30**	**35**	**13**	**22**	**58.33**	**43.33**	**73.33**
25岁	14	7	7	11	4	7	78.57	57.14	100.00
26岁	8	1	7	5	1	4	62.50	100.00	57.14
27岁	11	7	4	6	3	3	54.55	42.86	75.00
28岁	15	8	7	9	3	6	60.00	37.50	85.71
29岁	12	7	5	4	2	2	33.33	28.57	40.00
30-34	**65**	**31**	**34**	**30**	**11**	**19**	**46.15**	**35.48**	**55.88**
30岁	11	5	6	5	2	3	45.45	40.00	50.00
31岁	15	10	5	5	2	3	33.33	20.00	60.00
32岁	12	5	7	9	3	6	75.00	60.00	85.71
33岁	13	6	7	5	2	3	38.46	33.33	42.86
34岁	14	5	9	6	2	4	42.86	40.00	44.44
35-39	**86**	**41**	**45**	**43**	**14**	**29**	**50.00**	**34.15**	**64.44**
35岁	14	7	7	5	2	3	35.71	28.57	42.86
36岁	11	4	7	8	1	7	72.73	25.00	100.00

2－11 续表 1

单位：人，%

年 龄	残疾人口			文盲人口			文盲人口占残疾人口的比例		
	合计	男	女	小计	男	女	总比例	男	女
37岁	21	11	10	7	2	5	33.33	18.18	50.00
38岁	19	10	9	10	5	5	52.63	50.00	55.56
39岁	21	9	12	13	4	9	61.90	44.44	75.00
40-44	**98**	**63**	**35**	**29**	**16**	**13**	**29.59**	**25.40**	**37.14**
40岁	22	13	9	7	4	3	31.82	30.77	33.33
41岁	22	13	9	8	3	5	36.36	23.08	55.56
42岁	17	10	7	4	2	2	23.53	20.00	28.57
43岁	21	15	6	6	5	1	28.57	33.33	16.67
44岁	16	12	4	4	2	2	25.00	16.67	50.00
45-49	**71**	**31**	**40**	**27**	**6**	**21**	**38.03**	**19.35**	**52.50**
45岁	6	3	3	3	1	2	50.00	33.33	66.67
46岁	11	3	8	5		5	45.45		62.50
47岁	18	10	8	7	2	5	38.89	20.00	62.50
48岁	17	8	9	7	2	5	41.18	25.00	55.56
49岁	19	7	12	5	1	4	26.32	14.29	33.33
50-54	**115**	**60**	**55**	**51**	**20**	**31**	**44.35**	**33.33**	**56.36**
50岁	18	10	8	7	1	6	38.89	10.00	75.00
51岁	24	12	12	12	6	6	50.00	50.00	50.00
52岁	19	6	13	7	2	5	36.84	33.33	38.46
53岁	28	14	14	16	7	9	57.14	50.00	64.29
54岁	26	18	8	9	4	5	34.62	22.22	62.50
55-59	**150**	**66**	**84**	**69**	**17**	**52**	**46.00**	**25.76**	**61.90**
55岁	29	10	19	19	4	15	65.52	40.00	78.95
56岁	33	17	16	11	2	9	33.33	11.76	56.25
57岁	32	12	20	16	4	12	50.00	33.33	60.00
58岁	24	8	16	13	2	11	54.17	25.00	68.75
59岁	32	19	13	10	5	5	31.25	26.32	38.46
60-64	**165**	**82**	**83**	**83**	**30**	**53**	**50.30**	**36.59**	**63.86**
60岁	24	11	13	7	2	5	29.17	18.18	38.46

2－11 续表 2

单位：人，%

年龄别	残疾人口			文盲人口			文盲人口占残疾人口的比例		
	合计	男	女	小计	男	女	总比例	男	女
61岁	30	15	15	14	5	9	46.67	33.33	60.00
62岁	31	15	16	15	4	11	48.39	26.67	68.75
63岁	41	22	19	23	10	13	56.10	45.45	68.42
64岁	39	19	20	24	9	15	61.54	47.37	75.00
65-69	**201**	**94**	**107**	**117**	**42**	**75**	**58.21**	**44.68**	**70.09**
65岁	34	14	20	17	5	12	50.00	35.71	60.00
66岁	32	16	16	16	3	13	50.00	18.75	81.25
67岁	35	10	25	19	4	15	54.29	40.00	60.00
68岁	52	27	25	37	19	18	71.15	70.37	72.00
69岁	48	27	21	28	11	17	58.33	40.74	80.95
70-74	**219**	**105**	**114**	**139**	**37**	**102**	**63.47**	**35.24**	**89.47**
70岁	45	20	25	31	12	19	68.89	60.00	76.00
71岁	39	21	18	20	4	16	51.28	19.05	88.89
72岁	48	24	24	30	7	23	62.50	29.17	95.83
73岁	43	21	22	28	6	22	65.12	28.57	100.00
74岁	44	19	25	30	8	22	68.18	42.11	88.00
75-79	**153**	**69**	**84**	**96**	**24**	**72**	**62.75**	**34.78**	**85.71**
75岁	48	22	26	28	7	21	58.33	31.82	80.77
76岁	27	10	17	16	3	13	59.26	30.00	76.47
77岁	24	12	12	17	5	12	70.83	41.67	100.00
78岁	35	16	19	23	7	16	65.71	43.75	84.21
79岁	19	9	10	12	2	10	63.16	22.22	100.00
80-84	**67**	**23**	**44**	**54**	**11**	**43**	**80.60**	**47.83**	**97.73**
80岁	22	9	13	18	5	13	81.82	55.56	100.00
81岁	20	6	14	18	4	14	90.00	66.67	100.00
82岁	7	2	5	6	1	5	85.71	50.00	100.00
83岁	12	4	8	8	1	7	66.67	25.00	87.50
84岁	6	2	4	4		4	66.67		100.00
85+	**32**	**8**	**24**	**31**	**7**	**24**	**96.88**	**87.50**	**100.00**

2-12 15岁及以上残疾人分年龄、性别的婚姻状况

单位：人

年 龄	残疾人			未婚			初婚有配偶		
	合计	男	女	小计	男	女	小计	男	女
总 计	**1549**	**743**	**806**	**164**	**108**	**56**	**845**	**456**	**389**
15-19	**31**	**20**	**11**	**31**	**20**	**11**			
15岁	5	4	1	5	4	1			
16岁	11	7	4	11	7	4			
17岁	7	5	2	7	5	2			
18岁	8	4	4	8	4	4			
19岁									
20-24	**36**	**20**	**16**	**22**	**13**	**9**	**14**	**7**	**7**
20岁	8	5	3	6	4	2	2	1	1
21岁	4	2	2	3	1	2	1	1	
22岁	8	2	6	4	1	3	4	1	3
23岁	10	7	3	5	4	1	5	3	2
24岁	6	4	2	4	3	1	2	1	1
25-29	**60**	**30**	**30**	**28**	**14**	**14**	**27**	**13**	**14**
25岁	14	7	7	8	4	4	6	3	3
26岁	8	1	7	4		4	4	1	3
27岁	11	7	4	3	2	1	5	4	1
28岁	15	8	7	7	4	3	7	3	4
29岁	12	7	5	6	4	2	5	2	3
30-34	**65**	**31**	**34**	**22**	**15**	**7**	**34**	**12**	**22**
30岁	11	5	6	5	2	3	3	1	2
31岁	15	10	5	7	7		6	2	4
32岁	12	5	7	5	4	1	6	1	5
33岁	13	6	7	3	1	2	9	4	5
34岁	14	5	9	2	1	1	10	4	6
35-39	**86**	**41**	**45**	**18**	**13**	**5**	**50**	**18**	**32**
35岁	14	7	7	3	1	2	7	3	4
36岁	11	4	7	2	1	1	7	3	4

2-12 续表 1

单位：人

年 龄	残疾人			未婚			初婚有配偶		
	合计	男	女	小计	男	女	小计	男	女
37岁	21	11	10	4	3	1	14	6	8
38岁	19	10	9	3	3		12	4	8
39岁	21	9	12	6	5	1	10	2	8
40-44	**98**	**63**	**35**	**16**	**11**	**5**	**69**	**45**	**24**
40岁	22	13	9	3	2	1	17	10	7
41岁	22	13	9	6	4	2	14	7	7
42岁	17	10	7	3	1	2	12	8	4
43岁	21	15	6	3	3		15	11	4
44岁	16	12	4	1	1		11	9	2
45-49	**71**	**31**	**40**	**1**	**1**		**51**	**22**	**29**
45岁	6	3	3				4	2	2
46岁	11	3	8				9	3	6
47岁	18	10	8	1	1		13	7	6
48岁	17	8	9				12	6	6
49岁	19	7	12				13	4	9
50-54	**115**	**60**	**55**	**9**	**7**	**2**	**83**	**43**	**40**
50岁	18	10	8				16	9	7
51岁	24	12	12	3	3		16	7	9
52岁	19	6	13	2	1	1	13	4	9
53岁	28	14	14	2	2		18	9	9
54岁	26	18	8	2	1	1	20	14	6
55-59	**150**	**66**	**84**	**4**	**2**	**2**	**105**	**55**	**50**
55岁	29	10	19	1		1	19	9	10
56岁	33	17	16				26	14	12
57岁	32	12	20	1		1	22	11	11
58岁	24	8	16	1	1		15	7	8
59岁	32	19	13	1	1		23	14	9
60-64	**165**	**82**	**83**	**3**	**3**		**111**	**55**	**56**
60岁	24	11	13	1	1		13	4	9
61岁	30	15	15	1	1		21	11	10
62岁	31	15	16	1	1		23	12	11

2-12 续表 2

单位：人

年　龄	残疾人			未婚			初婚有配偶		
	合计	男	女	小计	男	女	小计	男	女
63岁	41	22	19				29	16	13
64岁	39	19	20				25	12	13
65-69	**201**	**94**	**107**	**2**	**2**		**123**	**71**	**52**
65岁	34	14	20				23	12	11
66岁	32	16	16				21	14	7
67岁	35	10	25	1	1		20	7	13
68岁	52	27	25				29	18	11
69岁	48	27	21	1	1		30	20	10
70-74	**219**	**105**	**114**	**3**	**3**		**104**	**70**	**34**
70岁	45	20	25				27	15	12
71岁	39	21	18				19	16	3
72岁	48	24	24	2	2		19	12	7
73岁	43	21	22				19	15	4
74岁	44	19	25	1	1		20	12	8
75-79	**153**	**69**	**84**	**4**	**3**	**1**	**58**	**37**	**21**
75岁	48	22	26	1	1		23	15	8
76岁	27	10	17	3	2	1	8	4	4
77岁	24	12	12				9	6	3
78岁	35	16	19				13	8	5
79岁	19	9	10				5	4	1
80-84	**67**	**23**	**44**	**1**	**1**		**14**	**7**	**7**
80岁	22	9	13				7	5	2
81岁	20	6	14				4	1	3
82岁	7	2	5	1	1		1		1
83岁	12	4	8				1		1
84岁	6	2	4				1	1	
85+	**32**	**8**	**24**				**2**	**1**	**1**

2-12 续表 3

单位：人

年龄	再婚有配偶			离婚			丧偶		
	小计	男	女	小计	男	女	小计	男	女
总计	**71**	**45**	**26**	**68**	**33**	**35**	**401**	**101**	**300**
15-19									
15岁									
16岁									
17岁									
18岁									
19岁									
20-24									
20岁									
21岁									
22岁									
23岁									
24岁									
25-29	**1**		**1**	**4**	**3**	**1**			
25岁									
26岁									
27岁	1		1	2	1	1			
28岁				1	1				
29岁				1	1				
30-34	**3**	**2**	**1**	**6**	**2**	**4**			
30岁	1	1		2	1	1			
31岁	1	1		1		1			
32岁	1		1						
33岁				1	1				
34岁				2		2			
35-39	**4**	**2**	**2**	**13**	**8**	**5**	**1**		**1**
35岁	1	1		3	2	1			
36岁				1		1	1		1

2-12 续表 4

单位：人

年龄	再婚有配偶			离婚			丧偶		
	小计	男	女	小计	男	女	小计	男	女
37岁	1		1	2	2				
38岁	1	1		3	2	1			
39岁	1		1	4	2	2			
40-44	**3**	**1**	**2**	**8**	**6**	**2**	**2**		**2**
40岁				2	1	1			
41岁	1	1		1	1				
42岁	1		1	1	1				
43岁	1		1	1	1		1		1
44岁				3	2	1	1		1
45-49	**6**	**3**	**3**	**7**	**3**	**4**	**6**	**2**	**4**
45岁	1	1		1		1			
46岁				1		1	1		1
47岁	2	1	1	2	1	1			
48岁	3	1	2				2	1	1
49岁				3	2	1	3	1	2
50-54	**7**	**4**	**3**	**7**	**2**	**5**	**9**	**4**	**5**
50岁	1	1		1		1			
51岁	1		1	3	1	2	1	1	
52岁				1		1	3	1	2
53岁	3	2	1	1		1	4	1	3
54岁	2	1	1	1	1		1	1	
55-59	**10**	**2**	**8**	**4**	**2**	**2**	**27**	**5**	**22**
55岁	3		3	3	1	2	3		3
56岁	2		2	1	1		4	2	2
57岁	2	1	1				7		7
58岁	1		1				7		7
59岁	2	1	1				6	3	3
60-64	**11**	**9**	**2**	**8**	**4**	**4**	**32**	**11**	**21**
60岁	2	2		1	1		7	3	4
61岁	1	1		1	1		6	1	5
62岁	3	1	2	1		1	3	1	2

2-12 续表 5

单位：人

年 龄	再婚有配偶			离婚			丧偶		
	小计	男	女	小计	男	女	小计	男	女
63岁	2	2		4	2	2	6	2	4
64岁	3	3		1		1	10	4	6
65-69	**6**	**4**	**2**	**4**	**1**	**3**	**66**	**16**	**50**
65岁	1	1					10	1	9
66岁				1		1	10	2	8
67岁	1	1					13	1	12
68岁	2		2	2	1	1	19	8	11
69岁	2	2		1		1	14	4	10
70-74	**9**	**7**	**2**	**2**		**2**	**101**	**25**	**76**
70岁	4	3	1	1		1	13	2	11
71岁							20	5	15
72岁	1	1		1		1	25	9	16
73岁	3	2	1				21	4	17
74岁	1	1					22	5	17
75-79	**4**	**4**		**4**	**1**	**3**	**83**	**24**	**59**
75岁	2	2		2	1	1	20	3	17
76岁	1	1		1		1	14	3	11
77岁	1	1					14	5	9
78岁				1		1	21	8	13
79岁							14	5	9
80-84	**3**	**3**		**1**	**1**		**48**	**11**	**37**
80岁	1	1					14	3	11
81岁							16	5	11
82岁	1	1					4		4
83岁	1	1		1	1		9	2	7
84岁							5	1	4
85+	**4**	**4**					**26**	**3**	**23**

2-13 残疾人分年龄、性别的经济活动人口

单位：人

年龄	残疾人口			在业人口			不在业人口		
	合计	男	女	小计	男	女	小计	男	女
总 计	**1549**	**743**	**806**	**430**	**249**	**181**	**1119**	**494**	**625**
15-19	**31**	**20**	**11**	**8**	**6**	**2**	**23**	**14**	**9**
15岁	5	4	1	2	2		3	2	1
16岁	11	7	4	2	1	1	9	6	3
17岁	7	5	2	2	2		5	3	2
18岁	8	4	4	2	1	1	6	3	3
19岁									
20-24	**36**	**20**	**16**	**19**	**12**	**7**	**17**	**8**	**9**
20岁	8	5	3				8	5	3
21岁	4	2	2	3	2	1	1		1
22岁	8	2	6	3	1	2	5	1	4
23岁	10	7	3	9	6	3	1	1	
24岁	6	4	2	4	3	1	2	1	1
25-29	**60**	**30**	**30**	**33**	**15**	**18**	**27**	**15**	**12**
25岁	14	7	7	6	3	3	8	4	4
26岁	8	1	7	7	1	6	1		1
27岁	11	7	4	5	3	2	6	4	2
28岁	15	8	7	7	3	4	8	5	3
29岁	12	7	5	8	5	3	4	2	2
30-34	**65**	**31**	**34**	**30**	**13**	**17**	**35**	**18**	**17**
30岁	11	5	6	2	2		9	3	6
31岁	15	10	5	9	5	4	6	5	1
32岁	12	5	7	6	2	4	6	3	3
33岁	13	6	7	5	1	4	8	5	3
34岁	14	5	9	8	3	5	6	2	4
35-39	**86**	**41**	**45**	**50**	**23**	**27**	**36**	**18**	**18**
35岁	14	7	7	9	4	5	5	3	2
36岁	11	4	7	6	2	4	5	2	3

2-13 续表 1

单位：人

年 龄	残疾人口			在业人口			不在业人口		
	合计	男	女	小计	男	女	小计	男	女
37岁	21	11	10	10	5	5	11	6	5
38岁	19	10	9	12	7	5	7	3	4
39岁	21	9	12	13	5	8	8	4	4
40-44	**98**	**63**	**35**	**57**	**36**	**21**	**41**	**27**	**14**
40岁	22	13	9	13	6	7	9	7	2
41岁	22	13	9	16	9	7	6	4	2
42岁	17	10	7	11	8	3	6	2	4
43岁	21	15	6	9	7	2	12	8	4
44岁	16	12	4	8	6	2	8	6	2
45-49	**71**	**31**	**40**	**31**	**17**	**14**	**40**	**14**	**26**
45岁	6	3	3	4	3	1	2		2
46岁	11	3	8	6	3	3	5		5
47岁	18	10	8	6	3	3	12	7	5
48岁	17	8	9	7	4	3	10	4	6
49岁	19	7	12	8	4	4	11	3	8
50-54	**115**	**60**	**55**	**57**	**33**	**24**	**58**	**27**	**31**
50岁	18	10	8	8	3	5	10	7	3
51岁	24	12	12	12	6	6	12	6	6
52岁	19	6	13	11	5	6	8	1	7
53岁	28	14	14	14	10	4	14	4	10
54岁	26	18	8	12	9	3	14	9	5
55-59	**150**	**66**	**84**	**59**	**32**	**27**	**91**	**34**	**57**
55岁	29	10	19	8	4	4	21	6	15
56岁	33	17	16	13	7	6	20	10	10
57岁	32	12	20	12	3	9	20	9	11
58岁	24	8	16	7	4	3	17	4	13
59岁	32	19	13	19	14	5	13	5	8

2-13 续表 2

单位：人

年 龄	残疾人口			在业人口			不在业人口		
	合计	男	女	小计	男	女	小计	男	女
60–64	**165**	**82**	**83**	**46**	**35**	**11**	**119**	**47**	**72**
60岁	24	11	13	2	2		22	9	13
61岁	30	15	15	10	8	2	20	7	13
62岁	31	15	16	10	7	3	21	8	13
63岁	41	22	19	13	10	3	28	12	16
64岁	39	19	20	11	8	3	28	11	17
65–69	**201**	**94**	**107**	**28**	**16**	**12**	**173**	**78**	**95**
65岁	34	14	20	8	5	3	26	9	17
66岁	32	16	16	6	3	3	26	13	13
67岁	35	10	25	5	2	3	30	8	22
68岁	52	27	25	3	2	1	49	25	24
69岁	48	27	21	6	4	2	42	23	19
70–74	**219**	**105**	**114**	**9**	**8**	**1**	**210**	**97**	**113**
70岁	45	20	25	3	3		42	17	25
71岁	39	21	18	4	4		35	17	18
72岁	48	24	24				48	24	24
73岁	43	21	22	1		1	42	21	21
74岁	44	19	25	1	1		43	18	25
75–79	**153**	**69**	**84**	**3**	**3**		**150**	**66**	**84**
75岁	48	22	26	1	1		47	21	26
76岁	27	10	17	2	2		25	8	17
77岁	24	12	12				24	12	12
78岁	35	16	19				35	16	19
79岁	19	9	10				19	9	10
80–84	**67**	**23**	**44**				**67**	**23**	**44**
80岁	22	9	13				22	9	13
81岁	20	6	14				20	6	14
82岁	7	2	5				7	2	5
83岁	12	4	8				12	4	8
84岁	6	2	4				6	2	4
85+	**32**	**8**	**24**				**32**	**8**	**24**

2－13a 城镇残疾人分年龄、性别的经济活动人口

单位：人

年龄	残疾人口			在业人口			不在业人口		
	合计	男	女	小计	男	女	小计	男	女
总 计	**473**	**228**	**245**	**56**	**40**	**16**	**417**	**188**	**229**
15-19	**4**	**2**	**2**				**4**	**2**	**2**
15岁	1	1					1	1	
16岁	2	1	1				2	1	1
17岁	1		1				1		1
18岁									
19岁									
20-24	**2**	**1**	**1**				**2**	**1**	**1**
20岁	1	1					1	1	
21岁									
22岁	1		1				1		1
23岁									
24岁									
25-29	**8**	**6**	**2**	**4**	**3**	**1**	**4**	**3**	**1**
25岁	3	2	1	1	1		2	1	1
26岁	1		1	1		1			
27岁	2	2					2	2	
28岁									
29岁	2	2		2	2				
30-34	**22**	**9**	**13**	**6**	**2**	**4**	**16**	**7**	**9**
30岁	2		2				2		2
31岁	6	4	2	2	1	1	4	3	1
32岁	3	1	2	1		1	2	1	1
33岁	5	2	3	1		1	4	2	2
34岁	6	2	4	2	1	1	4	1	3
35-39	**22**	**11**	**11**	**8**	**5**	**3**	**14**	**6**	**8**
35岁	4	2	2	2	1	1	2	1	1
36岁	3	1	2				3	1	2

2-13a 续表 1

单位：人

年龄	残疾人口			在业人口			不在业人口		
	合计	男	女	小计	男	女	小计	男	女
37岁	6	3	3	2	1	1	4	2	2
38岁	5	3	2	2	2		3	1	2
39岁	4	2	2	2	1	1	2	1	1
40-44	**28**	**20**	**8**	**14**	**11**	**3**	**14**	**9**	**5**
40岁	4	2	2	4	2	2			
41岁	5	4	1	3	3		2	1	1
42岁	6	4	2	3	3		3	1	2
43岁	6	5	1	2	2		4	3	1
44岁	7	5	2	2	1	1	5	4	1
45-49	**30**	**15**	**15**	**12**	**8**	**4**	**18**	**7**	**11**
45岁	2	1	1	1	1		1		1
46岁	4	2	2	2	2		2		2
47岁	10	6	4	2	1	1	8	5	3
48岁	5	2	3	3	2	1	2		2
49岁	9	4	5	4	2	2	5	2	3
50-54	**35**	**21**	**14**	**7**	**6**	**1**	**28**	**15**	**13**
50岁	5	5		1	1		4	4	
51岁	8	4	4	1	1		7	3	4
52岁	6	1	5	1	1		5		5
53岁	8	4	4	1		1	7	4	3
54岁	8	7	1	3	3		5	4	1
55-59	**43**	**19**	**24**	**1**	**1**		**42**	**18**	**24**
55岁	8	3	5	1	1		7	2	5
56岁	9	5	4				9	5	4
57岁	10	5	5				10	5	5
58岁	10	3	7				10	3	7
59岁	6	3	3				6	3	3
60-64	**46**	**15**	**31**	**3**	**3**		**43**	**12**	**31**

2-13a　续表 2

单位：人

年　龄	残疾人口			在业人口			不在业人口		
	合计	男	女	小计	男	女	小计	男	女
60岁	8	2	6	1	1		7	1	6
61岁	10	3	7				10	3	7
62岁	5	1	4				5	1	4
63岁	14	6	8	2	2		12	4	8
64岁	9	3	6				9	3	6
65-69	**77**	**30**	**47**	**1**	**1**		**76**	**29**	**47**
65岁	17	5	12	1	1		16	4	12
66岁	15	9	6				15	9	6
67岁	13	3	10				13	3	10
68岁	19	6	13				19	6	13
69岁	13	7	6				13	7	6
70-74	**70**	**35**	**35**				**70**	**35**	**35**
70岁	12	4	8				12	4	8
71岁	16	11	5				16	11	5
72岁	16	10	6				16	10	6
73岁	12	6	6				12	6	6
74岁	14	4	10				14	4	10
75-79	**61**	**35**	**26**				**61**	**35**	**26**
75岁	23	12	11				23	12	11
76岁	9	3	6				9	3	6
77岁	10	8	2				10	8	2
78岁	11	6	5				11	6	5
79岁	8	6	2				8	6	2
80-84	**19**	**8**	**11**				**19**	**8**	**11**
80岁	6	2	4				6	2	4
81岁	4	3	1				4	3	1
82岁	2		2				2		2
83岁	5	2	3				5	2	3
84岁	2	1	1				2	1	1
85+	**6**	**1**	**5**				**6**	**1**	**5**

2-13b 农村残疾人分年龄、性别的经济活动人口

单位：人

年龄	残疾人口			在业人口			不在业人口		
	合计	男	女	小计	男	女	小计	男	女
总计	**1076**	**515**	**561**	**374**	**209**	**165**	**702**	**306**	**396**
15-19	**27**	**18**	**9**	**8**	**6**	**2**	**19**	**12**	**7**
15岁	4	3	1	2	2		2	1	1
16岁	9	6	3	2	1	1	7	5	2
17岁	6	5	1	2	2		4	3	1
18岁	8	4	4	2	1	1	6	3	3
19岁									
20-24	**34**	**19**	**15**	**19**	**12**	**7**	**15**	**7**	**8**
20岁	7	4	3				7	4	3
21岁	4	2	2	3	2	1	1		1
22岁	7	2	5	3	1	2	4	1	3
23岁	10	7	3	9	6	3	1	1	
24岁	6	4	2	4	3	1	2	1	1
25-29	**52**	**24**	**28**	**29**	**12**	**17**	**23**	**12**	**11**
25岁	11	5	6	5	2	3	6	3	3
26岁	7	1	6	6	1	5	1		1
27岁	9	5	4	5	3	2	4	2	2
28岁	15	8	7	7	3	4	8	5	3
29岁	10	5	5	6	3	3	4	2	2
30-34	**43**	**22**	**21**	**24**	**11**	**13**	**19**	**11**	**8**
30岁	9	5	4	2	2		7	3	4
31岁	9	6	3	7	4	3	2	2	
32岁	9	4	5	5	2	3	4	2	2
33岁	8	4	4	4	1	3	4	3	1
34岁	8	3	5	6	2	4	2	1	1
35-39	**64**	**30**	**34**	**42**	**18**	**24**	**22**	**12**	**10**
35岁	10	5	5	7	3	4	3	2	1
36岁	8	3	5	6	2	4	2	1	1

2－13b 续表 1

单位：人

年龄	残疾人口			在业人口			不在业人口		
	合计	男	女	小计	男	女	小计	男	女
37岁	15	8	7	8	4	4	7	4	3
38岁	14	7	7	10	5	5	4	2	2
39岁	17	7	10	11	4	7	6	3	3
40-44	**70**	**43**	**27**	**43**	**25**	**18**	**27**	**18**	**9**
40岁	18	11	7	9	4	5	9	7	2
41岁	17	9	8	13	6	7	4	3	1
42岁	11	6	5	8	5	3	3	1	2
43岁	15	10	5	7	5	2	8	5	3
44岁	9	7	2	6	5	1	3	2	1
45-49	**41**	**16**	**25**	**19**	**9**	**10**	**22**	**7**	**15**
45岁	4	2	2	3	2	1	1		1
46岁	7	1	6	4	1	3	3		3
47岁	8	4	4	4	2	2	4	2	2
48岁	12	6	6	4	2	2	8	4	4
49岁	10	3	7	4	2	2	6	1	5
50-54	**80**	**39**	**41**	**50**	**27**	**23**	**30**	**12**	**18**
50岁	13	5	8	7	2	5	6	3	3
51岁	16	8	8	11	5	6	5	3	2
52岁	13	5	8	10	4	6	3	1	2
53岁	20	10	10	13	10	3	7		7
54岁	18	11	7	9	6	3	9	5	4
55-59	**107**	**47**	**60**	**58**	**31**	**27**	**49**	**16**	**33**
55岁	21	7	14	7	3	4	14	4	10
56岁	24	12	12	13	7	6	11	5	6
57岁	22	7	15	12	3	9	10	4	6
58岁	14	5	9	7	4	3	7	1	6
59岁	26	16	10	19	14	5	7	2	5
60-64	**119**	**67**	**52**	**43**	**32**	**11**	**76**	**35**	**41**

2－13b 续表 2

单位：人

年龄	残疾人口			在业人口			不在业人口		
	合计	男	女	小计	男	女	小计	男	女
60岁	16	9	7	1	1		15	8	7
61岁	20	12	8	10	8	2	10	4	6
62岁	26	14	12	10	7	3	16	7	9
63岁	27	16	11	11	8	3	16	8	8
64岁	30	16	14	11	8	3	19	8	11
65-69	**124**	**64**	**60**	**27**	**15**	**12**	**97**	**49**	**48**
65岁	17	9	8	7	4	3	10	5	5
66岁	17	7	10	6	3	3	11	4	7
67岁	22	7	15	5	2	3	17	5	12
68岁	33	21	12	3	2	1	30	19	11
69岁	35	20	15	6	4	2	29	16	13
70-74	**149**	**70**	**79**	**9**	**8**	**1**	**140**	**62**	**78**
70岁	33	16	17	3	3		30	13	17
71岁	23	10	13	4	4		19	6	13
72岁	32	14	18				32	14	18
73岁	31	15	16	1		1	30	15	15
74岁	30	15	15	1	1		29	14	15
75-79	**92**	**34**	**58**	**3**	**3**		**89**	**31**	**58**
75岁	25	10	15	1	1		24	9	15
76岁	18	7	11	2	2		16	5	11
77岁	14	4	10				14	4	10
78岁	24	10	14				24	10	14
79岁	11	3	8				11	3	8
80-84	**48**	**15**	**33**				**48**	**15**	**33**
80岁	16	7	9				16	7	9
81岁	16	3	13				16	3	13
82岁	5	2	3				5	2	3
83岁	7	2	5				7	2	5
84岁	4	1	3				4	1	3
85+	**26**	**7**	**19**				**26**	**7**	**19**

2－14 残疾人分年龄、性别的职业状况

单位：人

年龄	在业残疾人			国家机关、党群组织、企业、事业单位负责人			专业技术人员			办事人员和有关人员		
	合计	男	女	合计	男	女	合计	男	女	小计	男	女
总　计	**430**	**249**	**181**	**5**	**4**	**1**	**22**	**14**	**8**	**10**	**10**	
15-19	8	6	2									
20-24	19	12	7									
25-29	33	15	18	1		1	4	3	1			
30-34	30	13	17				5	2	3			
35-39	50	23	27				1		1	2	2	
40-44	57	36	21				2	2		4	4	
45-49	31	17	14	1	1		3	1	2	1	1	
50-54	57	33	24	2	2					1	1	
55-59	59	32	27				3	2	1	1	1	
60-64	46	35	11				2	2				
65+	40	27	13	1	1		2	2		1	1	

2－14 续表

单位：人

年龄	商业、服务业人员			农、林、牧、渔、水利业生产人员			生产、运输设备操作人员及有关人员			不便分类的其他从业人员		
	小计	男	女	小计	男	女	小计	男	女	合计	男	女
总　计	**35**	**22**	**13**	**334**	**176**	**158**	**24**	**23**	**1**			
15-19				7	5	2	1	1				
20-24	3	2	1	16	10	6						
25-29	2	2		25	9	16	1	1				
30-34	2		2	22	10	12	1	1				
35-39	6	4	2	36	12	24	5	5				
40-44	6	2	4	40	23	17	5	5				
45-49	4	3	1	16	6	10	6	5	1			
50-54	4	3	1	48	25	23	2	2				
55-59	4	3	1	49	24	25	2	2				
60-64	1	1		42	31	11	1	1				
65+	3	2	1	33	21	12						

2－15 残疾人分性别、受教育程度的职业状况

单位：人

受教育程度	在业残疾人			国家机关、党群组织、企业、事业单位负责人			专业技术人员			办事人员和有关人员		
	合计	男	女	小计	男	女	小计	男	女	小计	男	女
总　计	**430**	**249**	**181**	**5**	**4**	**1**	**22**	**14**	**8**	**10**	**10**	
不识字	201	87	114				2	2		1	1	
未上过学	6	2	4									
小学	132	92	40	1	1		3	2	1	3	3	
初中	56	43	13	1	1		4	3	1	2	2	
高中	18	15	3				3	3		3	3	
中专	6	3	3				4	1	3			
大学专科	8	6	2	2	2		4	2	2	1	1	
大学本科	3	1	2	1		1	2	1	1			
研究生												

2－15 续表

单位：人

受教育程度	商业、服务业人员			农、林、牧、渔、水利业生产人员			生产、运输设备操作人员及有关人员			不便分类的其他从业人员		
	小计	男	女	小计	男	女	小计	男	女	小计	男	女
总　计	**35**	**22**	**13**	**334**	**176**	**158**	**24**	**23**	**1**			
不识字	8	4	4	186	77	109	4	3	1			
未上过学				6	2	4						
小学	12	10	2	107	70	37	6	6				
初中	10	5	5	30	23	7	9	9				
高中	4	2	2	4	3	1	4	4				
中专	1	1					1	1				
大学专科				1	1							
大学本科												
研究生												

2－16 各地区残疾人分性别的未工作状况

单位：人

地区	未工作残疾人			在校学生			离退休		
	合计	男	女	小计	男	女	小计	男	女
总计	**1119**	**494**	**625**	**9**	**7**	**2**	**227**	**148**	**79**
西宁市城中区	134	57	77				79	45	34
西宁市城西区	102	47	55				61	37	24
西宁市大通县	124	57	67	1	1		31	19	12
西宁市湟中县	167	69	98	1		1	22	20	2
海东地区民和县	123	61	62	2	2		16	12	4
海东地区化隆县	168	89	79	3	3		2	2	
海北州刚察县	139	58	81	1	1		5	3	2
黄南州同仁县	162	56	106	1		1	11	10	1

2－16 续表 1

单位：人

地区	料理家务			丧失劳动能力			毕业后未工作		
	小计	男	女	小计	男	女	小计	男	女
总计	**284**	**71**	**213**	**543**	**234**	**309**			
西宁市城中区	25		25	15	5	10			
西宁市城西区	16	1	15	18	6	12			
西宁市大通县	37	6	31	45	24	21			
西宁市湟中县	68	17	51	65	24	41			
海东地区民和县	31	11	20	68	30	38			
海东地区化隆县	35	15	20	126	68	58			
海北州刚察县	55	17	38	74	36	38			
黄南州同仁县	17	4	13	132	41	91			

2－16 续表 2

单位：人

地 区	因单位原因失去原工作			因本人原因失去原工作			承包土地被征用			其他		
	小计	男	女	小计	男	女	小计	男	女	小计	男	女
总 计	**28**	**19**	**9**	**7**	**6**	**1**				**21**	**9**	**12**
西宁市城中区	10	5	5	1	1					4	1	3
西宁市城西区	2	2		2	1	1				3		3
西宁市大通县	8	5	3	2	2							
西宁市湟中县				2	2					9	6	3
海东地区民和县	5	5								1	1	
海东地区化隆县	1	1								1		1
海北州刚察县	1		1							3	1	2
黄南州同仁县	1	1										

2－16a 各地区城镇残疾人分性别的未工作状况

单位：人

地 区	未工作残疾人			在校学生			离退休		
	合计	男	女	小计	男	女	小计	男	女
总 计	**417**	**188**	**229**	**3**	**2**	**1**	**210**	**132**	**78**
西宁市城中区	134	57	77				79	45	34
西宁市城西区	102	47	55				61	37	24
西宁市大通县	55	28	27				28	16	12
西宁市湟中县	44	20	24				19	18	1
海东地区民和县	29	19	10	2	2		14	10	4
海东地区化隆县									
海北州刚察县	11	2	9				3	1	2
黄南州同仁县	42	15	27	1		1	6	5	1

2－16a 续表 1

单位：人

地区	料理家务			丧失劳动能力			毕业后未工作		
	小计	男	女	小计	男	女	小计	男	女
总计	**82**	**4**	**78**	**80**	**26**	**54**			
西宁市城中区	25		25	15	5	10			
西宁市城西区	16	1	15	18	6	12			
西宁市大通县	8	1	7	9	4	5			
西宁市湟中县	16		16	8	2	6			
海东地区民和县	6		6	2	2				
海东地区化隆县									
海北州刚察县	4		4	1		1			
黄南州同仁县	7	2	5	27	7	20			

2－16a 续表 2

单位：人

地区	因单位原因失去原工作			因本人原因失去原工作			承包土地被征用			其他		
	小计	男	女	小计	男	女	小计	男	女	小计	男	女
总计	**27**	**18**	**9**	**5**	**4**	**1**				**10**	**2**	**8**
西宁市城中区	10	5	5	1	1					4	1	3
西宁市城西区	2	2		2	1	1				3		3
西宁市大通县	8	5	3	2	2							
西宁市湟中县										1		1
海东地区民和县	5	5										
海东地区化隆县												
海北州刚察县	1		1							2	1	1
黄南州同仁县	1	1										

2－16b 各地区农村残疾人分性别的未工作状况

单位：人

地 区	未工作残疾人			在校学生			离退休		
	合计	男	女	小计	男	女	小计	男	女
总 计	**702**	**306**	**396**	**6**	**5**	**1**	**17**	**16**	**1**
西宁市城中区									
西宁市城西区									
西宁市大通县	69	29	40	1	1		3	3	
西宁市湟中县	123	49	74	1		1	3	2	1
海东地区民和县	94	42	52				2	2	
海东地区化隆县	168	89	79	3	3		2	2	
海北州刚察县	128	56	72	1	1		2	2	
黄南州同仁县	120	41	79				5	5	

2－16b 续表 1

单位：人

地 区	料理家务			丧失劳动能力			毕业后未工作		
	小计	男	女	小计	男	女	小计	男	女
总 计	**202**	**67**	**135**	**463**	**208**	**255**			
西宁市城中区									
西宁市城西区									
西宁市大通县	29	5	24	36	20	16			
西宁市湟中县	52	17	35	57	22	35			
海东地区民和县	25	11	14	66	28	38			
海东地区化隆县	35	15	20	126	68	58			
海北州刚察县	51	17	34	73	36	37			
黄南州同仁县	10	2	8	105	34	71			

2－16b 续表 2

单位：人

地　区	因单位原因失去原工作			因本人原因失去原工作			承包土地被征用			其他		
	小计	男	女	小计	男	女	小计	男	女	小计	男	女
总　计	**1**	**1**		**2**	**2**					**11**	**7**	**4**
西宁市城中区												
西宁市城西区												
西宁市大通县												
西宁市湟中县				2	2					8	6	2
海东地区民和县										1	1	
海东地区化隆县	1	1								1		1
海北州刚察县										1		1
黄南州同仁县												

2－17 残疾人分年龄、性别的未工作状况

单位：人

年　龄	未工作残疾人			在校学生			离退休		
	合计	男	女	小计	男	女	小计	男	女
总　计	**1119**	**494**	**625**	**9**	**7**	**2**	**227**	**148**	**79**
15-19	23	14	9	8	7	1			
20-24	17	8	9	1		1			
25-29	27	15	12						
30-34	35	18	17						
35-39	36	18	18				1		1
40-44	41	27	14				4	2	2
45-49	40	14	26				5	3	2
50-54	58	27	31				15	8	7
55-59	91	34	57				29	19	10
60-64	119	47	72				29	14	15
65-69	173	78	95				49	28	21
70-74	210	97	113				48	36	12
75-79	150	66	84				38	29	9
80-84	67	23	44				8	8	
85+	32	8	24				1	1	

2－17 续表 1

单位：人

年 龄	料理家务			丧失劳动能力			毕业后未工作		
	小计	男	女	小计	男	女	小计	男	女
总 计	**284**	**71**	**213**	**543**	**234**	**309**			
15-19	2		2	12	6	6			
20-24	7	1	6	9	7	2			
25-29	3	2	1	23	12	11			
30-34	5		5	22	13	9			
35-39	6	1	5	24	14	10			
40-44	3	2	1	24	16	8			
45-49	14		14	13	6	7			
50-54	12	2	10	27	14	13			
55-59	30	4	26	27	10	17			
60-64	48	13	35	41	20	21			
65-69	69	21	48	54	29	25			
70-74	51	18	33	106	39	67			
75-79	22	5	17	84	28	56			
80-84	10	1	9	48	14	34			
85+	2	1	1	29	6	23			

2－17 续表 2

单位：人

年 龄	因单位原因失去原工作			因本人原因失去原工作			承包土地被征用			其他		
	小计	男	女	小计	男	女	小计	男	女	小计	男	女
总 计	**28**	**19**	**9**	**7**	**6**	**1**				**21**	**9**	**12**
15-19										1	1	
20-24												
25-29	1	1										
30-34	4	2	2	2	2					2	1	1
35-39	3	2	1	2	1	1						
40-44	7	5	2	2	2					1		1
45-49	7	4	3							1	1	
50-54	3	3								1		1
55-59	1		1							4	1	3
60-64										1		1
65-69										1		1
70-74	1	1								4	3	1
75-79	1	1		1	1					4	2	2
80-84										1		1
85+												

2－17a 城镇残疾人分年龄、性别的未工作状况

单位：人

年 龄	未工作残疾人			在校学生			离退休		
	合计	男	女	小计	男	女	小计	男	女
总 计	**417**	**188**	**229**	**3**	**2**	**1**	**210**	**132**	**78**
15-19	4	2	2	3	2	1			
20-24	2	1	1						
25-29	4	3	1						
30-34	16	7	9						
35-39	14	6	8				1		1
40-44	14	9	5				3	1	2
45-49	18	7	11				4	2	2
50-54	28	15	13				14	7	7
55-59	42	18	24				27	17	10
60-64	43	12	31				25	10	15
65-69	76	29	47				46	26	20
70-74	70	35	35				44	32	12
75-79	61	35	26				38	29	9
80-84	19	8	11				7	7	
85+	6	1	5				1	1	

2－17a 续表 1

单位：人

年 龄	料理家务			丧失劳动能力			毕业后未工作		
	小计	男	女	小计	男	女	小计	男	女
总 计	**82**	**4**	**78**	**80**	**26**	**54**			
15-19				1		1			
20-24	1		1	1	1				
25-29				3	2	1			
30-34	3		3	6	3	3			
35-39	3		3	5	3	2			
40-44				2	2				
45-49	3		3	3		3			
50-54	4	1	3	7	4	3			
55-59	10		10						
60-64	13	1	12	4	1	3			
65-69	20		20	10	3	7			
70-74	16	2	14	10	1	9			
75-79	6		6	15	5	10			
80-84	3		3	8	1	7			
85+				5		5			

2－17a 续表 2

单位：人

年 龄	因单位原因失去原工作			因本人原因失去原工作			承包土地被征用			其他		
	小计	男	女	小计	男	女	小计	男	女	小计	男	女
总 计	**27**	**18**	**9**	**5**	**4**	**1**				**10**	**2**	**8**
15-19												
20-24												
25-29	1	1										
30-34	4	2	2	2	2					1		1
35-39	3	2	1	2	1	1						
40-44	7	5	2	1	1					1		1
45-49	7	4	3							1	1	
50-54	3	3										
55-59	1		1							4	1	3
60-64										1		1
65-69												
70-74												
75-79	1	1								1		1
80-84										1		1
85+												

2－17b 农村残疾人分年龄、性别的未工作状况

单位：人

年 龄	未工作残疾人			在校学生			离退休		
	合计	男	女	小计	男	女	小计	男	女
总 计	**702**	**306**	**396**	**6**	**5**	**1**	**17**	**16**	**1**
15-19	19	12	7	5	5				
20-24	15	7	8	1		1			
25-29	23	12	11						
30-34	19	11	8						
35-39	22	12	10						
40-44	27	18	9				1	1	
45-49	22	7	15				1	1	
50-54	30	12	18				1	1	
55-59	49	16	33				2	2	
60-64	76	35	41				4	4	
65-69	97	49	48				3	2	1
70-74	140	62	78				4	4	
75-79	89	31	58						
80-84	48	15	33				1	1	
85+	26	7	19						

2－17b 续表 1

单位：人

年龄	料理家务			丧失劳动能力			毕业后未工作		
	小计	男	女	小计	男	女	小计	男	女
总计	**202**	**67**	**135**	**463**	**208**	**255**			
15-19	2		2	11	6	5			
20-24	6	1	5	8	6	2			
25-29	3	2	1	20	10	10			
30-34	2		2	16	10	6			
35-39	3	1	2	19	11	8			
40-44	3	2	1	22	14	8			
45-49	11		11	10	6	4			
50-54	8	1	7	20	10	10			
55-59	20	4	16	27	10	17			
60-64	35	12	23	37	19	18			
65-69	49	21	28	44	26	18			
70-74	35	16	19	96	38	58			
75-79	16	5	11	69	23	46			
80-84	7	1	6	40	13	27			
85+	2	1	1	24	6	18			

2－17b 续表 2

单位：人

年龄	因单位原因失去原工作			因本人原因失去原工作			承包土地被征用			其他		
	小计	男	女	小计	男	女	小计	男	女	小计	男	女
总计	**1**	**1**		**2**	**2**					**11**	**7**	**4**
15-19										1	1	
20-24												
25-29												
30-34										1	1	
35-39												
40-44				1	1							
45-49												
50-54										1		1
55-59												
60-64												
65-69										1		1
70-74	1	1								4	3	1
75-79				1	1					3	2	1
80-84												
85+												

2－18　各地区分性别、未工作残疾人的主要生活来源

单位：人

地　区	未工作残疾人			离退休金			领取基本生活费		
	合计	男	女	小计	男	女	小计	男	女
总　计	**1119**	**494**	**625**	**227**	**148**	**79**	**75**	**30**	**45**
西宁市城中区	134	57	77	78	45	33	16	5	11
西宁市城西区	102	47	55	63	38	25	8	3	5
西宁市大通县	124	57	67	30	18	12	16	6	10
西宁市湟中县	167	69	98	22	20	2	8	2	6
海东地区民和县	123	61	62	16	12	4	6	5	1
海东地区化隆县	168	89	79	2	2		5	3	2
海北州刚察县	139	58	81	5	3	2	7	3	4
黄南州同仁县	162	56	106	11	10	1	9	3	6

2－18　续表

单位：人

地　区	家庭其他成员供养			财产性收入			保险收入			其他		
	小计	男	女	小计	男	女	小计	男	女	小计	男	女
总　计	**795**	**302**	**493**							**22**	**14**	**8**
西宁市城中区	39	7	32							1		1
西宁市城西区	28	5	23							3	1	2
西宁市大通县	76	32	44							2	1	1
西宁市湟中县	135	46	89							2	1	1
海东地区民和县	98	41	57							3	3	
海东地区化隆县	154	79	75							7	5	2
海北州刚察县	125	50	75							2	2	
黄南州同仁县	140	42	98							2	1	1

2－19　分年龄、性别、未工作残疾人的主要生活来源

单位：人

年　龄	未工作残疾人			离退休金			领取基本生活费		
	合计	男	女	小计	男	女	小计	男	女
总　计	**1119**	**494**	**625**	**227**	**148**	**79**	**75**	**30**	**45**
15–19	23	14	9				1	1	
20–24	17	8	9				2		2
25–29	27	15	12						
30–34	35	18	17				10	5	5
35–39	36	18	18	1		1	5	3	2
40–44	41	27	14	3	1	2	6	5	1
45–49	40	14	26	5	3	2	5	2	3
50–54	58	27	31	15	8	7	9	4	5
55–59	91	34	57	30	19	11	9	3	6
60–64	119	47	72	29	14	15	4	1	3
65–69	173	78	95	48	28	20	5		5
70–74	210	97	113	49	37	12	7	1	6
75–79	150	66	84	38	29	9	10	5	5
80–84	67	23	44	8	8		1		1
85+	32	8	24	1	1		1		1

2－19　续表

单位：人

年　龄	家庭其他成员供养			财产性收入			保险收入			其他		
	小计	男	女	小计	男	女	小计	男	女	小计	男	女
总　计	**795**	**302**	**493**							**22**	**14**	**8**
15–19	22	13	9									
20–24	15	8	7									
25–29	25	13	12							2	2	
30–34	25	13	12									
35–39	27	13	14							3	2	1
40–44	29	19	10							3	2	1
45–49	28	7	21							2	2	
50–54	33	14	19							1	1	
55–59	51	12	39							1		1
60–64	84	31	53							2	1	1
65–69	119	49	70							1	1	
70–74	149	57	92							5	2	3
75–79	101	31	70							1	1	
80–84	58	15	43									
85+	29	7	22							1		1

2－19a 城镇分年龄、性别、未工作残疾人的主要生活来源

单位：人

年 龄	未工作残疾人			离退休金			领取基本生活费		
	合计	男	女	小计	男	女	小计	男	女
总 计	**417**	**188**	**229**	**211**	**133**	**78**	**55**	**21**	**34**
15-19	4	2	2						
20-24	2	1	1				1		1
25-29	4	3	1						
30-34	16	7	9				10	5	5
35-39	14	6	8	1		1	5	3	2
40-44	14	9	5	3	1	2	6	5	1
45-49	18	7	11	4	2	2	5	2	3
50-54	28	15	13	14	7	7	6	4	2
55-59	42	18	24	28	17	11	4	1	3
60-64	43	12	31	25	10	15	2		2
65-69	76	29	47	45	26	19	5		5
70-74	70	35	35	45	33	12	6		6
75-79	61	35	26	38	29	9	4	1	3
80-84	19	8	11	7	7		1		1
85+	6	1	5	1	1				

2－19a 续表

单位：人

年 龄	家庭其他成员供养			财产性收入			保险收入			其他		
	小计	男	女	小计	男	女	小计	男	女	小计	男	女
总 计	**144**	**31**	**113**							**7**	**3**	**4**
15-19	4	2	2									
20-24	1	1										
25-29	3	2	1							1	1	
30-34	6	2	4									
35-39	8	3	5									
40-44	4	3	1							1		1
45-49	7	1	6							2	2	
50-54	8	4	4									
55-59	9		9							1		1
60-64	16	2	14									
65-69	26	3	23									
70-74	17	2	15							2		2
75-79	19	5	14									
80-84	11	1	10									
85+	5		5									

2－19b　农村分年龄、性别、未工作残疾人的主要生活来源

单位：人

年　龄	未工作残疾人			离退休金			领取基本生活费		
	合计	男	女	小计	男	女	小计	男	女
总　计	**702**	**306**	**396**	**16**	**15**	**1**	**20**	**9**	**11**
15–19	19	12	7				1	1	
20–24	15	7	8				1		1
25–29	23	12	11						
30–34	19	11	8						
35–39	22	12	10						
40–44	27	18	9						
45–49	22	7	15	1	1				
50–54	30	12	18	1	1		3		3
55–59	49	16	33	2	2		5	2	3
60–64	76	35	41	4	4		2	1	1
65–69	97	49	48	3	2	1			
70–74	140	62	78	4	4		1	1	
75–79	89	31	58				6	4	2
80–84	48	15	33	1	1				
85+	26	7	19				1		1

2－19b　续表

单位：人

年　龄	家庭其他成员供养			财产性收入			保险收入			其他		
	小计	男	女	小计	男	女	小计	男	女	小计	男	女
总　计	**651**	**271**	**380**							**15**	**11**	**4**
15–19	18	11	7									
20–24	14	7	7									
25–29	22	11	11							1	1	
30–34	19	11	8									
35–39	19	10	9							3	2	1
40–44	25	16	9							2	2	
45–49	21	6	15									
50–54	25	10	15							1	1	
55–59	42	12	30									
60–64	68	29	39							2	1	1
65–69	93	46	47							1	1	
70–74	132	55	77							3	2	1
75–79	82	26	56							1	1	
80–84	47	14	33									
85+	24	7	17							1		1

2-20 0－14岁残疾儿童及其家庭基本情况

指　　标	单 位	数 量
0－14岁残疾儿童总人数	人	134
有残疾儿童的家庭户	户	131
残疾类别		
视力残疾	人	12
听力残疾	人	3
言语残疾	人	14
肢体残疾	人	18
智力残疾	人	42
精神残疾	人	3
多重残疾	人	42
性别		
男	人	78
女	人	56
性别比(以女性为100)		139
年龄		
0-5岁	人	56
6岁	人	15
7-14岁	人	63
民族		
汉族	人	45
少数民族	人	89
户口性质		
农业	人	107
非农业	人	19
户口待定	人	8
受教育程度		
未上过学	人	2
小学	人	34
初中	人	6
在校生接受义务教育情况		
普通教育学校普通班	人	36
普通教育学校特教班	人	
特殊教育学校	人	
其他	人	
残疾儿童家庭户人均收入水平		
2005年本户人均收入	元	1366
城市	元	3569
农村	元	1039
人均收入在0-683元之间	户	44
人均收入在684-994元之间	户	27

2-21 15岁及以上残疾妇女及其家庭基本情况

指　　标	单　位	数　量
15岁及15岁以上残疾妇女总人数	人	806
有残疾妇女的家庭户	户	783
残疾类别		
视力残疾	人	154
听力残疾	人	205
言语残疾	人	10
肢体残疾	人	224
智力残疾	人	29
精神残疾	人	32
多重残疾	人	152
年龄		
15-49岁	人	211
50-59岁	人	139
60-74岁	人	304
75-89岁	人	149
90岁以上	人	3
民族		
汉族	人	465
少数民族	人	341
户口性质		
农业	人	561
非农业	人	245
户口待定	人	
文盲人口	人	571
受教育程度		
未上过学	人	8
小学	人	135
初中	人	58

2-21 续表

指　　标	单 位	数 量
高中	人	11
中专	人	14
大学专科	人	7
大学本科	人	2
研究生	人	
婚姻状况		
未婚	人	56
初婚有配偶	人	389
再婚有配偶	人	26
离婚	人	35
丧偶	人	300
当前工作状况		
当前有工作	人	181
当前无工作	人	625
当前无工作者主要生活来源		
离退休金	人	79
领取基本生活费	人	45
家庭其他成员供养	人	493
财产性收入	人	
保险收入	人	
其他	人	8
残疾妇女家庭户人均收入水平		
2005年本户人均收入	元	2121
城市	元	5241
农村	元	1228
人均收入在0-683元之间	户	197
人均收入在684-994元之间	户	79

2-22　60岁及以上老年残疾人及其家庭基本情况

指　　标	单 位	数 量
60岁及60岁以上老年残疾人总数	人	837
有老年残疾人的家庭户	户	769
残疾类别		
视力残疾	人	182
听力残疾	人	312
言语残疾	人	4
肢体残疾	人	175
智力残疾	人	6
精神残疾	人	12
多重残疾	人	146
性别		
男	人	381
女	人	456
性别比(以女性为100)		84
年龄		
60-74岁	人	585
75-89岁	人	245
90岁以上	人	7
民族		
汉族	人	492
少数民族	人	345
户口性质		
农业	人	555
非农业	人	282
户口待定	人	
文盲人口	人	520
受教育程度		
未上过学	人	6
小学	人	179

2-22 续表

指　　标	单 位	数 量
初中	人	77
高中	人	19
中专	人	21
大学专科	人	9
大学本科	人	6
研究生	人	
婚姻状况		
未婚	人	13
初婚有配偶	人	412
再婚有配偶	人	37
离婚	人	19
丧偶	人	356
当前工作状况		
当前有工作	人	86
当前无工作	人	751
当前无工作者主要生活来源		
离退休金	人	173
领取基本生活费	人	28
家庭其他成员供养	人	540
财产性收入	人	
保险收入	人	
其他	人	10
老年残疾人家庭户人均收入水平		
2005年本户人均收入	元	2290
城市	元	5948
农村	元	1177
人均收入在0-683元之间	户	204
人均收入在684-994元之间	户	88

第三部分　残疾人的残疾类别、等级和主要致残原因

3－1 各地区残疾人分残疾类别、残疾等级的分布

单位：人

地区	视力残疾					听力残疾				
	小计	一级	二级	三级	四级	小计	一级	二级	三级	四级
总计	**276**	**56**	**31**	**22**	**167**	**446**	**24**	**37**	**169**	**216**
西宁市城中区	29	5	6	1	17	53		2	22	29
西宁市城西区	14	6		1	7	44	3	2	13	26
西宁市大通县	35	7	8	2	18	53		8	20	25
西宁市湟中县	25	11	3	2	9	60		2	18	40
海东地区民和县	36	8	3	2	23	79	11	10	32	26
海东地区化隆县	63	9	5	4	45	67	2	7	33	25
海北州刚察县	39	5	2	6	26	33	4	3	10	16
黄南州同仁县	35	5	4	4	22	57	4	3	21	29

3－1 续表 1

单位：人

地区	言语残疾					肢体残疾				
	小计	一级	二级	三级	四级	小计	一级	二级	三级	四级
总计	**30**	**6**	**3**	**9**	**12**	**464**	**14**	**36**	**111**	**303**
西宁市城中区						41	1	1	13	26
西宁市城西区	3	2			1	27	1	5	6	15
西宁市大通县	7	1	1	3	2	43	6	2	7	28
西宁市湟中县	4				4	109	1	5	23	80
海东地区民和县	1				1	61	3	7	17	34
海东地区化隆县	5			3	2	48		5	7	36
海北州刚察县	7	3	2		2	81	2	5	21	53
黄南州同仁县	3			3		54		6	17	31

3－1　续表 2

单位：人

地　　区	智力残疾					精神残疾				
	小计	一级	二级	三级	四级	小计	一级	二级	三级	四级
总　　计	**92**	**1**	**8**	**33**	**50**	**73**	**17**	**6**	**9**	**41**
西宁市城中区	3			1	2	5	3	1	1	
西宁市城西区	5		1	2	2	6	3		1	2
西宁市大通县	16		1	4	11	5	2		2	1
西宁市湟中县	12		1	6	5	9				9
海东地区民和县	16		1	8	7	14	1	3		10
海东地区化隆县	30	1	3	7	19	7	1		1	5
海北州刚察县	6		1	2	3	12	1	1	3	7
黄南州同仁县	4			3	1	15	6	1	1	7

3－1　续表 3

单位：人

地　　区	多重残疾				
	小计	一级	二级	三级	四级
总　　计	**302**	**135**	**61**	**63**	**43**
西宁市城中区	23	5	6	9	3
西宁市城西区	10	6		1	3
西宁市大通县	23	14	4	4	1
西宁市湟中县	59	29	6	12	12
海东地区民和县	38	16	11	10	1
海东地区化隆县	73	24	19	17	13
海北州刚察县	31	14	7	4	6
黄南州同仁县	45	27	8	6	4

3－1a　各地区城镇残疾人分残疾类别、残疾等级的分布

单位：人

地　区	视力残疾					听力残疾				
	小计	一级	二级	三级	四级	小计	一级	二级	三级	四级
总　计	**62**	**11**	**6**	**3**	**42**	**165**	**4**	**11**	**58**	**92**
西宁市城中区	29	5	6	1	17	53		2	22	29
西宁市城西区	14	6		1	7	44	3	2	13	26
西宁市大通县	10				10	23		5	8	10
西宁市湟中县						16			6	10
海东地区民和县	3				3	10			2	8
海东地区化隆县										
海北州刚察县	1				1					
黄南州同仁县	5			1	4	19	1	2	7	9

3－1a　续表 1

单位：人

地　区	言语残疾					肢体残疾				
	小计	一级	二级	三级	四级	小计	一级	二级	三级	四级
总　计	**5**	**2**		**1**	**2**	**149**	**4**	**10**	**39**	**96**
西宁市城中区						41	1	1	13	26
西宁市城西区	3	2			1	27	1	5	6	15
西宁市大通县						16	2	1	2	11
西宁市湟中县	1				1	25		1	4	20
海东地区民和县						15		2	7	6
海东地区化隆县										
海北州刚察县						10			4	6
黄南州同仁县	1			1		15			3	12

3－1a 续表 2

单位：人

地区	智力残疾					精神残疾				
	小计	一级	二级	三级	四级	小计	一级	二级	三级	四级
总计	**15**		**1**	**7**	**7**	**28**	**8**	**3**	**4**	**13**
西宁市城中区	3			1	2	5	3	1	1	
西宁市城西区	5		1	2	2	6	3		1	2
西宁市大通县	1				1	3			2	1
西宁市湟中县	1			1		5				5
海东地区民和县	1				1	5		1		4
海东地区化隆县										
海北州刚察县	2			1	1	2	1	1		
黄南州同仁县	2			2		2	1			1

3－1a 续表 3

单位：人

地区	多重残疾				
	小计	一级	二级	三级	四级
总计	**69**	**30**	**9**	**19**	**11**
西宁市城中区	23	5	6	9	3
西宁市城西区	10	6		1	3
西宁市大通县	4	3		1	
西宁市湟中县	12	3	1	4	4
海东地区民和县	5	3	1	1	
海东地区化隆县					
海北州刚察县	6	4	1	1	
黄南州同仁县	9	6		2	1

3－1b 各地区农村残疾人分残疾类别、残疾等级的分布

单位：人

地区	视力残疾					听力残疾				
	小计	一级	二级	三级	四级	小计	一级	二级	三级	四级
总计	**214**	**45**	**25**	**19**	**125**	**281**	**20**	**26**	**111**	**124**
西宁市城中区										
西宁市城西区										
西宁市大通县	25	7	8	2	8	30		3	12	15
西宁市湟中县	25	11	3	2	9	44		2	12	30
海东地区民和县	33	8	3	2	20	69	11	10	30	18
海东地区化隆县	63	9	5	4	45	67	2	7	33	25
海北州刚察县	38	5	2	6	25	33	4	3	10	16
黄南州同仁县	30	5	4	3	18	38	3	1	14	20

3－1b 续表 1

单位：人

地区	言语残疾					肢体残疾				
	小计	一级	二级	三级	四级	小计	一级	二级	三级	四级
总计	**25**	**4**	**3**	**8**	**10**	**315**	**10**	**26**	**72**	**207**
西宁市城中区										
西宁市城西区										
西宁市大通县	7	1	1	3	2	27	4	1	5	17
西宁市湟中县	3				3	84	1	4	19	60
海东地区民和县	1				1	46	3	5	10	28
海东地区化隆县	5			3	2	48		5	7	36
海北州刚察县	7	3	2		2	71	2	5	17	47
黄南州同仁县	2			2		39		6	14	19

3－1b 续表 2

单位：人

地　区	智力残疾					精神残疾				
	小计	一级	二级	三级	四级	小计	一级	二级	三级	四级
总　计	**77**	**1**	**7**	**26**	**43**	**45**	**9**	**3**	**5**	**28**
西宁市城中区										
西宁市城西区										
西宁市大通县	15		1	4	10	2	2			
西宁市湟中县	11		1	5	5	4				4
海东地区民和县	15		1	8	6	9	1	2		6
海东地区化隆县	30	1	3	7	19	7	1		1	5
海北州刚察县	4		1	1	2	10			3	7
黄南州同仁县	2			1	1	13	5	1	1	6

3－1b 续表 3

单位：人

地　区	多重残疾				
	小计	一级	二级	三级	四级
总　计	**233**	**105**	**52**	**44**	**32**
西宁市城中区					
西宁市城西区					
西宁市大通县	19	11	4	3	1
西宁市湟中县	47	26	5	8	8
海东地区民和县	33	13	10	9	1
海东地区化隆县	73	24	19	17	13
海北州刚察县	25	10	6	3	6
黄南州同仁县	36	21	8	4	3

3－2 残疾人分残疾类别、残疾等级的年龄构成

单位：人

年龄	视力残疾					听力残疾				
	小计	一级	二级	三级	四级	小计	一级	二级	三级	四级
总计	**276**	**56**	**31**	**22**	**167**	**446**	**24**	**37**	**169**	**216**
0岁										
1岁										
2岁						1	1			
3岁										
4岁	3		1		2					
5岁	3				3					
6岁										
7岁	2			1	1					
8岁										
9岁	2			1	1					
10岁						1			1	
11岁										
12岁	2				2					
13岁						1				1
14岁										
15岁	1				1					
16岁	1			1		1				1
17岁						1			1	
18岁	1		1							
19岁										
20岁										
21岁										
22岁						2	2			
23岁						1			1	
24岁										
25岁	2	1			1					
26岁	1	1								

3-2 续表 1

单位：人

年龄	视力残疾					听力残疾				
	小计	一级	二级	三级	四级	小计	一级	二级	三级	四级
27岁	2	1			1	2		1		1
28岁	2	1			1	1	1			
29岁						1			1	
30岁	1	1				2			1	1
31岁	1	1				1				1
32岁	1	1								
33岁	1				1	4		1	1	2
34岁	4				4					
35岁	2	2				4			2	2
36岁						2	1			1
37岁	2				2	2				2
38岁	3			1	2	5	3		2	
39岁	3				3	3		1		2
40岁						3	2			1
41岁	1				1	6	1	2	3	
42岁						3			1	2
43岁	2	1			1	3				3
44岁	2				2	4		2	1	1
45岁						1			1	
46岁	2				2	1	1			
47岁	3	1			2	3			2	1
48岁	1	1				2			1	1
49岁	2		1		1	5		2	2	1
50岁	3				3	4			1	3
51岁	2				2	4	1		3	
52岁	3				3	5		2		3
53岁	4	1			3	6				6
54岁	2	1			1	8			4	4

3－2 续表 2

单位：人

年 龄	视力残疾					听力残疾				
	小计	一级	二级	三级	四级	小计	一级	二级	三级	四级
55岁	5	1		1	3	4			2	2
56岁	6	2			4	7		1	4	2
57岁	6		1		5	10	1	1	2	6
58岁	6	1			5	5			2	3
59岁	4	2			2	15		1	7	7
60岁	5	1	1	1	2	10	2	1	1	6
61岁	4	1	2		1	7			6	1
62岁	8		1	3	4	7	1		2	4
63岁	6		1		5	19	2	2	10	5
64岁	8	1	2		5	10	1		5	4
65岁	5	3			2	14		3	2	9
66岁	9	2	1		6	12		1	4	7
67岁	8		3		5	14	2	1	5	6
68岁	14	3	1	2	8	14		2	1	11
69岁	13	1	2		10	25		2	11	12
70岁	10	1	2	1	6	21	1		9	11
71岁	11	1	2		8	18		1	5	12
72岁	11	2	1		8	14		1	5	8
73岁	12	3		4	5	13			7	6
74岁	11	6	1	1	3	16	1		8	7
75岁	7		1	3	3	18			7	11
76岁	7	1			6	10		2	2	6
77岁	5	1	1		3	13		2	5	6
78岁	9	2	4	1	2	14		1	5	8
79岁	4	2			2	10			6	4
80岁	4	1			3	9		2	3	4
81岁	4	2		1	1	7			6	1
82岁						3		1	2	
83岁	2	1			1	4			2	2
84岁						4			1	3
85+	5	1	1		3	6		1	3	2

3－2 续表 3

单位：人

年龄	言语残疾					肢体残疾				
	小计	一级	二级	三级	四级	小计	一级	二级	三级	四级
总计	**30**	**6**	**3**	**9**	**12**	**464**	**14**	**36**	**111**	**303**
0岁										
1岁						1				1
2岁										
3岁	3	2	1							
4岁	3	1			2					
5岁	1				1	2			1	1
6岁						1				1
7岁	2			1	1	1			1	
8岁	1			1						
9岁	1				1					
10岁						2		1		1
11岁						1				1
12岁	1		1			3		1		2
13岁	1				1	5		1		4
14岁	1				1	2			1	1
15岁						2		1		1
16岁						2		1		1
17岁						2				2
18岁						2				2
19岁										
20岁						4		1		3
21岁										
22岁						1			1	
23岁						4			1	3
24岁	1			1		3			2	1
25岁						4		1		3
26岁						5				5

3－2 续表 4

单位：人

年 龄	言语残疾					肢体残疾				
	小计	一级	二级	三级	四级	小计	一级	二级	三级	四级
27岁						3			1	2
28岁	1			1		3	1			2
29岁	1	1				7			1	6
30岁						3			1	2
31岁	1				1	3			1	2
32岁	1				1	5			1	4
33岁						3		1		2
34岁						6		1	2	3
35岁						5			2	3
36岁						2			1	1
37岁						12		2	3	7
38岁	1			1		3	1			2
39岁						7			1	6
40岁	1			1		12			5	7
41岁						8		1		7
42岁						7			3	4
43岁	1			1		11	3		4	4
44岁						8	1		1	6
45岁	1				1	3			1	2
46岁						7	1			6
47岁						8		1		7
48岁						13		1	4	8
49岁						8			3	5
50岁						7		1	3	3
51岁						10			3	7
52岁	1	1				7				7
53岁						13	1	4	2	6
54岁						9			4	5

3－2 续表 5

单位：人

年 龄	言语残疾					肢体残疾				
	小计	一级	二级	三级	四级	小计	一级	二级	三级	四级
55岁	2		1	1		8			3	5
56岁						12			1	11
57岁						14		1	2	11
58岁						8			3	5
59岁						7			1	6
60岁						6		2	1	3
61岁						14		2	2	10
62岁						8	2		2	4
63岁						8			2	6
64岁						13		3	5	5
65岁	1				1	11			3	8
66岁						6			3	3
67岁						10	1	1	3	5
68岁						14		1	4	9
69岁						6		1		5
70岁						8	1	1	3	3
71岁	1				1	6				6
72岁						11		3	2	6
73岁						7	1		3	3
74岁						9			3	6
75岁	1	1				12	1		3	8
76岁	1			1		3				3
77岁						2			1	1
78岁						5		1		4
79岁						3			1	2
80岁						2				2
81岁						4			2	2
82岁						1			1	
83岁						3			2	1
84岁										
85+						3		1	1	1

3－2 续表 6

单位：人

年龄	智力残疾					精神残疾				
	小计	一级	二级	三级	四级	小计	一级	二级	三级	四级
总　计	**92**	**1**	**8**	**33**	**50**	**73**	**17**	**6**	**9**	**41**
0岁	1				1					
1岁	4			2	2					
2岁	5		1	1	3					
3岁	3		1		2	1				1
4岁	4			2	2					
5岁	2			2						
6岁	8		2	1	5					
7岁										
8岁	2				2					
9岁	2				2					
10岁	3			2	1					
11岁										
12岁	2				2					
13岁	2			1	1	2				2
14岁	4	1		1	2					
15岁	1				1					
16岁	3			1	2					
17岁	2			2		1				1
18岁						2			1	1
19岁										
20岁	1			1		1	1			
21岁	1				1	1				1
22岁	1			1		1				1
23岁	1				1	2				2
24岁	1				1					
25岁	3		2	1		1				1
26岁	1				1					

3-2 续表 7

单位：人

年龄	智力残疾					精神残疾				
	小计	一级	二级	三级	四级	小计	一级	二级	三级	四级
27岁	2		1	1						
28岁	1				1	2	1			1
29岁	1			1						
30岁						3	1		1	1
31岁	3				3	2				2
32岁	2			2		1	1			
33岁	1		1			2				2
34岁	4			3	1					
35岁	1				1	1	1			
36岁	2			1	1					
37岁						1				1
38岁	1				1	2	1			1
39岁	1			1		1				1
40岁	1			1		2	1			1
41岁	2				2	2			1	1
42岁						4		1		3
43岁						2		1		1
44岁						1		1		
45岁										
46岁										
47岁										
48岁						1			1	
49岁	2			1	1	2		1	1	
50岁						2	1			1
51岁	1				1	3			2	1
52岁	2			2		1				1
53岁										
54岁						1				1

3－2 续表 8

单位：人

年 龄	智力残疾					精神残疾				
	小计	一级	二级	三级	四级	小计	一级	二级	三级	四级
55岁	1			1		4	2		1	1
56岁	1				1	5	1			4
57岁						1				1
58岁						2	1	1		
59岁						1				1
60岁						1	1			
61岁	1				1					
62岁										
63岁						2				2
64岁	1			1		1	1			
65岁						2		1		1
66岁										
67岁										
68岁	1				1	1	1			
69岁						1				1
70岁	1				1					
71岁						1				1
72岁										
73岁						1	1			
74岁						1			1	
75岁	1				1	1	1			
76岁	1				1					
77岁										
78岁										
79岁										
80岁										
81岁										
82岁										
83岁										
84岁										
85+										

3-2 续表 9

单位：人

年 龄	多重残疾				
	小计	一级	二级	三级	四级
总 计	**302**	**135**	**61**	**63**	**43**
0岁					
1岁	3	3			
2岁	6	3	1	1	1
3岁	4	3	1		
4岁	3	2	1		
5岁	3	1	1	1	
6岁	6	3	2	1	
7岁	4	1	3		
8岁					
9岁	1	1			
10岁	3	1	1	1	
11岁	1				1
12岁	4	2	1		1
13岁	3	1	2		
14岁	1	1			
15岁	1			1	
16岁	4		2	1	1
17岁	1		1		
18岁	3	2			1
19岁					
20岁	2		2		
21岁	2	1		1	
22岁	3	1		2	
23岁	2	2			
24岁	1	1			
25岁	4	4			
26岁	1	1			

3－2　续表 10

单位：人

年　龄	多重残疾				
	小计	一级	二级	三级	四级
27岁	2	2			
28岁	5	3	2		
29岁	2	2			
30岁	2		2		
31岁	4	4			
32岁	2		2		
33岁	2	2			
34岁					
35岁	1				1
36岁	5	4	1		
37岁	4	1	1	2	
38岁	4	2	2		
39岁	6	5		1	
40岁	3	2		1	
41岁	3	2		1	
42岁	3	2	1		
43岁	2	1	1		
44岁	1			1	
45岁	1	1			
46岁	1	1			
47岁	4		1	3	
48岁					
49岁					
50岁	2	1	1		
51岁	4	1	1	1	1
52岁					
53岁	5	3	2		
54岁	6	3	1	2	

3－2 续表 11

单位：人

年 龄	多重残疾				
	小计	一级	二级	三级	四级
55岁	5	2		2	1
56岁	2	2			
57岁	1			1	
58岁	3	3			
59岁	5	4	1		
60岁	2	1			1
61岁	4	1	1	1	1
62岁	8	3	3		2
63岁	6	1	1	3	1
64岁	6	1	1	3	1
65岁	1				1
66岁	5	1		2	2
67岁	3	1	1		1
68岁	8	4		1	3
69岁	3			3	
70岁	5	3		2	
71岁	2				2
72岁	12	3	5	2	2
73岁	10	2	1	5	2
74岁	7	3	1	3	
75岁	8	1		4	3
76岁	5	1			4
77岁	4	1	1	1	1
78岁	7	1	2	1	3
79岁	2	2			
80岁	7	2	2		3
81岁	5	2	2		1
82岁	3	1		2	
83岁	3	1	1	1	
84岁	2	1		1	
85+	18	11	2	4	1

3－2a 残疾人分残疾类别、残疾等级的年龄构成(男性)

单位：人

年 龄	视力残疾					听力残疾				
	小计	一级	二级	三级	四级	小计	一级	二级	三级	四级
总 计	**119**	**22**	**11**	**6**	**80**	**240**	**14**	**17**	**93**	**116**
0岁										
1岁										
2岁										
3岁										
4岁	2		1		1					
5岁	1				1					
6岁										
7岁	2			1	1					
8岁										
9岁	2			1	1					
10岁						1			1	
11岁										
12岁	2				2					
13岁						1				1
14岁										
15岁	1				1					
16岁	1			1						
17岁										
18岁	1		1							
19岁										
20岁										
21岁										
22岁						1	1			
23岁						1			1	
24岁										
25岁	1				1					
26岁										

3-2a 续表 1

单位：人

年龄	视力残疾					听力残疾				
	小计	一级	二级	三级	四级	小计	一级	二级	三级	四级
27岁	1				1	1				1
28岁	2	1			1					
29岁										
30岁						1				1
31岁						1				1
32岁										
33岁	1				1	1		1		
34岁	2				2					
35岁	2	2								
36岁						1				1
37岁										
38岁	1			1		2	2			
39岁	1				1	1				1
40岁						1	1			
41岁						4	1	1	2	
42岁						2			1	1
43岁	2	1			1	2				2
44岁	1				1	3		1	1	1
45岁						1			1	
46岁	2				2					
47岁	1				1	1			1	
48岁	1	1				1				1
49岁	1		1			2		1	1	
50岁	2				2	1				1
51岁	1				1	3	1		2	
52岁	1				1	2		1		1
53岁	2				2	4				4
54岁	2	1			1	5			3	2

3-2a 续表 2

单位：人

年 龄	视力残疾					听力残疾				
	小计	一级	二级	三级	四级	小计	一级	二级	三级	四级
55岁	2			1	1	3			1	2
56岁	2	1			1	6		1	3	2
57岁	1				1	5	1		1	3
58岁						3			1	2
59岁	3	1			2	10		1	5	4
60岁	1		1			5	2		1	2
61岁	1	1				6			5	1
62岁	2				2	6	1		2	3
63岁	4		1		3	10	1	1	6	2
64岁	2		1		1	8	1		3	4
65岁	2	2				5		1	1	3
66岁	3	1			2	6			2	4
67岁	1		1			5	2		2	1
68岁	8	2			6	7		2	1	4
69岁	7		2		5	15		2	6	7
70岁	2				2	11			5	6
71岁	6				6	10			2	8
72岁	5	1	1		3	11		1	5	5
73岁	6	1		1	4	9			4	5
74岁	4	2			2	7			3	4
75岁	3		1		2	10			2	8
76岁	5	1			4	5			2	3
77岁	2				2	8		1	2	5
78岁	3	1			2	7		1	3	3
79岁	1	1				7			4	3
80岁	1				1	4			2	2
81岁						2			2	
82岁						2		1	1	
83岁	2	1			1	2			1	1
84岁										
85+	1				1	1			1	

3-2a 续表 3

单位：人

年龄	言语残疾					肢体残疾				
	小计	一级	二级	三级	四级	小计	一级	二级	三级	四级
总计	**14**	**3**	**1**	**6**	**4**	**235**	**10**	**14**	**58**	**153**
0岁										
1岁						1				1
2岁										
3岁	2	2								
4岁	2	1			1					
5岁	1				1	1			1	
6岁						1				1
7岁						1			1	
8岁	1			1						
9岁	1				1					
10岁						2		1		1
11岁						1				1
12岁	1		1			2		1		1
13岁						3				3
14岁						1				1
15岁						1				1
16岁						1		1		
17岁						2				2
18岁						1				1
19岁										
20岁						2		1		1
21岁										
22岁										
23岁						2				2
24岁	1			1		3			2	1
25岁						2				2
26岁						1				1

3-2a 续表 4

单位：人

年 龄	言语残疾					肢体残疾				
	小计	一级	二级	三级	四级	小计	一级	二级	三级	四级
27岁						3			1	2
28岁						3	1			2
29岁						6				6
30岁						2				2
31岁						2			1	1
32岁						1			1	
33岁						2		1		1
34岁						2		1	1	
35岁						4			1	3
36岁						1			1	
37岁						9		1	3	5
38岁	1			1		1				1
39岁						3			1	2
40岁	1			1		8			4	4
41岁						6		1		5
42岁						6			3	3
43岁	1			1		8	3		1	4
44岁						6	1			5
45岁						1				1
46岁						1				1
47岁						6				6
48岁						6			1	5
49岁						3			2	1
50岁						5			3	2
51岁						2			1	1
52岁						1				1
53岁						5	1	1		3
54岁						8			3	5

3-2a 续表 5

单位：人

年 龄	言语残疾					肢体残疾				
	小计	一级	二级	三级	四级	小计	一级	二级	三级	四级
55岁	1			1		3			1	2
56岁						5			1	4
57岁						5		1		4
58岁						3			2	1
59岁						4				4
60岁						3		1	1	1
61岁						8			2	6
62岁						5	2			3
63岁						4			1	3
64岁						5		1	2	2
65岁						5			1	4
66岁						3			2	1
67岁						3			1	2
68岁						7			3	4
69岁						4				4
70岁						6	1		3	2
71岁	1				1	2				2
72岁						5		1	2	2
73岁						1	1			
74岁						4			2	2
75岁						6			1	5
76岁										
77岁										
78岁						2		1		1
79岁						1				1
80岁						1				1
81岁						1			1	
82岁										
83岁										
84岁										
85+										

3-2a 续表 6

单位：人

年龄	智力残疾					精神残疾				
	小计	一级	二级	三级	四级	小计	一级	二级	三级	四级
总计	**44**	**1**	**3**	**13**	**27**	**40**	**9**	**4**	**4**	**23**
0岁	1				1					
1岁	3			1	2					
2岁	2			1	1					
3岁	3		1		2					
4岁	2			1	1					
5岁	1			1						
6岁	4		1		3					
7岁										
8岁										
9岁	1				1					
10岁	3			2	1					
11岁										
12岁	1				1					
13岁						2				2
14岁	2	1			1					
15岁	1				1					
16岁	2				2					
17岁	1			1		1				1
18岁										
19岁										
20岁	1			1		1	1			
21岁	1				1					
22岁										
23岁	1				1	2				2
24岁										
25岁	1		1			1				1
26岁										

3-2a 续表 7

单位：人

年 龄	智力残疾					精神残疾				
	小计	一级	二级	三级	四级	小计	一级	二级	三级	四级
27岁										
28岁						1	1			
29岁										
30岁						2	1			1
31岁	2				2	2				2
32岁	1			1		1	1			
33岁						1				1
34岁	1			1						
35岁	1				1					
36岁										
37岁										
38岁						2	1			1
39岁	1			1		1				1
40岁	1			1		1				1
41岁	1				1	1			1	
42岁						2		1		1
43岁						1		1		
44岁						1		1		
45岁										
46岁										
47岁										
48岁										
49岁						1		1		
50岁						1	1			
51岁	1				1	2			2	
52岁	1			1		1				1
53岁										
54岁										

3-2a 续表 8

单位：人

年 龄	智力残疾					精神残疾				
	小计	一级	二级	三级	四级	小计	一级	二级	三级	四级
55岁						1			1	
56岁					1	3	1			2
57岁						1				1
58岁										
59岁						1				1
60岁										
61岁										
62岁										
63岁						1				1
64岁										
65岁						1				1
66岁										
67岁										
68岁					1	1	1			
69岁						1				1
70岁										
71岁						1				1
72岁										
73岁						1	1			
74岁										
75岁					1					
76岁										
77岁										
78岁										
79岁										
80岁										
81岁										
82岁										
83岁										
84岁										
85+										

3-2a 续表 9

单位：人

年 龄	多重残疾				
	小计	一级	二级	三级	四级
总 计	**129**	**57**	**27**	**30**	**15**
0岁					
1岁	2	2			
2岁	3	1	1	1	
3岁	2	2			
4岁					
5岁	1		1		
6岁	3	2		1	
7岁	2	1	1		
8岁					
9岁					
10岁	3	1	1	1	
11岁	1				1
12岁	1				1
13岁	2	1	1		
14岁	1	1			
15岁	1			1	
16岁	3		1	1	1
17岁	1		1		
18岁	2	2			
19岁					
20岁	1		1		
21岁	1			1	
22岁	1	1			
23岁	1	1			
24岁					
25岁	2	2			
26岁					

3-2a 续表 10

单位：人

年 龄	多重残疾				
	小计	一级	二级	三级	四级
27岁	2	2			
28岁	2		2		
29岁	1	1			
30岁					
31岁	3	3			
32岁	2		2		
33岁	1	1			
34岁					
35岁					
36岁	2	2			
37岁	2	1		1	
38岁	3	2	1		
39岁	2	2			
40岁	1			1	
41岁	1			1	
42岁					
43岁	1	1			
44岁	1			1	
45岁	1	1			
46岁					
47岁	2		1	1	
48岁					
49岁					
50岁	1		1		
51岁	3	1	1	1	
52岁					
53岁	3	1	2		
54岁	3	1	1	1	

3-2a 续表 11

单位：人

年 龄	多重残疾				
	小计	一级	二级	三级	四级
55岁					
56岁					
57岁					
58岁	2	2			
59岁	1	1			
60岁	2	1			1
61岁					
62岁	2	1	1		
63岁	3	1		2	
64岁	4	1	1	1	1
65岁	1				1
66岁	4	1		2	1
67岁	1	1			
68岁	3	1		1	1
69岁					
70岁	1			1	
71岁	1				1
72岁	3			2	1
73岁	4			4	
74岁	4	3		1	
75岁	2	1			1
76岁					
77岁	2	1	1		
78岁	4		2	1	1
79岁					
80岁	3		1		2
81岁	3	1	2		
82岁					
83岁					
84岁	2	1		1	
85+	6	4		1	1

3－2b　残疾人分残疾类别、残疾等级的年龄构成(女性)

单位：人

年　龄	视力残疾					听力残疾				
	小计	一级	二级	三级	四级	小计	一级	二级	三级	四级
总　计	**157**	**34**	**20**	**16**	**87**	**206**	**10**	**20**	**76**	**100**
0岁										
1岁										
2岁						1	1			
3岁										
4岁	1				1					
5岁	2				2					
6岁										
7岁										
8岁										
9岁										
10岁										
11岁										
12岁										
13岁										
14岁										
15岁										
16岁						1				1
17岁						1			1	
18岁										
19岁										
20岁										
21岁										
22岁						1	1			
23岁										
24岁										
25岁	1	1								
26岁	1	1								

3-2b 续表 1

单位：人

年龄	视力残疾					听力残疾				
	小计	一级	二级	三级	四级	小计	一级	二级	三级	四级
27岁	1	1				1		1		
28岁						1	1			
29岁						1			1	
30岁	1	1				1			1	
31岁	1	1								
32岁	1	1								
33岁						3			1	2
34岁	2				2					
35岁						4			2	2
36岁						1	1			
37岁	2				2	2				2
38岁	2				2	3	1		2	
39岁	2				2	2		1		1
40岁						2	1			1
41岁	1				1	2		1	1	
42岁						1				1
43岁						1				1
44岁	1				1	1		1		
45岁										
46岁						1	1			
47岁	2	1			1	2			1	1
48岁						1			1	
49岁	1				1	3		1	1	1
50岁	1				1	3			1	2
51岁	1				1	1			1	
52岁	2				2	3		1		2
53岁	2	1			1	2				2
54岁						3			1	2

3－2b 续表 2

单位：人

年龄	视力残疾					听力残疾				
	小计	一级	二级	三级	四级	小计	一级	二级	三级	四级
55岁	3	1			2	1			1	
56岁	4	1			3	1			1	
57岁	5		1		4	5		1	1	3
58岁	6	1			5	2			1	1
59岁	1	1				5			2	3
60岁	4	1		1	2	5		1		4
61岁	3		2		1	1			1	
62岁	6		1	3	2	1				1
63岁	2				2	9	1	1	4	3
64岁	6	1	1		4	2			2	
65岁	3	1			2	9		2	1	6
66岁	6	1	1		4	6		1	2	3
67岁	7		2		5	9		1	3	5
68岁	6	1	1	2	2	7				7
69岁	6	1			5	10			5	5
70岁	8	1	2	1	4	10	1		4	5
71岁	5	1	2		2	8		1	3	4
72岁	6	1			5	3				3
73岁	6	2		3	1	4			3	1
74岁	7	4	1	1	1	9	1		5	3
75岁	4			3	1	8			5	3
76岁	2				2	5		2		3
77岁	3	1	1		1	5		1	3	1
78岁	6	1	4	1		7			2	5
79岁	3	1			2	3			2	1
80岁	3	1			2	5		2	1	2
81岁	4	2		1	1	5			4	1
82岁						1			1	
83岁						2			1	1
84岁						4			1	3
85+	4	1	1		2	5		1	2	2

3－2b 续表 3

单位：人

年 龄	言语残疾					肢体残疾				
	小计	一级	二级	三级	四级	小计	一级	二级	三级	四级
总 计	**16**	**3**	**2**	**3**	**8**	**229**	**4**	**22**	**53**	**150**
0岁										
1岁										
2岁										
3岁	1		1							
4岁	1				1					
5岁						1				1
6岁										
7岁	2			1	1					
8岁										
9岁										
10岁										
11岁										
12岁						1				1
13岁	1				1	2		1		1
14岁	1				1	1			1	
15岁						1		1		
16岁						1				1
17岁										
18岁						1				1
19岁										
20岁						2				2
21岁										
22岁						1			1	
23岁						2			1	1
24岁										
25岁						2		1		1
26岁						4				4

3－2b 续表 4

单位：人

年 龄	言语残疾					肢体残疾				
	小计	一级	二级	三级	四级	小计	一级	二级	三级	四级
27岁										
28岁	1			1						
29岁	1	1				1			1	
30岁						1			1	
31岁	1				1	1				1
32岁	1				1	4				4
33岁						1				1
34岁						4			1	3
35岁						1			1	
36岁						1				1
37岁						3		1		2
38岁						2	1			1
39岁						4				4
40岁						4			1	3
41岁						2				2
42岁						1				1
43岁						3			3	
44岁						2			1	1
45岁	1				1	2			1	1
46岁						6	1			5
47岁						2		1		1
48岁						7		1	3	3
49岁						5			1	4
50岁						2		1		1
51岁						8			2	6
52岁	1	1				6				6
53岁						8		3	2	3
54岁						1			1	

3－2b 续表 5

单位：人

年龄	言语残疾					肢体残疾				
	小计	一级	二级	三级	四级	小计	一级	二级	三级	四级
55岁	1		1			5			2	3
56岁						7				7
57岁						9			2	7
58岁						5			1	4
59岁						3			1	2
60岁						3		1		2
61岁						6		2		4
62岁						3			2	1
63岁						4			1	3
64岁						8		2	3	3
65岁	1				1	6			2	4
66岁						3			1	2
67岁						7	1	1	2	3
68岁						7		1	1	5
69岁						2		1		1
70岁						2		1		1
71岁						4				4
72岁						6		2		4
73岁						6			3	3
74岁						5			1	4
75岁	1	1				6	1		2	3
76岁	1			1		3				3
77岁						2			1	1
78岁						3				3
79岁						2			1	1
80岁						1				1
81岁						3			1	2
82岁						1			1	
83岁						3			2	1
84岁										
85+						3		1	1	1

3－2b 续表 6

单位：人

年龄	智力残疾					精神残疾				
	小计	一级	二级	三级	四级	小计	一级	二级	三级	四级
总计	**48**		**5**	**20**	**23**	**33**	**8**	**2**	**5**	**18**
0岁										
1岁	1			1						
2岁	3		1		2					
3岁						1				1
4岁	2			1	1					
5岁	1			1						
6岁	4		1	1	2					
7岁										
8岁	2				2					
9岁	1				1					
10岁										
11岁										
12岁	1				1					
13岁	2			1	1					
14岁	2			1	1					
15岁										
16岁	1			1						
17岁	1			1						
18岁						2			1	1
19岁										
20岁										
21岁						1				1
22岁	1			1		1				1
23岁										
24岁	1				1					
25岁	2		1	1						
26岁	1				1					

3－2b 续表 7

单位：人

年 龄	智力残疾					精神残疾				
	小计	一级	二级	三级	四级	小计	一级	二级	三级	四级
27岁	2		1	1						
28岁	1				1	1				1
29岁	1			1						
30岁						1			1	
31岁	1				1					
32岁	1			1						
33岁	1		1			1				1
34岁	3			2	1					
35岁						1	1			
36岁	2			1	1					
37岁						1				1
38岁	1				1					
39岁										
40岁						1	1			
41岁	1				1	1				1
42岁						2				2
43岁						1				1
44岁										
45岁										
46岁										
47岁										
48岁						1			1	
49岁	2			1	1	1			1	
50岁						1				1
51岁						1				1
52岁	1			1						
53岁										
54岁						1				1

3－2b 续表 8

单位：人

年 龄	智力残疾					精神残疾				
	小计	一级	二级	三级	四级	小计	一级	二级	三级	四级
55岁	1			1		3	2			1
56岁						2				2
57岁										
58岁						2	1	1		
59岁										
60岁						1	1			
61岁	1				1					
62岁										
63岁						1				1
64岁	1			1		1	1			
65岁						1		1		
66岁										
67岁										
68岁										
69岁										
70岁	1				1					
71岁										
72岁										
73岁										
74岁						1			1	
75岁						1	1			
76岁	1				1					
77岁										
78岁										
79岁										
80岁										
81岁										
82岁										
83岁										
84岁										
85+										

3－2b 续表 9

单位：人

年 龄	多重残疾				
	小计	一级	二级	三级	四级
总 计	**173**	**78**	**34**	**33**	**28**
0岁					
1岁	1	1			
2岁	3	2			1
3岁	2	1	1		
4岁	3	2	1		
5岁	2	1		1	
6岁	3	1	2		
7岁	2		2		
8岁					
9岁	1	1			
10岁					
11岁					
12岁	3	2	1		
13岁	1		1		
14岁					
15岁					
16岁	1		1		
17岁					
18岁	1				1
19岁					
20岁	1		1		
21岁	1	1			
22岁	2			2	
23岁	1	1			
24岁	1	1			
25岁	2	2			
26岁	1	1			

3－2b 续表 10

单位：人

年 龄	多重残疾				
	小计	一级	二级	三级	四级
27岁					
28岁	3	3			
29岁	1	1			
30岁	2		2		
31岁	1	1			
32岁					
33岁	1	1			
34岁					
35岁	1				1
36岁	3	2	1		
37岁	2		1	1	
38岁	1		1		
39岁	4	3		1	
40岁	2	2			
41岁	2	2			
42岁	3	2	1		
43岁	1		1		
44岁					
45岁					
46岁	1	1			
47岁	2			2	
48岁					
49岁					
50岁	1	1			
51岁	1				1
52岁					
53岁	2	2			
54岁	3	2		1	

3－2b 续表 11

单位：人

年　龄	多重残疾				
	小计	一级	二级	三级	四级
55岁	5	2		2	1
56岁	2	2			
57岁	1			1	
58岁	1	1			
59岁	4	3	1		
60岁					
61岁	4	1	1	1	1
62岁	6	2	2		2
63岁	3		1	1	1
64岁	2			2	
65岁					
66岁	1				1
67岁	2		1		1
68岁	5	3			2
69岁	3			3	
70岁	4	3		1	
71岁	1				1
72岁	9	3	5		1
73岁	6	2	1	1	2
74岁	3		1	2	
75岁	6			4	2
76岁	5	1			4
77岁	2			1	1
78岁	3	1			2
79岁	2	2			
80岁	4	2	1		1
81岁	2	1			1
82岁	3	1		2	
83岁	3	1	1	1	
84岁					
85+	12	7	2	3	

3－3 各地区多重残疾人分残疾类别、残疾等级的分布

单位：人

地区	视力残疾					听力残疾				
	小计	一级	二级	三级	四级	小计	一级	二级	三级	四级
总计	**127**	**43**	**17**	**9**	**58**	**170**	**45**	**16**	**56**	**53**
西宁市城中区	13		3	1	9	10	2	1	5	2
西宁市城西区	6	3			3	6	2		1	3
西宁市大通县	9	5	1		3	16	7	2	4	3
西宁市湟中县	22	18		1	3	31	4	1	12	14
海东地区民和县	19	5	3	2	9	24	7	3	9	5
海东地区化隆县	33	3	7	2	21	47	14	5	14	14
海北州刚察县	8	1		1	6	10	2	1	2	5
黄南州同仁县	17	8	3	2	4	26	7	3	9	7

3－3 续表 1

单位：人

地区	言语残疾					肢体残疾				
	小计	一级	二级	三级	四级	小计	一级	二级	三级	四级
总计	**108**	**51**	**21**	**23**	**13**	**120**	**15**	**18**	**31**	**56**
西宁市城中区	7	1	1	3	2	12		3	4	5
西宁市城西区	3	3				3			2	1
西宁市大通县	11	4	1	4	2	5	1	1		3
西宁市湟中县	22	7	4	7	4	28	2	4	4	18
海东地区民和县	13	8	3	1	1	16	4	4	4	4
海东地区化隆县	30	13	10	5	2	27	2	3	4	18
海北州刚察县	10	7		2	1	7	2		3	2
黄南州同仁县	12	8	2	1	1	22	4	3	10	5

3－3 续表 2

单位：人

地 区	智力残疾					精神残疾				
	小计	一级	二级	三级	四级	小计	一级	二级	三级	四级
总 计	**99**	**23**	**26**	**32**	**18**	**54**	**27**	**15**	**7**	**5**
西宁市城中区	6	2	3	1		1	1			
西宁市城西区	2	1	1			2	2			
西宁市大通县	10	2	3	3	2	3	3			
西宁市湟中县	18	3	4	7	4	3	1		1	1
海东地区民和县	14	4	2	5	3	3	2		1	
海东地区化隆县	20	2	5	9	4	10	4	3	2	1
海北州刚察县	15	5	4	3	3	16	5	6	2	3
黄南州同仁县	14	4	4	4	2	16	9	6	1	

3－3a 各地区城镇多重残疾人分残疾类别、残疾等级的分布

单位：人

地 区	视力残疾					听力残疾				
	小计	一级	二级	三级	四级	小计	一级	二级	三级	四级
总 计	**30**	**6**	**3**	**2**	**19**	**32**	**9**	**2**	**13**	**8**
西宁市城中区	13		3	1	9	10	2	1	5	2
西宁市城西区	6	3			3	6	2		1	3
西宁市大通县	1				1	3	1		2	
西宁市湟中县	5	2		1	2	4			3	1
海东地区民和县	2	1			1	3	1	1		1
海东地区化隆县										
海北州刚察县	1				1	1	1			
黄南州同仁县	2				2	5	2		2	1

3－3a　续表 1

单位：人

地　区	言语残疾					肢体残疾				
	小计	一级	二级	三级	四级	小计	一级	二级	三级	四级
总　计	**19**	**10**	**1**	**5**	**3**	**33**	**4**	**5**	**10**	**14**
西宁市城中区	7	1	1	3	2	12		3	4	5
西宁市城西区	3	3				3			2	1
西宁市大通县	1	1								
西宁市湟中县	1			1		10	1	2		7
海东地区民和县	2			1	1	1	1			
海东地区化隆县										
海北州刚察县	1	1				3	1		2	
黄南州同仁县	4	4				4	1		2	1

3－3a　续表 2

单位：人

地　区	智力残疾					精神残疾				
	小计	一级	二级	三级	四级	小计	一级	二级	三级	四级
总　计	**23**	**9**	**5**	**5**	**4**	**16**	**10**	**3**	**2**	**1**
西宁市城中区	6	2	3	1		1	1			
西宁市城西区	2	1	1			2	2			
西宁市大通县	2	1			1	2	2			
西宁市湟中县	5	1		1	3	2	1			1
海东地区民和县	2			2		1			1	
海东地区化隆县										
海北州刚察县	3	2	1			4	1	2	1	
黄南州同仁县	3	2		1		4	3	1		

3－3b 各地区农村多重残疾人分残疾类别、残疾等级的分布

单位：人

地　区	视力残疾					听力残疾				
	小计	一级	二级	三级	四级	小计	一级	二级	三级	四级
总　计	**97**	**37**	**14**	**7**	**39**	**138**	**36**	**14**	**43**	**45**
西宁市城中区										
西宁市城西区										
西宁市大通县	8	5	1		2	13	6	2	2	3
西宁市湟中县	17	16			1	27	4	1	9	13
海东地区民和县	17	4	3	2	8	21	6	2	9	4
海东地区化隆县	33	3	7	2	21	47	14	5	14	14
海北州刚察县	7	1		1	5	9	1	1	2	5
黄南州同仁县	15	8	3	2	2	21	5	3	7	6

3－3b 续表 1

单位：人

地　区	言语残疾					肢体残疾				
	小计	一级	二级	三级	四级	小计	一级	二级	三级	四级
总　计	**89**	**41**	**20**	**18**	**10**	**87**	**11**	**13**	**21**	**42**
西宁市城中区										
西宁市城西区										
西宁市大通县	10	3	1	4	2	5	1	1		3
西宁市湟中县	21	7	4	6	4	18	1	2	4	11
海东地区民和县	11	8	3			15	3	4	4	4
海东地区化隆县	30	13	10	5	2	27	2	3	4	18
海北州刚察县	9	6		2	1	4	1		1	2
黄南州同仁县	8	4	2	1	1	18	3	3	8	4

3－3b 续表 2

单位：人

地区	智力残疾					精神残疾				
	小计	一级	二级	三级	四级	小计	一级	二级	三级	四级
总计	**76**	**14**	**21**	**27**	**14**	**38**	**17**	**12**	**5**	**4**
西宁市城中区										
西宁市城西区										
西宁市大通县	8	1	3	3	1	1	1			
西宁市湟中县	13	2	4	6	1	1			1	
海东地区民和县	12	4	2	3	3	2	2			
海东地区化隆县	20	2	5	9	4	10	4	3	2	1
海北州刚察县	12	3	3	3	3	12	4	4	1	3
黄南州同仁县	11	2	4	3	2	12	6	5	1	

3－4 多重残疾人分残疾类别、残疾等级的年龄构成

单位：人

年 龄	视力残疾					听力残疾				
	小计	一级	二级	三级	四级	小计	一级	二级	三级	四级
总 计	**127**	**43**	**17**	**9**	**58**	**170**	**45**	**16**	**56**	**53**
0岁										
1岁										
2岁	1	1				3	2		1	
3岁						1	1			
4岁	1				1	1	1			
5岁										
6岁						1			1	
7岁	1				1					
8岁										
9岁										
10岁										
11岁										
12岁	1				1	1			1	
13岁										
14岁	1				1					
15岁										
16岁										
17岁										
18岁						1	1			
19岁										
20岁										
21岁	1	1				1			1	
22岁	1				1	1	1			
23岁						1	1			
24岁										
25岁						3	2	1		
26岁										

3-4 续表 1

单位：人

年 龄	视力残疾					听力残疾				
	小计	一级	二级	三级	四级	小计	一级	二级	三级	四级
27岁						1	1			
28岁						1	1			
29岁	1	1				1	1			
30岁										
31岁						2	2			
32岁	1		1							
33岁						1	1			
34岁										
35岁	1				1					
36岁						2	2			
37岁										
38岁										
39岁						4	2		2	
40岁						1	1			
41岁	1				1	2	2			
42岁						2	2			
43岁										
44岁										
45岁						1	1			
46岁										
47岁	2		1		1	2			1	1
48岁										
49岁										
50岁						1	1			
51岁						3			1	2
52岁										
53岁	1		1			4	2	2		
54岁	1				1	3	2		1	

3-4 续表 2

单位：人

年龄	视力残疾					听力残疾				
	小计	一级	二级	三级	四级	小计	一级	二级	三级	四级
55岁	3	1			2	4	1	1	2	
56岁	2	2				2		1	1	
57岁										
58岁	1	1				2	2			
59岁	1				1	4	3	1		
60岁	1				1	2	1			1
61岁	4	1	1		2	2			1	1
62岁	4	2	2			6			2	4
63岁	4		1		3	5	1		3	1
64岁	3		1	1	1	4	1		1	2
65岁						1				1
66岁	3	1			2	3				3
67岁	2		1		1	1			1	
68岁	4	3			1	7			2	5
69岁	3			1	2	2			2	
70岁	5	3			2	3			2	1
71岁	2				2	2				2
72岁	8	3	1	1	3	8		2	2	4
73岁	7	2		1	4	9		2	4	3
74岁	4	2		2		4	1		1	2
75岁	7			1	6	6	1		4	1
76岁	4	1			3	4				4
77岁	2	1			1	4		1	1	2
78岁	6	1	2		3	5			2	3
79岁	2	2				2			1	1
80岁	4	1	1		2	5	1		2	2
81岁	5	2	1		2	5		1	1	3
82岁	2	1			1	3			3	
83岁	3	1	1		1	3			3	
84岁						2	1			1
85+	16	9	2	2	3	15	2	4	6	3

3-4 续表 3

单位：人

年 龄	言语残疾					肢体残疾				
	小计	一级	二级	三级	四级	小计	一级	二级	三级	四级
总 计	**108**	**51**	**21**	**23**	**13**	**120**	**15**	**18**	**31**	**56**
0岁										
1岁						1		1		
2岁						2	1	1		
3岁	4	3	1							
4岁	2	2				2	1	1		
5岁	1	1				2	1		1	
6岁	5		1	2	2	1	1			
7岁	2	1	1			3	1		1	1
8岁										
9岁										
10岁	1			1		2	1		1	
11岁	1				1					
12岁	1	1				1		1		
13岁	2		1	1		1		1		
14岁	1	1				1	1			
15岁										
16岁	2		1	1		1		1		
17岁	1		1							
18岁	3	2			1	1	1			
19岁										
20岁	2			1	1	1		1		
21岁	1				1					
22岁	2	1		1						
23岁	2	2				1	1			
24岁	1	1								
25岁	4	3		1		2	1		1	
26岁	1				1	1			1	

3-4 续表 4

单位：人

年 龄	言语残疾					肢体残疾				
	小计	一级	二级	三级	四级	小计	一级	二级	三级	四级
27岁						1	1			
28岁	5	1	2	1	1	3	2			1
29岁	2	2								
30岁	2		2			1			1	
31岁	2	1			1					
32岁	1		1			1			1	
33岁	2	2								
34岁										
35岁						1				1
36岁	2	2				2		1	1	
37岁	2					1				1
38岁	3	1	2			2				2
39岁	5	3	1	1		2			1	1
40岁	3		1	2						
41岁	3	2		1						
42岁	2	2								
43岁										
44岁	1				1					
45岁	1	1								
46岁										
47岁	1			1		3			1	2
48岁										
49岁										
50岁	2	1	1			1		1		
51岁	2	1		1		3		1		2
52岁										
53岁	4	3	1			2		1		1
54岁	3	2			1	2		1	1	

3-4 续表 5

单位：人

年龄	言语残疾					肢体残疾				
	小计	一级	二级	三级	四级	小计	一级	二级	三级	四级
55岁	2		1	1						
56岁						1				1
57岁	1			1						
58岁	2	1			1	1			1	
59岁	4	4				1	1			
60岁										
61岁						1				1
62岁	2	1	1			4	1			3
63岁	2	1		1		3			1	2
64岁	1			1		3			2	1
65岁	1				1					
66岁	1			1		3			2	1
67岁	1	1				2				2
68岁						5			2	3
69岁						1				1
70岁						2				2
71岁										
72岁	2		2			6		3	1	2
73岁						5			1	4
74岁	1	1				5		1	2	2
75岁						4			1	3
76岁						2				2
77岁	1			1		1			1	
78岁						3				3
79岁										
80岁						7		1		6
81岁						1				1
82岁						1			1	
83岁										
84岁						2			1	1
85+						8		1	4	3

3-4 续表 6

单位：人

年 龄	智力残疾					精神残疾				
	小计	一级	二级	三级	四级	小计	一级	二级	三级	四级
总 计	**99**	**23**	**26**	**32**	**18**	**54**	**27**	**15**	**7**	**5**
0岁										
1岁	3	3				2		2		
2岁	6	1	1	1	3	2	1			1
3岁	1	1				2			1	1
4岁	3	2	1			2		2		
5岁	3	1	1	1		2	1		1	
6岁	5	1	2	1	1	1	1			
7岁	4	1	3			2	1		1	
8岁										
9岁	1	1				1		1		
10岁	2	1		1		2		2		
11岁	1				1					
12岁	3	1		1	1	1		1		
13岁	2	1	1			1			1	
14岁	1	1				1	1			
15岁	1			1		1			1	
16岁	4		1	2	1	2		1		1
17岁	1			1						
18岁	2	1			1					
19岁										
20岁	1		1							
21岁	1			1						
22岁	3	1		2						
23岁						1				1
24岁	1		1			1	1			
25岁	2	1		1						
26岁	1		1			1	1			

3-4 续表 7

单位：人

年 龄	智力残疾					精神残疾				
	小计	一级	二级	三级	四级	小计	一级	二级	三级	四级
27岁	1		1			2	2			
28岁	5		1	4		1		1		
29岁	2	2				1	1			
30岁	2		1	1						
31岁	2	1	1			2	2			
32岁	2		2							
33岁	1			1		1	1			
34岁										
35岁										
36岁	1			1		3	2	1		
37岁	4		1	2	1	1	1			
38岁	3		1	1	1	1	1			
39岁	3		2	1		1	1			
40岁	2			2		1	1			
41岁										
42岁	1			1		1		1		
43岁	2		1		1	2	1	1		
44岁	1			1						
45岁										
46岁	1		1			1	1			
47岁										
48岁										
49岁										
50岁										
51岁										
52岁										
53岁	2	1			1					
54岁	1		1			3	2			1

3-4 续表 8

单位：人

年 龄	智力残疾					精神残疾				
	小计	一级	二级	三级	四级	小计	一级	二级	三级	四级
55岁	3			1	2					
56岁										
57岁	1			1						
58岁										
59岁	1			1						
60岁						1		1		
61岁	1			1						
62岁	2	1			1	2	1		1	
63岁										
64岁	1				1	1	1			
65岁										
66岁										
67岁	1				1					
68岁						1	1			
69岁										
70岁										
71岁										
72岁	1				1	1			1	
73岁										
74岁						1	1			
75岁										
76岁										
77岁										
78岁										
79岁										
80岁						1		1		
81岁										
82岁										
83岁										
84岁										
85+										

3-5 残疾(含多重)人分残疾类别、残疾等级的残疾发现年龄

单位：人

残疾发现年龄	视力残疾					听力残疾				
	小计	一级	二级	三级	四级	小计	一级	二级	三级	四级
总　计	**403**	**99**	**48**	**31**	**225**	**616**	**69**	**53**	**225**	**269**
0岁	10	4	1	1	4	16	14		1	1
1岁	7	2	2	1	2	7	4		2	1
2岁	4	2			2	11	5	1	4	1
3岁	2	1			1	6	3		1	2
4岁	4	2			2	6	5		1	
5岁	7			2	5	5	3		2	
6岁	1	1				10	4	2	3	1
7岁	2				2	2	1		1	
8岁	2				2	6	3	1		2
9岁	1		1			2		1	1	
10岁						2		1	1	
11岁	1	1				2	1		1	
12岁	2		1		1	3		1	2	
13岁	2	1			1	2	1			1
14岁	3		1	1	1	1			1	
15岁	1				1	7	3		3	1
16岁						1		1		
17岁	1	1								
18岁						2	1			1
19岁	1				1					
20岁	2	1			1	6	2	1	3	
21岁	3				3	2		1		1
22岁	1				1	2	1		1	
23岁	1				1	5			1	4
24岁	1				1	4		2		2
25岁	1				1	11	2		5	4
26岁	3				3	2				2

3-5 续表 1

单位：人

残疾发现年龄	视力残疾					听力残疾				
	小计	一级	二级	三级	四级	小计	一级	二级	三级	四级
27岁						2			1	1
28岁	2				2	1			1	
29岁	1				1	4	1	1	1	1
30岁						5		1	2	2
31岁	5	1			4	3				3
32岁	3	1	1		1	3		1		2
33岁	1				1	3				3
34岁	2				2	1				1
35岁						2		1	1	
36岁	2				2	2		1		1
37岁						5		1	4	
38岁	2				2					
39岁	2		1		1	5			3	2
40岁	7	1		1	5	4			1	3
41岁	1				1	10	1		4	5
42岁	2	1			1	5		2	1	2
43岁						7			3	4
44岁	4		1		3	2			1	1
45岁	4	1			3	5	1	2	1	1
46岁	4	1	1		2	4			2	2
47岁	3				3	6		1	4	1
48岁	3	1	1		1	6	1	1	2	2
49岁	6	1			5	7			4	3
50岁	3	1		1	1	11			2	9
51岁	6	2	2		2	9	1		4	4
52岁	5	1		1	3	10		1	2	7
53岁	10		1	4	5	6	1		1	4
54岁	7	3	2		2	11			6	5

3-5 续表 2

单位：人

残疾发现年龄	视力残疾					听力残疾				
	小计	一级	二级	三级	四级	小计	一级	二级	三级	四级
55岁	8	3	2		3	6		2	3	1
56岁	4			1	3	10		1	5	4
57岁	13	1	2		10	12	2		2	8
58岁	9	7			2	11	1	1	2	7
59岁	8		1	1	6	10			4	6
60岁	3		2		1	17		2	9	6
61岁	8	1	1	1	5	12		2	5	5
62岁	13	2	1	1	9	15			4	11
63岁	16	3	3	1	9	11		2	3	6
64岁	10	4	1	1	4	21	1	2	7	11
65岁	9	4	2	1	2	16	1	2	7	6
66岁	15	4	1		10	10		2	4	4
67岁	14		4		10	16	1		5	10
68岁	11	3	1		7	23		2	12	9
69岁	6	3	1		2	16	1		9	6
70岁	13	4	2	2	5	21	1		9	11
71岁	9	3		1	5	17		2	5	10
72岁	12	1		4	7	13		1	5	7
73岁	8	2		2	4	15		1	1	13
74岁	7	2		1	4	15			10	5
75岁	11	2	2		7	13			8	5
76岁	8	2	1		5	9		1	5	3
77岁	7	2	2		3	11			5	6
78岁	2		1		1	7		2	1	4
79岁	11	7			4	4			2	2
80岁	6	3		1	2	8	1	1	3	3
81岁	2		1		1	3		1		2
82岁	1				1	5	1		2	2
83岁	2	1			1	2		1		1
84岁	3	1			2	1			1	
85岁+	6	3	1	1	1	4			2	2

3-5 续表 3

单位：人

残疾发现年龄	言语残疾					肢体残疾				
	小计	一级	二级	三级	四级	小计	一级	二级	三级	四级
总　计	**138**	**57**	**24**	**32**	**25**	**584**	**29**	**54**	**142**	**359**
0岁	9	6	1	1	1	31	6	4	7	14
1岁	12	6	4	2		22	4	4	7	7
2岁	20	9	4	4	3	24	2	2	7	13
3岁	37	13	3	11	10	20	1	2	4	13
4岁	19	8	5	4	2	11		1	2	8
5岁	4	1	1	1	1	6			1	5
6岁	6	2	1	2	1	8	1	1	3	3
7岁	5	2		1	2	5		3	1	1
8岁	3	1	1		1	10		2	2	6
9岁	2	2				5			2	3
10岁						3		1	1	1
11岁	1			1		3	1			2
12岁						8			2	6
13岁						2				2
14岁						5			2	3
15岁	1	1				5		1	1	3
16岁	1				1	1				1
17岁						5			1	4
18岁						8			2	6
19岁						5		1	3	1
20岁	1				1	4				4
21岁						4			2	2
22岁						3			1	2
23岁						4			1	3
24岁						3			1	2
25岁						6	1		1	4
26岁						9	1		3	5

3-5 续表 4

单位：人

残疾发现年龄	言语残疾					肢体残疾				
	小计	一级	二级	三级	四级	小计	一级	二级	三级	四级
27岁						8		2		6
28岁						8				8
29岁	1			1		6		1	1	4
30岁	2		1	1		6			2	4
31岁						12		1	3	8
32岁						5			1	4
33岁						6		1	2	3
34岁						6			2	4
35岁						7	1	3	1	2
36岁						6			2	4
37岁						4	1			3
38岁						6				6
39岁						5			3	2
40岁						3			1	2
41岁						4				4
42岁						8		1	3	4
43岁	1		1			6	2		1	3
44岁						5				5
45岁						5		1		4
46岁	1	1				5	1			4
47岁						10		1	2	7
48岁	3	1	1	1		11	2	1		8
49岁						7			2	5
50岁						14		2	4	8
51岁						6			3	3
52岁						10			1	9
53岁	1	1				8		1	3	4
54岁						4			2	2

3-5 续表 5

单位：人

残疾发现年龄	言语残疾					肢体残疾				
	小计	一级	二级	三级	四级	小计	一级	二级	三级	四级
55岁						7			2	5
56岁	1			1		11			1	10
57岁						5			3	2
58岁	1	1				6		1	1	4
59岁						4		1	1	2
60岁	1				1	16	1	1	2	12
61岁						11	1	1	4	5
62岁						11		2	2	7
63岁	1			1		9			4	5
64岁						9	1		3	5
65岁	1		1			15	1	2	5	7
66岁						6		2	2	2
67岁						8		2	3	3
68岁	1	1				3			2	1
69岁	1				1	9	1	2	1	5
70岁						4			1	3
71岁						8		1	1	6
72岁	1	1				7			1	6
73岁						3			2	1
74岁						1				1
75岁						2			1	1
76岁						1				1
77岁						5		1	1	3
78岁						4			1	3
79岁						1				1
80岁						1			1	
81岁										
82岁						1				1
83岁						2				2
84岁						1				1
85+						2		1	1	

3-5 续表 6

单位：人

残疾发现年龄	智力残疾					精神残疾				
	小计	一级	二级	三级	四级	小计	一级	二级	三级	四级
总　计	**191**	**24**	**34**	**65**	**68**	**127**	**44**	**21**	**16**	**46**
0岁	22	8	7	4	3	5	2	1	1	1
1岁	25	5	4	10	6	8	3	3		2
2岁	26	4	7	6	9	6	1	2	2	1
3岁	19	1	5	7	6	3	2	1		
4岁	12		3	5	4	3	2		1	
5岁	17	1	1	10	5	3	1		2	
6岁	14	1	1	4	8	4	2	2		
7岁	12		3	5	4					
8岁	9			4	5	2	1	1		
9岁	5	1		1	3	3	1	1		1
10岁	1				1	1	1			
11岁						2	1			1
12岁	4			3	1	1				1
13岁										
14岁						1				1
15岁						1				1
16岁						3				3
17岁						4	2			2
18岁	2		1	1		3	2			1
19岁										
20岁						4	1			3
21岁						2			1	1
22岁	1		1			3	2		1	
23岁						2				2
24岁	1	1				3	1	1		1
25岁						3	2	1		
26岁	2				2	3	1	2		

3-5 续表 7

单位：人

残疾发现年龄	智力残疾					精神残疾				
	小计	一级	二级	三级	四级	小计	一级	二级	三级	四级
27岁	1			1		2	1			1
28岁						2	1			1
29岁						2	1		1	
30岁	1			1		3	1		1	1
31岁						2			1	1
32岁	2		1		1	3	2			1
33岁						1				1
34岁						1			1	
35岁						1				1
36岁						1				1
37岁						2		1		1
38岁						2		1		1
39岁						1				1
40岁						4	1			3
41岁						2		1		1
42岁	2				2	1			1	
43岁	2				2	1	1			
44岁						2				2
45岁						1				1
46岁	1			1						
47岁										
48岁										
49岁										
50岁	1			1						
51岁										
52岁	1				1	2		1		1
53岁	1	1				1				1
54岁						1				1

3-5 续表 8

单位：人

残疾发现年龄	智力残疾					精神残疾				
	小计	一级	二级	三级	四级	小计	一级	二级	三级	四级
55岁						1			1	
56岁										
57岁	2			1	1	2	1			1
58岁	1	1				1	1			
59岁										
60岁	1				1	1			1	
61岁						2	1			1
62岁										
63岁						2	1	1		
64岁						2	1		1	
65岁						1	1			
66岁										
67岁	1				1					
68岁	1				1	1				1
69岁						1	1			
70岁						1		1		
71岁	1				1					
72岁										
73岁										
74岁						1	1			
75岁										
76岁										
77岁										
78岁										
79岁										
80岁										
81岁										
82岁										
83岁										
84岁										
85+										

3－6 视力残疾(含多重)人分城乡、残疾等级的主要致残原因

单位：人

致残主要原因	合计			残疾一级		
	合计	城镇	农村	小计	城镇	农村
视力残疾(含多重)人	**403**	**92**	**311**	**99**	**17**	**82**
致残原因一						
遗传、先天异常或发育障碍	23	5	18	10	1	9
白内障	220	33	187	61	8	53
青光眼	10	4	6	5	2	3
沙眼						
角膜病	32	2	30	10		10
视神经病变	8	2	6	2		2
视网膜、色素膜病变	65	29	36	9	5	4
屈光不正	23	7	16			
弱势	5	2	3			
外伤	5	4	1			
中毒						
其他	2	1	1	1		1
原因不明	10	3	7	1	1	
致残原因二						
遗传、先天异常或发育障碍						
白内障						
青光眼						
沙眼						
角膜病	10		10	4		4
视神经病变						
视网膜、色素膜病变	9	1	8	1		1
屈光不正	4	1	3	2	1	1
弱势	5	1	4			
外伤	2		2	1		1
中毒						
其他						
原因不明						

3－6 续表

单位：人

致残主要原因	残疾二级			残疾三级			残疾四级		
	小计	城镇	农村	小计	城镇	农村	小计	城镇	农村
视力残疾(含多重)人	**48**	**9**	**39**	**31**	**5**	**26**	**225**	**61**	**164**
致残原因一									
遗传、先天异常或发育障碍	2	1	1	2		2	9	3	6
白内障	27	3	24	18	2	16	114	20	94
青光眼				1		1	4	2	2
沙眼									
角膜病	7		7	2		2	13	2	11
视神经病变				2	1	1	4	1	3
视网膜、色素膜病变	9	5	4	3	1	2	44	18	26
屈光不正	1		1	1		1	21	7	14
弱势	1		1	1		1	3	2	1
外伤							5	4	1
中毒									
其他							1	1	
原因不明	1		1	1	1		7	1	6
致残原因二									
遗传、先天异常或发育障碍									
白内障									
青光眼									
沙眼									
角膜病	2		2	1		1	3		3
视神经病变									
视网膜、色素膜病变	2		2	1		1	5	1	4
屈光不正	1		1				1		1
弱势							5	1	4
外伤	1		1						
中毒									
其他									
原因不明									

3－7 听力残疾(含多重)人分城乡、残疾等级的主要致残原因

单位：人

致残主要原因	合计			残疾一级		
	合计	城镇	农村	小计	城镇	农村
听力残疾(含多重)人	**616**	**197**	**419**	**69**	**13**	**56**
致残原因一						
遗传	8	3	5	4	1	3
母孕期病毒感染						
传染性疾病	16	3	13	6	2	4
自身免疫缺陷性疾病	3	1	2			
全身性疾病	32	12	20	3	1	2
中耳炎	80	29	51	7		7
老年性耳聋	298	93	205	7	1	6
早产和低体重						
新生儿窒息						
高胆红素血症						
药物中毒	39	17	22	12	4	8
创伤或意外伤害	33	6	27	5	1	4
噪声和爆震	17	13	4			
其他	10	4	6	3	1	2
原因不明	80	16	64	22	2	20
致残原因二						
遗传						
母孕期病毒感染						
传染性疾病						
自身免疫缺陷性疾病						
全身性疾病						
中耳炎	2	1	1	1	1	
老年性耳聋	23	19	4			
早产和低体重						
新生儿窒息						
高胆红素血症	1	1				
药物中毒	7	7		1	1	
创伤或意外伤害	3	2	1			
噪声和爆震	9	9				
其他						
原因不明						

3－7 续表

单位：人

致残主要原因	残疾二级			残疾三级			残疾四级		
	小计	城镇	农村	小计	城镇	农村	小计	城镇	农村
听力残疾(含多重)人	**53**	**13**	**40**	**225**	**71**	**154**	**269**	**100**	**169**
致残原因一									
遗传	1		1	2	2		1		1
母孕期病毒感染									
传染性疾病	2		2	4		4	4	1	3
自身免疫缺陷性疾病				2	1	1	1		1
全身性疾病	4	1	3	13	5	8	12	5	7
中耳炎	15	6	9	28	7	21	30	16	14
老年性耳聋	16	4	12	115	31	84	160	57	103
早产和低体重									
新生儿窒息									
高胆红素血症									
药物中毒	4	2	2	15	7	8	8	4	4
创伤或意外伤害	4		4	9	2	7	15	3	12
噪声和爆震				11	9	2	6	4	2
其他				3	1	2	4	2	2
原因不明	7		7	23	6	17	28	8	20
致残原因二									
遗传									
母孕期病毒感染									
传染性疾病									
自身免疫缺陷性疾病									
全身性疾病									
中耳炎							1		1
老年性耳聋	3	3		8	6	2	12	10	2
早产和低体重									
新生儿窒息									
高胆红素血症							1	1	
药物中毒				4	4		2	2	
创伤或意外伤害	2	1	1	1	1				
噪声和爆震	1	1		4	4		4	4	
其他									
原因不明									

3－8　言语残疾(含多重)人分城乡、残疾等级的主要致残原因

单位：人

致残主要原因	合计			残疾一级		
	合计	城镇	农村	小计	城镇	农村
言语残疾(含多重)人	**138**	**24**	**114**	**57**	**12**	**45**
致残原因一						
唐氏综合症						
脑性瘫痪	12	3	9	7	2	5
新生儿病理性黄						
早产、低体重和过期产						
腭裂	13	2	11			
智力低下	10	3	7	4	1	3
脑梗死	2	2		2	2	
脑出血	5	3	2	2	1	1
脑炎	7	2	5	5		5
脑囊虫病						
喉、舌疾病术后	1	1				
听力障碍	39	6	33	24	5	19
帕金森疾病	1		1			
多发性硬化						
脊髓侧索硬化						
脑外伤	2		2	1		1
产伤						
孤独症	1		1			
癫痫	2		2			
CO中毒						
其他	20	1	19	4		4
原因不明	23	1	22	8	1	7
致残原因二						
唐氏综合症						
脑性瘫痪						
新生儿病理性黄	1		1			
早产、低体重和过期产	1	1				
腭裂						
智力低下						
脑梗死						
脑出血	1	1		1	1	
脑炎						
脑囊虫病						
喉、舌疾病术后						
听力障碍	1	1				
帕金森疾病						
多发性硬化						
脊髓侧索硬化						
脑外伤	1		1	1		1
产伤						
孤独症						
癫痫	1	1				
CO中毒	1	1				
其他						
原因不明						

3-8 续表

单位：人

致残主要原因	残疾二级			残疾三级			残疾四级		
	小计	城镇	农村	小计	城镇	农村	小计	城镇	农村
言语残疾(含多重)人	**24**	**1**	**23**	**32**	**6**	**26**	**25**	**5**	**20**
致残原因一									
唐氏综合症									
脑性瘫痪	1		1	2		2	2	1	1
新生儿病理性黄									
早产、低体重和过期产									
腭裂	2		2	8	2	6	3		3
智力低下	3		3	1	1		2	1	1
脑梗死									
脑出血	2	1	1	1	1				
脑炎				1	1		1	1	
脑囊虫病									
喉、舌疾病术后							1	1	
听力障碍	3		3	7	1	6	5		5
帕金森疾病							1		1
多发性硬化									
脊髓侧索硬化									
脑外伤	1		1						
产伤									
孤独症	1		1						
癫痫	1		1	1		1			
CO中毒									
其他	8		8	3		3	5	1	4
原因不明	2		2	8		8	5		5
致残原因二									
唐氏综合症									
脑性瘫痪									
新生儿病理性黄				1		1			
早产、低体重和过期产							1	1	
腭裂									
智力低下									
脑梗死									
脑出血									
脑炎									
脑囊虫病									
喉、舌疾病术后									
听力障碍							1	1	
帕金森疾病									
多发性硬化									
脊髓侧索硬化									
脑外伤									
产伤									
孤独症									
癫痫							1	1	
CO中毒				1	1				
其他									
原因不明									

3－9　肢体残疾(含多重)人分城乡、残疾等级的主要致残原因

单位：人

致残主要原因	合计			残疾一级		
	合计	城镇	农村	小计	城镇	农村
肢体残疾(含多重)人	**584**	**182**	**402**	**29**	**8**	**21**
致残原因一						
脑性瘫痪	20	6	14	9	4	5
发育畸形	23	3	20	1		1
侏儒症	4		4			
其他先天性或发育障碍	13	2	11			
脊髓灰质炎	31	14	17			
脑血管疾病	59	29	30	7	2	5
周围血管疾病	10	6	4			
肿瘤	1	1				
骨关节病	174	53	121	3	1	2
地方病	1	1				
脊髓疾病	11	5	6	1		1
工伤	13	11	2			
交通事故	33	13	20			
脊髓损伤	4	1	3	2		2
脑外伤	2	1	1			
其他外伤	111	17	94	1		1
结核性感染	17	6	11			
化脓性感染	8	1	7			
中毒						
其他	38	11	27	5	1	4
原因不明	11	1	10			
致残原因二						
脑性瘫痪						
发育畸形						
侏儒症						
其他先天性或发育障碍	1		1	1		1
脊髓灰质炎						
脑血管疾病						
周围血管疾病						
肿瘤						
骨关节病	7	5	2			
地方病						
脊髓疾病						
工伤						
交通事故						
脊髓损伤	1	1				
脑外伤						
其他外伤	2		2	1		1
结核性感染	1	1		1	1	
化脓性感染	1		1			
中毒						
其他						
原因不明						

3－9 续表

单位：人

致残主要原因	残疾二级			残疾三级			残疾四级		
	小计	城镇	农村	小计	城镇	农村	小计	城镇	农村
肢体残疾(含多重)人	**54**	**15**	**39**	**142**	**49**	**93**	**359**	**110**	**249**
致残原因一									
脑性瘫痪	7	1	6	2	1	1	2		2
发育畸形	1	1		7	1	6	14	1	13
侏儒症							4		4
其他先天性或发育障碍	1		1	2		2	10	2	8
脊髓灰质炎	4	2	2	10	4	6	17	8	9
脑血管疾病	14	5	9	23	14	9	15	8	7
周围血管疾病	1	1		2	1	1	7	4	3
肿瘤	1	1							
骨关节病	11	1	10	37	10	27	123	41	82
地方病				1	1				
脊髓疾病	3	2	1				7	3	4
工伤				3	2	1	10	9	1
交通事故				9	4	5	24	9	15
脊髓损伤	2	1	1						
脑外伤				1	1		1		1
其他外伤	4		4	17	1	16	89	16	73
结核性感染	1		1	7	3	4	9	3	6
化脓性感染	1		1	3	1	2	4		4
中毒									
其他	1		1	13	4	9	19	6	13
原因不明	2		2	5	1	4	4		4
致残原因二									
脑性瘫痪									
发育畸形									
侏儒症									
其他先天性或发育障碍									
脊髓灰质炎									
脑血管疾病									
周围血管疾病									
肿瘤									
骨关节病	1	1		3	1	2	3	3	
地方病									
脊髓疾病									
工伤									
交通事故									
脊髓损伤				1	1				
脑外伤									
其他外伤	1		1						
结核性感染									
化脓性感染							1		1
中毒									
其他									
原因不明									

3－10　智力残疾(含多重)人分城乡、残疾等级的主要致残原因

单位：人

致残主要原因	合计			残疾一级		
	合计	城镇	农村	小计	城镇	农村
智力残疾(含多重)人	**191**	**38**	**153**	**24**	**9**	**15**
致残原因一						
遗传	16	1	15	1		1
脑疾病	57	16	41	11	5	6
内分泌障碍	1	1		1	1	
惊厥性疾病	10	3	7			
新生儿窒息	2	2				
早产、低体重和过期产	4		4	1		1
发育畸形	6	2	4	1		1
营养不良	3		3			
母孕期外伤及物力伤害	1	1				
产伤						
工伤						
交通事故	1		1			
其他外伤	7	1	6			
中毒与过敏反应	2	1	1			
不良社会文化因素	3		3	1		1
其他	15	2	13	2	1	1
原因不明	63	8	55	6	2	4
致残原因二						
遗传						
脑疾病						
内分泌障碍						
惊厥性疾病	1		1			
新生儿窒息						
早产、低体重和过期产	1	1				
发育畸形						
营养不良	3		3			
母孕期外伤及物力伤害						
产伤						
工伤						
交通事故						
其他外伤						
中毒与过敏反应						
不良社会文化因素						
其他						
原因不明						

3－10 续表

单位：人

致残主要原因	残疾二级			残疾三级			残疾四级		
	小计	城镇	农村	小计	城镇	农村	小计	城镇	农村
智力残疾(含多重)人	**34**	**6**	**28**	**65**	**12**	**53**	**68**	**11**	**57**
致残原因一									
遗传	2		2	9	1	8	4		4
脑疾病	12	3	9	15	2	13	19	6	13
内分泌障碍									
惊厥性疾病	5	1	4	3	2	1	2		2
新生儿窒息	1	1					1	1	
早产、低体重和过期产	1		1	1		1	1		1
发育畸形	2		2	3	2	1			
营养不良				1		1	2		2
母孕期外伤及物力伤害							1	1	
产伤									
工伤									
交通事故							1		1
其他外伤	2		2	3	1	2	2		2
中毒与过敏反应				1		1	1	1	
不良社会文化因素							2		2
其他	5	1	4	5		5	3		3
原因不明	4		4	24	4	20	29	2	27
致残原因二									
遗传									
脑疾病									
内分泌障碍									
惊厥性疾病				1		1			
新生儿窒息									
早产、低体重和过期产				1	1				
发育畸形									
营养不良				2		2	1		1
母孕期外伤及物力伤害									
产伤									
工伤									
交通事故									
其他外伤									
中毒与过敏反应									
不良社会文化因素									
其他									
原因不明									

3－11 精神残疾(含多重)人分城乡、残疾等级的主要致残原因

单位：人、人次

致残主要原因	合计			残疾一级		
	合计	城镇	农村	小计	城镇	农村
精神残疾(含多重)人	**127**	**44**	**83**	**44**	**18**	**26**
致残原因一						
痴呆	21	9	12	8	4	4
其他器质性精神障碍	20	5	15	9	2	7
使用精神活性物质所致的障碍	4	2	2			
精神分裂症	43	18	25	21	10	11
妄想性障碍						
分裂情感性障碍						
其他精神病性障碍						
心境障碍	9	3	6	1		1
神经症性障碍	5	1	4			
行为综合症	2	1	1			
人格障碍	1		1			
孤独症	5		5	1		1
癫痫	12	2	10	1	1	
其他	5	3	2	3	1	2
原因不明						
致残原因二						
痴呆						
其他器质性精神障碍						
使用精神活性物质所致的障碍						
精神分裂症	1	1		1	1	
妄想性障碍						
分裂情感性障碍						
其他精神病性障碍						
心境障碍	1	1				
神经症性障碍						
行为综合症						
人格障碍						
孤独症						
癫痫	5		5	3		3
其他						
原因不明						

3－11 续表

单位：人、人次

致残主要原因	残疾二级			残疾三级			残疾四级		
	小计	城镇	农村	小计	城镇	农村	小计	城镇	农村
精神残疾(含多重)人	**21**	**6**	**15**	**16**	**6**	**10**	**46**	**14**	**32**
致残原因一									
痴呆	6	3	3	5	1	4	2	1	1
其他器质性精神障碍	6	2	4	1		1	4	1	3
使用精神活性物质所致的障碍							4	2	2
精神分裂症	5	1	4	4	3	1	13	4	9
妄想性障碍									
分裂情感性障碍									
其他精神病性障碍									
心境障碍	1		1	4	1	3	3	2	1
神经症性障碍							5	1	4
行为综合症							2	1	1
人格障碍							1		1
孤独症	2		2	1		1	1		1
癫痫	1		1				10	1	9
其他				1	1		1	1	
原因不明									
致残原因二									
痴呆									
其他器质性精神障碍									
使用精神活性物质所致的障碍									
精神分裂症									
妄想性障碍									
分裂情感性障碍									
其他精神病性障碍									
心境障碍	1	1							
神经症性障碍									
行为综合症									
人格障碍									
孤独症									
癫痫	1		1				1		1
其他									
原因不明									

3－12 视力残疾(含多重)人分年龄、性别的主要致残原因

单位：人

年 龄	遗传、先天异常或发育障碍		白内障		青光眼		沙眼		角膜病	
	男	女	男	女	男	女	男	女	男	女
总 计	**12**	**11**	**80**	**140**	**5**	**5**			**16**	**26**
0岁										
1岁										
2岁		1								
3岁										
4岁	2									
5岁	1									
6岁										
7岁	2									
8岁										
9岁	1									
10岁										
11岁										
12岁	1		1							
13岁										
14岁	1									
15岁									1	
16岁	1									
17岁										
18岁										
19岁										
20岁										
21岁				1						
22岁		1								
23岁										
24岁										
25岁		1								
26岁		1								
27岁										1

3－12 续表 1

单位：人

年龄	遗传、先天异常或发育障碍		白内障		青光眼		沙眼		角膜病	
	男	女	男	女	男	女	男	女	男	女
28岁	1									
29岁		1								
30岁										1
31岁		1								
32岁		1								
33岁										
34岁										
35岁				1						
36岁										
37岁										
38岁										
39岁										
40岁										
41岁										1
42岁										
43岁									1	
44岁				1						
45岁										
46岁			1						1	
47岁		1			1				1	
48岁										
49岁				1					1	
50岁										
51岁										
52岁					1					
53岁				2						1
54岁			1							
55岁			2	1						1
56岁	1			3						2

3－12 续表 2

单位：人

年龄	遗传、先天异常或发育障碍		白内障		青光眼		沙眼		角膜病	
	男	女	男	女	男	女	男	女	男	女
57岁		1		1						1
58岁				5						
59岁			2	1					1	
60岁			2	1		1				1
61岁				4					1	1
62岁			2	4					1	
63岁			3	2					1	1
64岁			2	4		1				1
65岁			2	1						
66岁			4	6						
67岁			1	7						
68岁			5	6	2				1	
69岁			3	6		1				2
70岁			3	6		1				1
71岁			5	4	1					2
72岁			6	8		1			1	2
73岁		1	5	8					1	
74岁			3	6						2
75岁			4	5						1
76岁			2	5					1	
77岁			3	4						1
78岁	1	1	5	6					1	1
79岁			1	5						
80岁			2	5						
81岁			2	6					1	1
82岁				2						
83岁			2	2						
84岁										
85+			5	10					1	1

3－12 续表 3

单位：人

年 龄	视神经病变		视网膜、色素膜病变		屈光不正		弱视	
	男	女	男	女	男	女	男	女
总 计	**2**	**6**	**30**	**44**	**11**	**16**	**4**	**6**
0岁								
1岁								
2岁								
3岁								
4岁						2		
5岁						1		2
6岁								
7岁							1	
8岁								
9岁							1	
10岁								
11岁								
12岁			1					
13岁								
14岁								
15岁								
16岁								
17岁								
18岁							1	
19岁								
20岁								
21岁						1		
22岁								
23岁								
24岁								
25岁			1					
26岁								
27岁	1							

3－12 续表 4

单位：人

年 龄	视神经病变		视网膜、色素膜病变		屈光不正		弱视	
	男	女	男	女	男	女	男	女
28岁								
29岁								
30岁								
31岁								
32岁								
33岁								
34岁		1			2	1		1
35岁	1		1					
36岁								
37岁		1				1		
38岁					1	1		1
39岁			1			1		1
40岁								
41岁					1			
42岁								
43岁			1					
44岁								
45岁								
46岁								
47岁		1						
48岁			1					
49岁					1			
50岁				1	1	1		
51岁				1				
52岁				1		1		
53岁			1		2		1	
54岁			2					
55岁		1		2		1		
56岁				2				

3－12 续表 5

单位：人

年 龄	视神经病变		视网膜、色素膜病变		屈光不正		弱视	
	男	女	男	女	男	女	男	女
57岁				3				
58岁				1		1		
59岁			1			1		
60岁			1	1				
61岁				1		1		
62岁		1		4				
63岁			1	2	1			
64岁				2	1	1		
65岁				1	1	1		
66岁			1					
67岁				2				
68岁			2	3				
69岁			3	1				1
70岁				5				
71岁			1					
72岁		1		1				
73岁			2	2				
74岁			3	1				
75岁			2	2				
76岁			2					
77岁								
78岁								
79岁								
80岁				1				
81岁			1					
82岁								
83岁				1				
84岁								
85+			1	3				

3－12 续表 6

单位：人

年 龄	外伤		中毒		其他		原因不明	
	男	女	男	女	男	女	男	女
总 计	**7**				**1**	**1**	**4**	**6**
0岁								
1岁								
2岁								
3岁								
4岁								
5岁								
6岁								
7岁								
8岁								
9岁								
10岁								
11岁								
12岁								
13岁								
14岁								
15岁								
16岁								
17岁								
18岁								
19岁								
20岁								
21岁								
22岁								
23岁								
24岁								
25岁								
26岁								
27岁								

3－12 续表 7

单位：人

年 龄	外伤		中毒		其他		原因不明	
	男	女	男	女	男	女	男	女
28岁	1							
29岁								
30岁								
31岁								
32岁								
33岁								
34岁								
35岁								
36岁								
37岁								
38岁								
39岁								1
40岁								
41岁								
42岁								
43岁								
44岁	1							
45岁								
46岁								
47岁								1
48岁								
49岁								
50岁					1			
51岁							1	
52岁								
53岁								
54岁							1	
55岁								
56岁							1	

3－12 续表 8

单位：人

年 龄	外伤		中毒		其他		原因不明	
	男	女	男	女	男	女	男	女
57岁	1							
58岁								
59岁								
60岁								
61岁								
62岁								
63岁	1							
64岁								
65岁								
66岁	1							
67岁								
68岁								1
69岁							1	
70岁								
71岁								
72岁								
73岁	1							
74岁								
75岁								1
76岁								1
77岁								
78岁								
79岁								
80岁								
81岁								
82岁								
83岁								
84岁								
85+						1		1

3－13　听力残疾(含多重)人分年龄、性别的主要致残原因

单位：人

年　龄	遗传		母孕期病毒感染		传染性疾病		自身免疫缺陷性疾病	
	男	女	男	女	男	女	男	女
总　计	**3**	**5**			**6**	**10**	**1**	**2**
0岁								
1岁								
2岁								
3岁								
4岁								
5岁								
6岁								
7岁								
8岁								
9岁								
10岁								
11岁								
12岁								
13岁								
14岁								
15岁								
16岁								
17岁						1		
18岁								
19岁								
20岁								
21岁								
22岁	1							
23岁								
24岁								
25岁								
26岁								
27岁								

3-13 续表 1

单位：人

年 龄	遗传		母孕期病毒感染		传染性疾病		自身免疫缺陷性疾病	
	男	女	男	女	男	女	男	女
28岁								
29岁								
30岁								
31岁								
32岁								
33岁		1						
34岁								
35岁								
36岁		1						
37岁								
38岁								
39岁					1	1		
40岁								
41岁								
42岁						1		
43岁					1			
44岁								
45岁								
46岁								
47岁						1		
48岁								
49岁								
50岁								1
51岁						1		
52岁								
53岁								
54岁					1	1		
55岁		1						
56岁								

3-13 续表 2

单位：人

年 龄	遗传		母孕期病毒感染		传染性疾病		自身免疫缺陷性疾病	
	男	女	男	女	男	女	男	女
57岁								
58岁					1	1		
59岁		1			1	1		
60岁								
61岁								
62岁								
63岁						1		
64岁								
65岁								
66岁								
67岁	2	1						
68岁					1			
69岁								
70岁								
71岁								
72岁							1	
73岁								
74岁								
75岁								1
76岁								
77岁								
78岁								
79岁								
80岁						1		
81岁								
82岁								
83岁								
84岁								
85+								

3-13 续表 3

单位：人

年 龄	全身性疾病		中耳炎		老年性耳聋		早产和低体重	
	男	女	男	女	男	女	男	女
总 计	**20**	**12**	**32**	**50**	**155**	**166**		
0岁								
1岁								
2岁								
3岁								
4岁								
5岁								
6岁								
7岁								
8岁								
9岁								
10岁								
11岁								
12岁								
13岁								
14岁								
15岁								
16岁				1				
17岁								
18岁								
19岁								
20岁								
21岁								
22岁				1				
23岁			1					
24岁								
25岁								
26岁								
27岁			1	1				

3-13 续表 4

单位：人

年 龄	全身性疾病		中耳炎		老年性耳聋		早产和低体重	
	男	女	男	女	男	女	男	女
28岁								
29岁				1				
30岁								
31岁								
32岁								
33岁								
34岁								
35岁				2				
36岁			1					
37岁				1				
38岁				3				
39岁				2				
40岁			1	1				
41岁				1				
42岁				1				
43岁								
44岁			1					
45岁								
46岁				1				
47岁			1	2				
48岁			1					
49岁			2	1				
50岁				1				
51岁	1		1		1			
52岁	1			2		1		
53岁	1		2	1				
54岁		1	1		1	1		
55岁			1		2			
56岁			1		2	2		

3-13 续表 5

单位：人

年 龄	全身性疾病		中耳炎		老年性耳聋		早产和低体重	
	男	女	男	女	男	女	男	女
57岁				1	3	2		
58岁			2		2	1		
59岁	1	1	2	2	4	2		
60岁				1	4	2		
61岁			2	1	3	1		
62岁			2		5	2		
63岁	2	1	1	3	8	4		
64岁	3			1	5	1		
65岁	1		1	2	3	4		
66岁	2			1	3	6		
67岁		2	1	2	1	3		
68岁	1	1		1	8	8		
69岁				1	11	10		
70岁	1	1	1	2	7	10		
71岁	1	2		2	9	6		
72岁	2		2		7	7		
73岁		1		1	9	6		
74岁	2	1	1		5	9		
75岁			2	3	10	9		
76岁				1	4	8		
77岁				1	7	7		
78岁					7	9		
79岁					6	5		
80岁				1	4	8		
81岁					4	6		
82岁					1	4		
83岁					2	5		
84岁		1			1	3		
85+	1				6	14		

3-13 续表 6

单位：人

年龄	新生儿窒息		高胆红素血症		药物中毒		创伤或意外伤害	
	男	女	男	女	男	女	男	女
总计			**1**		**21**	**25**	**25**	**11**
0岁								
1岁								
2岁								1
3岁								
4岁								
5岁								
6岁							1	
7岁								
8岁								
9岁								
10岁					1			
11岁								
12岁						1		
13岁							1	
14岁								
15岁								
16岁								
17岁								
18岁					1			
19岁								
20岁								
21岁							1	
22岁							1	
23岁						1		
24岁								
25岁					2	1		
26岁								
27岁								

3-13 续表 7

单位：人

年 龄	新生儿窒息		高胆红素血症		药物中毒		创伤或意外伤害	
	男	女	男	女	男	女	男	女
28岁						2		
29岁								
30岁							1	1
31岁					1		1	
32岁								
33岁						2	1	
34岁								
35岁						1		1
36岁					1			
37岁						1		
38岁					1			
39岁						1		
40岁						1		
41岁					1	1		1
42岁						1	1	
43岁							1	
44岁							1	1
45岁								
46岁								
47岁						1		
48岁						1		
49岁						1		
50岁								
51岁							1	
52岁							1	
53岁							1	
54岁								
55岁						2		
56岁					1		1	

3-13 续表 8

单位：人

年 龄	新生儿窒息		高胆红素血症		药物中毒		创伤或意外伤害	
	男	女	男	女	男	女	男	女
57岁					1			2
58岁								
59岁								
60岁							1	1
61岁							1	
62岁								1
63岁						1	3	
64岁							2	
65岁								1
66岁					2			
67岁						2	1	
68岁								
69岁					3			
70岁					1	1	1	
71岁			1			1		1
72岁								
73岁						1		
74岁					2		1	
75岁						1		
76岁					1			
77岁					1			
78岁					1			
79岁								
80岁							1	
81岁								
82岁								
83岁								
84岁								
85+								

3-13 续表 9

单位：人

年龄	噪声和爆震		其他		原因不明	
	男	女	男	女	男	女
总计	**21**	**5**	**9**	**1**	**39**	**41**
0岁						
1岁						
2岁			1		1	1
3岁					1	
4岁						1
5岁						
6岁						
7岁						
8岁						
9岁						
10岁						
11岁						
12岁						
13岁						
14岁						
15岁						
16岁						
17岁						
18岁						
19岁						
20岁						
21岁						
22岁						
23岁						
24岁						
25岁						
26岁						
27岁					1	

3-13 续表 10

单位：人

年 龄	噪声和爆震		其他		原因不明	
	男	女	男	女	男	女
28岁						
29岁						1
30岁						
31岁						1
32岁						
33岁						1
34岁						
35岁						
36岁					1	
37岁						
38岁					1	
39岁					1	1
40岁						1
41岁	1				2	1
42岁					1	1
43岁						1
44岁			1		1	
45岁			1		1	
46岁						
47岁					1	
48岁						
49岁		1				
50岁					1	2
51岁	1				1	1
52岁						
53岁	1	1			1	2
54岁	1				2	2
55岁			1			3
56岁					1	1

3-13 续表 11

单位：人

年龄	噪声和爆震		其他		原因不明	
	男	女	男	女	男	女
57岁					1	1
58岁					1	
59岁	3				1	2
60岁					2	2
61岁	1				1	1
62岁					1	2
63岁	1					2
64岁			1		2	
65岁		2	1			2
66岁	1				1	1
67岁		1				
68岁						1
69岁					1	1
70岁	1		1		1	
71岁					1	
72岁	2		1	1	1	2
73岁	1				3	1
74岁	1					
75岁	2					
76岁	1					1
77岁	1				1	
78岁	1				1	
79岁	1					
80岁						
81岁					1	1
82岁			1			
83岁						
84岁					1	
85+						

3-14 言语残疾(含多重)人分年龄、性别的主要致残原因

单位：人

年 龄	唐氏综合症		脑性瘫痪		新生儿病理性黄疸		早产、低体重和过期产		腭裂	
	男	女	男	女	男	女	男	女	男	女
总 计			**9**	**3**	**1**		**1**		**6**	**7**
0岁										
1岁										
2岁										
3岁										1
4岁				1						
5岁				1						
6岁			1				1			1
7岁			1							2
8岁										
9岁										
10岁										
11岁										
12岁										
13岁			1							
14岁			1							
15岁										
16岁									1	
17岁										
18岁			1							
19岁										
20岁			1		1					
21岁										
22岁										
23岁										
24岁									1	
25岁										
26岁				1						
27岁										

3-14 续表 1

单位：人

年 龄	唐氏综合症		脑性瘫痪		新生儿病理性黄疸		早产、低体重和过期产		腭裂	
	男	女	男	女	男	女	男	女	男	女
28岁										1
29岁										
30岁										
31岁										
32岁										1
33岁										
34岁										
35岁										
36岁										
37岁										
38岁									1	
39岁										
40岁									1	
41岁									1	
42岁										
43岁									1	
44岁										
45岁										1
46岁										
47岁										
48岁										
49岁										
50岁										
51岁			1							
52岁										
53岁			1							
54岁										
55岁										
56岁										

3-14　续表 2

单位：人

年　龄	唐氏综合症		脑性瘫痪		新生儿病理性黄疸		早产、低体重和过期产		腭裂	
	男	女	男	女	男	女	男	女	男	女
57岁										
58岁										
59岁										
60岁										
61岁										
62岁										
63岁										
64岁										
65岁										
66岁										
67岁										
68岁										
69岁										
70岁										
71岁										
72岁										
73岁										
74岁										
75岁										
76岁										
77岁										
78岁										
79岁										
80岁										
81岁										
82岁										
83岁										
84岁										
85+										

3-14 续表 3

单位：人

年　龄	智力低下		脑梗死		脑出血		脑炎	
	男	女	男	女	男	女	男	女
总　计	**5**	**5**	**1**	**1**	**3**	**3**	**5**	**2**
0岁								
1岁								
2岁								
3岁	1	1						
4岁								
5岁								
6岁								
7岁								
8岁								
9岁								
10岁								
11岁								
12岁								
13岁	1							
14岁								
15岁								
16岁								
17岁								
18岁								
19岁								
20岁		1						
21岁								
22岁								
23岁								
24岁		1						
25岁								
26岁								
27岁								

3-14 续表 4

单位：人

年龄	智力低下		脑梗死		脑出血		脑炎	
	男	女	男	女	男	女	男	女
28岁	1							1
29岁								
30岁								
31岁								
32岁								
33岁							1	
34岁								
35岁								
36岁								
37岁							1	
38岁	1							
39岁								
40岁		1						
41岁								
42岁								
43岁								
44岁	1							
45岁								
46岁								
47岁								
48岁								
49岁								
50岁					1			
51岁								
52岁						1		
53岁					1			
54岁							1	
55岁								
56岁								

3-14 续表 5

单位：人

年龄	智力低下		脑梗死		脑出血		脑炎	
	男	女	男	女	男	女	男	女
57岁								
58岁							1	
59岁						1	1	1
60岁								
61岁								
62岁		1						
63岁								
64岁								
65岁								
66岁					1			
67岁								
68岁								
69岁								
70岁								
71岁								
72岁						1		
73岁								
74岁			1					
75岁				1				
76岁								
77岁								
78岁								
79岁								
80岁								
81岁								
82岁								
83岁								
84岁								
85+								

3-14 续表 6

单位：人

年 龄	脑囊虫病		喉、舌疾病术后		听力障碍		帕金森氏病		多发性硬化	
	男	女	男	女	男	女	男	女	男	女
总 计			**1**		**15**	**25**	**1**			
0岁										
1岁										
2岁										
3岁					1					
4岁						1				
5岁										
6岁					1					
7岁										
8岁										
9岁										
10岁										
11岁										
12岁						1				
13岁										
14岁										
15岁										
16岁										
17岁										
18岁					1					
19岁										
20岁										
21岁					1					
22岁										
23岁						1				
24岁										
25岁					2	1				
26岁										
27岁										

3-14 续表 7

单位：人

年 龄	脑囊虫病		喉、舌疾病术后		听力障碍		帕金森氏病		多发性硬化	
	男	女	男	女	男	女	男	女	男	女
28岁						1				
29岁						1				
30岁										
31岁					1	1				
32岁										
33岁						1				
34岁										
35岁										
36岁					2					
37岁										
38岁										
39岁					1	2				
40岁						1				
41岁						2				
42岁						2				
43岁										
44岁										
45岁					1					
46岁										
47岁						1				
48岁										
49岁										
50岁						1				
51岁										
52岁										
53岁					1	1				
54岁						2				
55岁						2				
56岁										

3-14 续表 8

单位：人

年龄	脑囊虫病		喉、舌疾病术后		听力障碍		帕金森氏病		多发性硬化	
	男	女	男	女	男	女	男	女	男	女
57岁										
58岁					1					
59岁						1				
60岁										
61岁										
62岁										
63岁					1	1				
64岁										
65岁							1			
66岁										
67岁										
68岁										
69岁										
70岁										
71岁			1							
72岁						1				
73岁										
74岁										
75岁										
76岁										
77岁					1					
78岁										
79岁										
80岁										
81岁										
82岁										
83岁										
84岁										
85+										

3-14 续表 9

单位：人

年 龄	脊髓侧索硬化		脑外伤		产伤		孤独症	
	男	女	男	女	男	女	男	女
总 计				**3**				**1**
0岁								
1岁								
2岁								
3岁								1
4岁								
5岁								
6岁								
7岁								
8岁								
9岁								
10岁								
11岁								
12岁								
13岁								
14岁								
15岁								
16岁								
17岁								
18岁								
19岁								
20岁								
21岁								
22岁								
23岁								
24岁								
25岁								
26岁								
27岁								

3-14 续表 10

单位：人

年 龄	脊髓侧索硬化		脑外伤		产伤		孤独症	
	男	女	男	女	男	女	男	女
28岁								
29岁								
30岁								
31岁								
32岁								
33岁								
34岁								
35岁								
36岁								
37岁								
38岁								
39岁				1				
40岁								
41岁				1				
42岁								
43岁								
44岁								
45岁								
46岁								
47岁								
48岁								
49岁								
50岁								
51岁								
52岁								
53岁								
54岁								
55岁								
56岁								

3-14 续表 11

单位：人

年 龄	脊髓侧索硬化		脑外伤		产伤		孤独症	
	男	女	男	女	男	女	男	女
57岁								
58岁								
59岁								
60岁								
61岁								
62岁				1				
63岁								
64岁								
65岁								
66岁								
67岁								
68岁								
69岁								
70岁								
71岁								
72岁								
73岁								
74岁								
75岁								
76岁								
77岁								
78岁								
79岁								
80岁								
81岁								
82岁								
83岁								
84岁								
85+								

3-14 续表 12

单位：人

年龄	癫痫		CO中毒		其他		原因不明	
	男	女	男	女	男	女	男	女
总计	**3**		**1**		**7**	**13**	**15**	**8**
0岁								
1岁								
2岁								
3岁							2	
4岁						1	2	
5岁					1			
6岁						1		1
7岁						1		
8岁							1	
9岁							1	
10岁							1	
11岁							1	
12岁							1	
13岁								1
14岁								1
15岁								
16岁					1			
17岁	1							
18岁						1		
19岁								
20岁								
21岁								
22岁					1			1
23岁					1			
24岁								
25岁						1		
26岁								
27岁								

3-14 续表 13

单位：人

年 龄	癫痫		CO中毒		其他		原因不明	
	男	女	男	女	男	女	男	女
28岁	1					1		
29岁					1			1
30岁						2		
31岁						1		
32岁					1			
33岁								
34岁								
35岁								
36岁								
37岁								1
38岁						1		
39岁							1	
40岁							1	
41岁			1					
42岁								
43岁								
44岁	1							
45岁								
46岁								
47岁								
48岁								
49岁								
50岁								
51岁							1	
52岁								
53岁								1
54岁								
55岁					1	1		
56岁								

3-14 续表 14

单位：人

年 龄	癫痫		CO中毒		其他		原因不明	
	男	女	男	女	男	女	男	女
57岁								1
58岁							1	
59岁								
60岁								
61岁								
62岁								
63岁								
64岁							1	
65岁						1		
66岁								
67岁							1	
68岁								
69岁								
70岁								
71岁								
72岁								
73岁								
74岁								
75岁								
76岁						1		
77岁								
78岁								
79岁								
80岁								
81岁								
82岁								
83岁								
84岁								
85+								

3－15 肢体残疾(含多重)人分年龄、性别的主要致残原因

单位：人

年 龄	脑性瘫痪		发育畸形		侏儒症		其他先天性或发育障碍	
	男	女	男	女	男	女	男	女
总 计	**12**	**8**	**12**	**11**		**4**	**9**	**5**
0岁								
1岁	1		1					
2岁	1	1						
3岁								
4岁		2						
5岁		1		1			1	
6岁	1							
7岁	1	1	1	1				
8岁								
9岁								
10岁	1						1	
11岁								
12岁		1					1	
13岁	1		2					
14岁			1					
15岁								
16岁		1	1	1				
17岁								
18岁	1					1	1	
19岁								
20岁	1			1				
21岁								
22岁								
23岁	1						1	
24岁			1					
25岁				1				
26岁		1						1
27岁								

3－15 续表 1

单位：人

年龄	脑性瘫痪		发育畸形		侏儒症		其他先天性或发育障碍	
	男	女	男	女	男	女	男	女
28岁								
29岁			1					
30岁								
31岁								1
32岁			1					
33岁								
34岁								
35岁						1	1	
36岁								
37岁			1			1		
38岁	1							1
39岁				2				
40岁							1	
41岁								
42岁			1					
43岁	1						1	
44岁								
45岁								
46岁								
47岁								
48岁							1	
49岁				1				
50岁								
51岁	1			1		1		
52岁								
53岁								
54岁								
55岁								
56岁								

3－15 续表 2

单位：人

年 龄	脑性瘫痪		发育畸形		侏儒症		其他先天性或发育障碍	
	男	女	男	女	男	女	男	女
57岁								
58岁								1
59岁								1
60岁								
61岁			1					
62岁								
63岁								
64岁				1				
65岁								
66岁								
67岁								
68岁								
69岁								
70岁								
71岁								
72岁								
73岁								
74岁								
75岁								
76岁								
77岁								
78岁								
79岁								
80岁								
81岁								
82岁								
83岁				1				
84岁								
85+								

3－15　续表 3

单位：人

年　龄	脊髓灰质炎		脑血管疾病		周围血管疾病		肿瘤	
	男	女	男	女	男	女	男	女
总　计	**14**	**17**	**30**	**29**	**3**	**7**	**1**	
0岁								
1岁								
2岁								
3岁								
4岁								
5岁								
6岁								
7岁								
8岁								
9岁								
10岁								
11岁								
12岁								
13岁								
14岁								
15岁		1						
16岁								
17岁								
18岁								
19岁								
20岁				1				
21岁								
22岁								
23岁		1						
24岁								
25岁		1						
26岁		1						
27岁								

3－15 续表 4

单位：人

年 龄	脊髓灰质炎		脑血管疾病		周围血管疾病		肿瘤	
	男	女	男	女	男	女	男	女
28岁				1				
29岁	1			1				
30岁		1						
31岁								
32岁		1						
33岁								
34岁								
35岁			1					
36岁								
37岁	2	2						
38岁								
39岁	1							
40岁	2	1						
41岁			1					
42岁	2							
43岁	1	2			1			
44岁	1							
45岁								
46岁						1		
47岁	2	2	1					
48岁	1	1						
49岁			1			1		
50岁			1					
51岁		1	1					
52岁								
53岁		1	2	1				
54岁			2					
55岁								
56岁		1		1		1		

3－15 续表 5

单位：人

年 龄	脊髓灰质炎		脑血管疾病		周围血管疾病		肿瘤	
	男	女	男	女	男	女	男	女
57岁				1			1	
58岁				1				
59岁				2				
60岁			1	1				
61岁			1	1				
62岁			2					
63岁			1	1				
64岁			1	3	1			
65岁			1	1				
66岁			2					
67岁				1				
68岁			2	1		1		
69岁			1					
70岁			3					
71岁								
72岁			1	4				
73岁			1					
74岁	1		1	2				
75岁			1	4	1			
76岁						1		
77岁						1		
78岁								
79岁								
80岁				1				
81岁			1					
82岁								
83岁								
84岁								
85+						1		

3－15 续表 6

单位：人

年 龄	骨关节病		地方病		脊髓疾病		工伤	
	男	女	男	女	男	女	男	女
总 计	**52**	**129**	**1**		**6**	**5**	**11**	**2**
0岁								
1岁								
2岁								
3岁								
4岁								
5岁								
6岁								
7岁								
8岁								
9岁								
10岁								
11岁								
12岁								
13岁								
14岁								
15岁								
16岁								
17岁					1			
18岁								
19岁								
20岁					1			
21岁								
22岁								
23岁								
24岁								
25岁								
26岁		1						
27岁								

3－15 续表 7

单位：人

年 龄	骨关节病		地方病		脊髓疾病		工伤	
	男	女	男	女	男	女	男	女
28岁								
29岁					1			
30岁								
31岁								
32岁		1						
33岁	1							
34岁	1	1						1
35岁								
36岁							1	
37岁	1				1			
38岁		1						
39岁		2				1		
40岁	1	1			1			
41岁	1	1					1	
42岁	1							
43岁	1	1						
44岁	1							
45岁		1						
46岁		3						
47岁	3							
48岁								
49岁		2						
50岁	1	1					2	
51岁		5						
52岁		4					1	
53岁		4						
54岁	1		1				1	
55岁	2	1						1
56岁	1	6						

3－15 续表 8

单位：人

年龄	骨关节病		地方病		脊髓疾病		工伤	
	男	女	男	女	男	女	男	女
57岁	3	6					1	
58岁		2						
59岁	2	1						
60岁	1	2						
61岁	2	4				1		
62岁		4			1			
63岁	1	4						
64岁	2	4						
65岁	2	4						
66岁	1	3						
67岁	2	5						
68岁	4	7						
69岁	3	2						
70岁	1	2				1		
71岁		4						
72岁		5					1	
73岁	2	2				1		
74岁	3	5						
75岁	2	4				1	3	
76岁		5						
77岁		2						
78岁	1	2						
79岁		1						
80岁	2	4						
81岁	1	2						
82岁								
83岁		1						
84岁	1							
85+		6						

3－15 续表 9

单位：人

年 龄	交通事故		脊髓损伤		脑外伤		其他外伤		结核性感染	
	男	女	男	女	男	女	男	女	男	女
总 计	**25**	**8**	**3**	**2**	**2**		**71**	**42**	**9**	**9**
0岁										
1岁										
2岁										
3岁										
4岁										
5岁								1		
6岁										
7岁										
8岁										
9岁										
10岁	1									
11岁										
12岁							1			
13岁	1							1		
14岁		1								
15岁							1			
16岁										
17岁	1									
18岁										
19岁										
20岁							1			
21岁										
22岁										
23岁							2			
24岁							1			
25岁							1		1	
26岁	1									1
27岁	1									

3－15　续表 10

单位：人

年　龄	交通事故		脊髓损伤		脑外伤		其他外伤		结核性感染	
	男	女	男	女	男	女	男	女	男	女
28岁			1				1			
29岁							3			
30岁	1									
31岁	2		1							
32岁	1							1		1
33岁								1		
34岁								1	1	
35岁							2			1
36岁										1
37岁							4	1		
38岁	1	1								
39岁							2	1		
40岁					1		2	1		1
41岁							3	1		
42岁	1						1			
43岁	1		1				2			
44岁							4	1	1	
45岁							1			
46岁	1							2		
47岁	1						1	1		
48岁					1		2	4	1	
49岁								1	1	
50岁							1	1	1	
51岁							1			
52岁								1		1
53岁		1		1			3	1		
54岁	3						2	1		
55岁							1	1		1
56岁							2		2	

3－15　续表 11

单位：人

年　龄	交通事故		脊髓损伤		脑外伤		其他外伤		结核性感染	
	男	女	男	女	男	女	男	女	男	女
57岁								3		
58岁	1						1	1		
59岁							2			
60岁							1			
61岁	1	1					3			
62岁							2	2		
63岁	1						2			
64岁				1			1			
65岁	1							1		
66岁	1	1					1			
67岁							1		1	
68岁								1		
69岁										
70岁							1	1		
71岁							2			
72岁	1	1					2	1		
73岁							1	3		1
74岁							1	1		
75岁										
76岁										
77岁										
78岁		1					2			1
79岁	1							1		
80岁							1	1		
81岁		1					1			
82岁								1		
83岁										
84岁							1			
85+								2		

3-15 续表 12

单位：人

年 龄	化脓性感染		中毒		其他		原因不明	
	男	女	男	女	男	女	男	女
总 计	**6**	**3**			**15**	**23**	**5**	**6**
0岁								
1岁								
2岁								
3岁								
4岁								
5岁								
6岁					1			
7岁								
8岁								
9岁								
10岁							1	
11岁					1			
12岁						1		
13岁		1						
14岁	1							
15岁								
16岁								
17岁								
18岁								
19岁								
20岁								
21岁								
22岁		1						
23岁						1		
24岁								
25岁					1	1		
26岁								
27岁	1				2			

3－15 续表 13

单位：人

年龄	化脓性感染		中毒		其他		原因不明	
	男	女	男	女	男	女	男	女
28岁					1	1		1
29岁								
30岁						1	1	
31岁								
32岁								
33岁					1			
34岁						1		
35岁								
36岁		1				1		
37岁								
38岁								
39岁								
40岁								
41岁								
42岁						1		
43岁								
44岁								1
45岁						1		
46岁								
47岁	1							
48岁						1		1
49岁	1							
50岁								
51岁	1							1
52岁								
53岁					1			
54岁								
55岁						1		
56岁								

3－15 续表 14

单位：人

年 龄	化脓性感染		中毒		其他		原因不明	
	男	女	男	女	男	女	男	女
57岁								
58岁					1	1		
59岁								
60岁								
61岁								
62岁					1			
63岁						1		
64岁						1	1	
65岁					1			
66岁								
67岁						2		
68岁	1				1		1	1
69岁						1		
70岁					1			
71岁								
72岁					1	1		
73岁								1
74岁								
75岁								
76岁								
77岁								
78岁						1		
79岁								
80岁					1			
81岁								
82岁						1		
83岁						2		
84岁								
85+						1	1	

3－16　智力残疾(含多重)人分年龄、性别的主要致残原因

单位：人

年　龄	遗传		脑疾病		内分泌障碍		惊厥性疾病		新生儿窒息	
	男	女	男	女	男	女	男	女	男	女
总　计	**7**	**9**	**32**	**25**		**1**	**5**	**6**	**1**	**1**
0岁										
1岁	1		2	1						
2岁		1	2	1				1		
3岁			1							
4岁	1			2						
5岁				1			1			
6岁	1	1	1					1	1	
7岁			2					1		1
8岁										
9岁										
10岁			2				1			
11岁										
12岁				1						
13岁		1								
14岁				1						
15岁							1			
16岁	1		2							
17岁			1							
18岁			1					1		
19岁										
20岁										
21岁								1		
22岁	1	1								
23岁										
24岁										
25岁	1	1		1						
26岁				1						
27岁			1	1						

3－16 续表 1

单位：人

年龄	遗传		脑疾病		内分泌障碍		惊厥性疾病		新生儿窒息	
	男	女	男	女	男	女	男	女	男	女
28岁			1	3						
29岁										
30岁										
31岁			2	1						
32岁			1				1			
33岁			1	1						
34岁				1						
35岁										
36岁		1						1		
37岁			1							
38岁			2	1						
39岁				1						
40岁				1						
41岁		1	1							
42岁										
43岁			1							
44岁							1			
45岁										
46岁										
47岁										
48岁										
49岁				2						
50岁										
51岁			1							
52岁			1	1						
53岁	1		1							
54岁				1						
55岁		1		1						
56岁			1							

3－16 续表 2

单位：人

年 龄	遗传		脑疾病		内分泌障碍		惊厥性疾病		新生儿窒息	
	男	女	男	女	男	女	男	女	男	女
57岁										
58岁										
59岁										
60岁										
61岁										
62岁						1				
63岁										
64岁			1							
65岁										
66岁										
67岁										
68岁			1							
69岁										
70岁				1						
71岁										
72岁										
73岁										
74岁										
75岁			1							
76岁		1								
77岁										
78岁										
79岁										
80岁										
81岁										
82岁										
83岁										
84岁										
85+										

3－16 续表 3

单位：人

年 龄	早产、低体重和过期产		发育畸形		营养不良		母孕期外伤及物理伤害	
	男	女	男	女	男	女	男	女
总 计	**4**	**1**	**2**	**4**	**6**			**1**
0岁	1							
1岁					1			
2岁								1
3岁								
4岁								
5岁								
6岁	1			1				
7岁								
8岁								
9岁								
10岁								
11岁								
12岁				1				
13岁								
14岁	1		1					
15岁								
16岁		1						
17岁								
18岁								
19岁								
20岁								
21岁								
22岁								
23岁								
24岁								
25岁								
26岁								
27岁								

3－16 续表 4

单位：人

年 龄	早产、低体重和过期产		发育畸形		营养不良		母孕期外伤及物理伤害	
	男	女	男	女	男	女	男	女
28岁					1			
29岁								
30岁								
31岁								
32岁					1			
33岁								
34岁	1				1			
35岁								
36岁								
37岁				1				
38岁					1			
39岁			1					
40岁								
41岁								
42岁								
43岁								
44岁								
45岁								
46岁								
47岁								
48岁								
49岁								
50岁								
51岁								
52岁								
53岁								
54岁								
55岁								
56岁								

3－16　续表 5

单位：人

年　龄	早产、低体重和过期产		发育畸形		营养不良		母孕期外伤及物理伤害	
	男	女	男	女	男	女	男	女
57岁								
58岁								
59岁								
60岁								
61岁				1				
62岁								
63岁								
64岁								
65岁								
66岁								
67岁								
68岁								
69岁								
70岁								
71岁								
72岁								
73岁								
74岁								
75岁					1			
76岁								
77岁								
78岁								
79岁								
80岁								
81岁								
82岁								
83岁								
84岁								
85+								

3－16 续表 6

单位：人

年龄	产伤		工伤		交通事故		其他外伤	
	男	女	男	女	男	女	男	女
总计					**1**		**1**	**6**
0岁								
1岁								
2岁								
3岁								
4岁								
5岁							1	
6岁								
7岁								
8岁								
9岁								
10岁								
11岁								
12岁								1
13岁								
14岁								
15岁								
16岁								
17岁								
18岁								
19岁								
20岁								
21岁								
22岁								
23岁								
24岁								
25岁								
26岁								
27岁								

3－16 续表 7

单位：人

年 龄	产伤		工伤		交通事故		其他外伤	
	男	女	男	女	男	女	男	女
28岁								
29岁								1
30岁								
31岁								
32岁								
33岁								
34岁								1
35岁					1			
36岁								
37岁								
38岁								
39岁								1
40岁								
41岁								
42岁								
43岁								
44岁								
45岁								
46岁								
47岁								
48岁								
49岁								
50岁								
51岁								
52岁								
53岁								
54岁								
55岁								
56岁								

3－16 续表 8

单位：人

年 龄	产伤		工伤		交通事故		其他外伤	
	男	女	男	女	男	女	男	女
57岁								
58岁								
59岁								
60岁								
61岁								
62岁								1
63岁								
64岁								
65岁								
66岁								
67岁								
68岁								
69岁								
70岁								
71岁								
72岁								
73岁								
74岁								
75岁								
76岁								
77岁								
78岁								
79岁								
80岁								
81岁								
82岁								
83岁								
84岁								
85+								

3－16 续表 9

单位：人

年龄	中毒与过敏反应		不良社会文化因素		其他		原因不明	
	男	女	男	女	男	女	男	女
总计	**1**	**1**	**2**	**1**	**2**	**13**	**32**	**31**
0岁								
1岁							1	1
2岁			1				2	1
3岁			1				2	
4岁						1	1	2
5岁								2
6岁							3	4
7岁								
8岁								2
9岁							1	2
10岁							3	
11岁							1	
12岁							2	
13岁					1	1		1
14岁							1	1
15岁							1	
16岁						1	2	
17岁							1	1
18岁								
19岁								
20岁							1	1
21岁							1	
22岁								2
23岁							1	
24岁						1		1
25岁	1					1		
26岁						1		
27岁								1

3－16 续表 10

单位：人

年 龄	中毒与过敏反应		不良社会文化因素		其他		原因不明	
	男	女	男	女	男	女	男	女
28岁						1		
29岁				1			1	
30岁						2		
31岁							2	
32岁					1			1
33岁								
34岁		1						
35岁								
36岁								1
37岁							1	1
38岁								
39岁							1	
40岁							2	
41岁								
42岁								1
43岁						1		
44岁								
45岁								
46岁						1		
47岁								
48岁								
49岁								
50岁								
51岁								
52岁								
53岁								
54岁								
55岁						1		1
56岁								

3－16 续表 11

单位：人

年　龄	中毒与过敏反应		不良社会文化因素		其他		原因不明	
	男	女	男	女	男	女	男	女
57岁								1
58岁								
59岁								1
60岁								
61岁								1
62岁								
63岁								
64岁						1		
65岁								
66岁								
67岁								1
68岁								
69岁								
70岁								
71岁								
72岁							1	
73岁								
74岁								
75岁								
76岁								
77岁								
78岁								
79岁								
80岁								
81岁								
82岁								
83岁								
84岁								
85+								

3－17　精神残疾(含多重)人分年龄、性别的主要致残原因

单位：人

年　龄	痴呆		其他器质性精神障碍		使用精神活性物质所致的障碍		精神分裂症	
	男	女	男	女	男	女	男	女
总　计	**11**	**10**	**9**	**11**	**3**	**1**	**28**	**16**
0岁								
1岁				1				
2岁								
3岁								
4岁				2				
5岁			1	1				
6岁								
7岁	1							
8岁								
9岁				1				
10岁	1							
11岁								
12岁		1						
13岁		1						
14岁								
15岁								
16岁							1	
17岁			1					
18岁				1				
19岁								
20岁							1	
21岁								1
22岁								
23岁							2	
24岁				1				
25岁							1	
26岁				1				
27岁			1				1	

3－17 续表 1

单位：人

年龄	痴呆		其他器质性精神障碍		使用精神活性物质所致的障碍		精神分裂症	
	男	女	男	女	男	女	男	女
28岁							2	
29岁	1							
30岁							1	1
31岁			1				2	
32岁							1	
33岁			1				1	
34岁								
35岁								1
36岁				1				2
37岁							1	1
38岁			1				2	
39岁							2	
40岁				1				
41岁							1	
42岁		1				1	1	
43岁							1	1
44岁			1					
45岁								
46岁								1
47岁								
48岁								
49岁		1	1					
50岁							1	
51岁	1						1	
52岁							1	
53岁								
54岁					1			2
55岁				1				2
56岁							1	1

3－17 续表 2

单位：人

年 龄	痴呆		其他器质性精神障碍		使用精神活性物质所致的障碍		精神分裂症	
	男	女	男	女	男	女	男	女
57岁							1	
58岁		1						1
59岁	1							
60岁								1
61岁								
62岁		1						
63岁					1			1
64岁	1	1						
65岁		1					1	
66岁								
67岁								
68岁	1		1					
69岁	1							
70岁								
71岁					1			
72岁							1	
73岁	1							
74岁	1	1						
75岁		1						
76岁								
77岁								
78岁								
79岁								
80岁	1							
81岁								
82岁								
83岁								
84岁								
85+								

3－17　续表 3

单位：人

年　龄	妄想性障碍		分裂情感性障碍		其他精神病性障碍		心境障碍	
	男	女	男	女	男	女	男	女
总　计							**5**	**5**
0岁								
1岁								
2岁								
3岁								
4岁								
5岁								
6岁								
7岁								
8岁								
9岁								1
10岁								
11岁								
12岁								
13岁								
14岁								
15岁								
16岁								
17岁								
18岁								1
19岁								
20岁								
21岁								
22岁								
23岁							1	
24岁								
25岁								
26岁								
27岁								

3－17　续表 4

单位：人

年　龄	妄想性障碍		分裂情感性障碍		其他精神病性障碍		心境障碍	
	男	女	男	女	男	女	男	女
28岁								
29岁								
30岁								
31岁								
32岁								
33岁								
34岁								
35岁								
36岁								
37岁								
38岁								
39岁								
40岁								1
41岁								
42岁								
43岁								
44岁								
45岁								
46岁								
47岁								
48岁								1
49岁								
50岁								
51岁								1
52岁								
53岁								
54岁								
55岁							1	
56岁							1	

3－17 续表 5

单位：人

年 龄	妄想性障碍		分裂情感性障碍		其他精神病性障碍		心境障碍	
	男	女	男	女	男	女	男	女
57岁								
58岁								
59岁								
60岁							1	
61岁								
62岁							1	
63岁								
64岁								
65岁								
66岁								
67岁								
68岁								
69岁								
70岁								
71岁								
72岁								
73岁								
74岁								
75岁								
76岁								
77岁								
78岁								
79岁								
80岁								
81岁								
82岁								
83岁								
84岁								
85+								

3－17　续表 6

单位：人

年龄	神经症性障碍		行为综合症		人格障碍		孤独症	
	男	女	男	女	男	女	男	女
总　计	**2**	**3**	**1**	**1**	**1**		**3**	**2**
0岁								
1岁							1	
2岁								
3岁								2
4岁								
5岁								
6岁								
7岁								
8岁								
9岁								
10岁							1	
11岁								
12岁								
13岁								
14岁								
15岁								
16岁			1					
17岁								
18岁								
19岁								
20岁								
21岁								
22岁								
23岁								
24岁								
25岁								
26岁								
27岁								

3－17 续表 7

单位：人

年 龄	神经症性障碍		行为综合症		人格障碍		孤独症	
	男	女	男	女	男	女	男	女
28岁								
29岁								
30岁					1			
31岁								
32岁								
33岁								
34岁								
35岁								
36岁								
37岁								
38岁								
39岁								
40岁								
41岁								
42岁	1	1						
43岁								
44岁								
45岁								
46岁								
47岁								
48岁								
49岁								
50岁		1						
51岁								
52岁								
53岁								
54岁		1						
55岁								
56岁	1			1				

3－17 续表 8

单位：人

年 龄	神经症性障碍		行为综合症		人格障碍		孤独症	
	男	女	男	女	男	女	男	女
57岁								
58岁								
59岁								
60岁								
61岁								
62岁								
63岁								
64岁								
65岁								
66岁								
67岁								
68岁								
69岁								
70岁								
71岁								
72岁								
73岁								
74岁								
75岁								
76岁								
77岁								
78岁								
79岁								
80岁								
81岁								
82岁								
83岁								
84岁								
85+								

3－17 续表 9

单位：人

年龄	癫痫		其他		原因不明	
	男	女	男	女	男	女
总　计	**7**	**10**	**3**	**2**		
0岁						
1岁						
2岁				2		
3岁		1				
4岁						
5岁						
6岁						
7岁			1			
8岁						
9岁						
10岁						
11岁						
12岁						
13岁	2					
14岁			1			
15岁			1			
16岁						
17岁	1					
18岁						
19岁						
20岁						
21岁						
22岁		1				
23岁						
24岁		1				
25岁						
26岁						
27岁						

3－17 续表 10

单位：人

年 龄	癫痫		其他		原因不明	
	男	女	男	女	男	女
28岁	1	1				
29岁						
30岁						
31岁	1					
32岁						
33岁		1				
34岁						
35岁						
36岁		1				
37岁						
38岁						
39岁						
40岁	1	2				
41岁		1				
42岁						
43岁	1	1				
44岁						
45岁						
46岁						
47岁						
48岁						
49岁						
50岁						
51岁						
52岁						
53岁						
54岁						
55岁						
56岁						

3-17 续表 11

单位：人

年龄	癫痫		其他		原因不明	
	男	女	男	女	男	女
57岁						
58岁						
59岁						
60岁						
61岁						
62岁						
63岁						
64岁						
65岁						
66岁						
67岁						
68岁						
69岁						
70岁						
71岁						
72岁						
73岁						
74岁						
75岁						
76岁						
77岁						
78岁						
79岁						
80岁						
81岁						
82岁						
83岁						
84岁						
85+						

第四部分　残疾人的活动和参与、义务教育、社会保障、接受服务及主要需求

4－1　各地区18岁及以上视力残疾人分残疾等级的生活自理状况

单位：人

地　区	无障碍/无适用				轻度障碍			
	残疾一级	残疾二级	残疾三级	残疾四级	残疾一级	残疾二级	残疾三级	残疾四级
总　计	**2**	**5**	**6**	**64**	**6**	**16**	**2**	**65**
西宁市城中区		1		8		2		7
西宁市城西区				1			1	5
西宁市大通县			1	3	1	8		10
西宁市湟中县								9
海东地区民和县	1	2	2	14	2	1		8
海东地区化隆县	1	2	3	37	3	2		6
海北州刚察县								6
黄南州同仁县				1		3	1	14

4－1　续表 1

单位：人

地　区	中度障碍				重度障碍			
	残疾一级	残疾二级	残疾三级	残疾四级	残疾一级	残疾二级	残疾三级	残疾四级
总　计	**9**	**5**	**3**	**22**	**12**	**4**	**7**	**6**
西宁市城中区	2	2	1					
西宁市城西区					4			1
西宁市大通县	2		1	2	3			1
西宁市湟中县		1			1	2	1	
海东地区民和县	2				1			
海东地区化隆县		1			1			
海北州刚察县		1		16		1	5	3
黄南州同仁县	3		1	4	2	1	1	1

4－1 续表 2

单位：人

地　　区	极重度障碍/不能完成			
	残疾一级	残疾二级	残疾三级	残疾四级
总　　计	**27**		**1**	
西宁市城中区	3			
西宁市城西区	2			
西宁市大通县	1			
西宁市湟中县	10			
海东地区民和县	2			
海东地区化隆县	4			
海北州刚察县	5		1	
黄南州同仁县				

4－2　各地区18岁及以上视力残疾人分残疾等级的生活活动状况

单位：人

地　　区	无障碍/无适用				轻度障碍			
	残疾一级	残疾二级	残疾三级	残疾四级	残疾一级	残疾二级	残疾三级	残疾四级
总　　计	**1**			**4**	**1**	**7**	**3**	**51**
西宁市城中区				1		1		5
西宁市城西区							1	1
西宁市大通县				1		4		10
西宁市湟中县								9
海东地区民和县				2	1	2	2	16
海东地区化隆县	1							8
海北州刚察县								1
黄南州同仁县								1

4－2 续表 1

单位：人

地　区	中度障碍				重度障碍			
	残疾一级	残疾二级	残疾三级	残疾四级	残疾一级	残疾二级	残疾三级	残疾四级
总　计	**4**	**6**	**2**	**41**	**12**	**12**	**8**	**48**
西宁市城中区		1		8	2	3	1	1
西宁市城西区				3	1			3
西宁市大通县	2	3	1	5	5	1	1	
西宁市湟中县		1			3	2	1	
海东地区民和县	2	1		3				1
海东地区化隆县				12	1	2	2	17
海北州刚察县				6		1	2	16
黄南州同仁县			1	4		3	1	10

4－2 续表 2

单位：人

地　区	极重度障碍/不能完成			
	残疾一级	残疾二级	残疾三级	残疾四级
总　计	**38**	**5**	**6**	**13**
西宁市城中区	3			
西宁市城西区	5			
西宁市大通县				
西宁市湟中县	8			
海东地区民和县	5			
海东地区化隆县	7	3	1	6
海北州刚察县	5	1	4	2
黄南州同仁县	5	1	1	5

4-3 各地区18岁及以上视力残疾人分残疾等级的社会参与状况

单位：人

地　区	无障碍/无适用				轻度障碍			
	残疾一级	残疾二级	残疾三级	残疾四级	残疾一级	残疾二级	残疾三级	残疾四级
总　计	**1**			**3**	**1**	**5**	**4**	**54**
西宁市城中区				1		1	1	5
西宁市城西区							1	1
西宁市大通县				1		2		8
西宁市湟中县					1	1		9
海东地区民和县				1			2	16
海东地区化隆县	1					1		13
海北州刚察县								
黄南州同仁县								2

4-3 续表 1

单位：人

地　区	中度障碍				重度障碍			
	残疾一级	残疾二级	残疾三级	残疾四级	残疾一级	残疾二级	残疾三级	残疾四级
总　计	**5**	**13**	**2**	**53**	**23**	**10**	**8**	**40**
西宁市城中区	1	3		9	1	1		
西宁市城西区				2				4
西宁市大通县		3	1	6	6	3	1	1
西宁市湟中县		2			9		1	
海东地区民和县	3	2		4	1	1		1
海东地区化隆县		1		15	2	2	2	14
海北州刚察县				5		1	2	15
黄南州同仁县	1	2	1	12	4	2	2	5

4-3 续表 2

单位：人

地 区	极重度障碍/不能完成			
	残疾一级	残疾二级	残疾三级	残疾四级
总 计	**26**	**2**	**5**	**7**
西宁市城中区	3			
西宁市城西区	6			
西宁市大通县	1			
西宁市湟中县	1			
海东地区民和县	4			
海东地区化隆县	6	1	1	1
海北州刚察县	5	1	4	5
黄南州同仁县				1

4-4 各地区18岁及以上听力残疾人分残疾等级的理解和交流状况

单位：人

地 区	无障碍/无适用				轻度障碍			
	残疾一级	残疾二级	残疾三级	残疾四级	残疾一级	残疾二级	残疾三级	残疾四级
总 计	**1**	**1**	**8**	**23**	**7**	**15**	**60**	**96**
西宁市城中区		1	2	3		1	13	19
西宁市城西区			2	10		2	5	15
西宁市大通县			2	3		4	5	14
西宁市湟中县			1				2	11
海东地区民和县			1	1	6	6	23	18
海东地区化隆县				3		2	7	10
海北州刚察县	1			3			2	6
黄南州同仁县					1		3	3

4－4 续表 1

单位：人

地区	中度障碍				重度障碍			
	残疾一级	残疾二级	残疾三级	残疾四级	残疾一级	残疾二级	残疾三级	残疾四级
总　计	**7**	**12**	**70**	**69**	**7**	**8**	**27**	**26**
西宁市城中区			6	6			1	1
西宁市城西区	1		4	1	1		1	
西宁市大通县		2	11	8		2	1	
西宁市湟中县		2	13	29			2	
海东地区民和县	3	2	5	6	2	2	3	1
海东地区化隆县	2	4	20	6		1	6	5
海北州刚察县	1	2	4	6	1		3	1
黄南州同仁县			7	7	3	3	10	18

4－4 续表 2

单位：人

地区	极重度障碍/不能完成			
	残疾一级	残疾二级	残疾三级	残疾四级
总　计	**1**	**1**	**2**	
西宁市城中区				
西宁市城西区	1		1	
西宁市大通县				
西宁市湟中县				
海东地区民和县				
海东地区化隆县				
海北州刚察县		1	1	
黄南州同仁县				

4－5　各地区18岁及以上听力残疾人分残疾等级的生活自理状况

单位：人

地　区	无障碍/无适用				轻度障碍			
	残疾一级	残疾二级	残疾三级	残疾四级	残疾一级	残疾二级	残疾三级	残疾四级
总　计	**13**	**22**	**82**	**136**	**8**	**8**	**61**	**60**
西宁市城中区		2	15	24			3	3
西宁市城西区	1		6	18	2	1	3	7
西宁市大通县		8	17	24			2	1
西宁市湟中县			5	22		1	8	11
海东地区民和县	7	6	17	14	2	2	10	10
海东地区化隆县	1	4	14	14	1	3	15	7
海北州刚察县	2	1	4	13	1		6	3
黄南州同仁县	2	1	4	7	2	1	14	18

4－5　续表 1

单位：人

地　区	中度障碍				重度障碍			
	残疾一级	残疾二级	残疾三级	残疾四级	残疾一级	残疾二级	残疾三级	残疾四级
总　计	**1**	**4**	**19**	**16**	**1**	**2**	**5**	**2**
西宁市城中区			4	2				
西宁市城西区			2	1		1	2	
西宁市大通县								
西宁市湟中县		1	4	7			1	
海东地区民和县	1	2	4	1	1		1	1
海东地区化隆县			3	3			1	
海北州刚察县		1				1		
黄南州同仁县			2	2				1

4－5　续表 2

单位：人

地　　区	极重度障碍/不能完成			
	残疾一级	残疾二级	残疾三级	残疾四级
总　　计		**1**		
西宁市城中区				
西宁市城西区				
西宁市大通县				
西宁市湟中县				
海东地区民和县				
海东地区化隆县				
海北州刚察县				
黄南州同仁县		1		

4－6　各地区18岁及以上听力残疾人分残疾等级的与人相处状况

单位：人

地　　区	无障碍/无适用				轻度障碍			
	残疾一级	残疾二级	残疾三级	残疾四级	残疾一级	残疾二级	残疾三级	残疾四级
总　　计		**2**	**12**	**18**	**2**	**11**	**72**	**109**
西宁市城中区		1	8	12		1	9	16
西宁市城西区						1	7	23
西宁市大通县			1	3		3	10	9
西宁市湟中县							4	15
海东地区民和县		1	3	1	2	4	18	21
海东地区化隆县						2	17	15
海北州刚察县				2			4	5
黄南州同仁县							3	5

4－6　续表 1

单位：人

地　区	中度障碍				重度障碍			
	残疾一级	残疾二级	残疾三级	残疾四级	残疾一级	残疾二级	残疾三级	残疾四级
总　计	**10**	**17**	**61**	**79**	**10**	**7**	**20**	**8**
西宁市城中区			3	1			2	
西宁市城西区			3	2	3	1	1	1
西宁市大通县		4	6	13		1	2	
西宁市湟中县		2	9	24			5	1
海东地区民和县	6	3	9	4	3	2	2	
海东地区化隆县		5	14	9	2		2	
海北州刚察县	3	1	5	9		2	1	
黄南州同仁县	1	2	12	17	2	1	5	6

4－6　续表 2

单位：人

地　区	极重度障碍/不能完成			
	残疾一级	残疾二级	残疾三级	残疾四级
总　计	**1**		**2**	
西宁市城中区				
西宁市城西区			2	
西宁市大通县				
西宁市湟中县				
海东地区民和县				
海东地区化隆县				
海北州刚察县				
黄南州同仁县	1			

4－7 各地区18岁及以上听力残疾人分残疾等级的生活活动状况

单位：人

地区	无障碍/无适用				轻度障碍			
	残疾一级	残疾二级	残疾三级	残疾四级	残疾一级	残疾二级	残疾三级	残疾四级
总计	**8**	**7**	**29**	**34**	**4**	**6**	**46**	**94**
西宁市城中区		1	10	9		1	5	17
西宁市城西区			1				6	21
西宁市大通县		1	3	6		2	7	10
西宁市湟中县			2	6		1	9	25
海东地区民和县	7	4	9	9	1	2	11	6
海东地区化隆县		1	1	1			4	3
海北州刚察县				2	2		2	6
黄南州同仁县	1		3	1	1		2	6

4－7 续表 1

单位：人

地区	中度障碍				重度障碍			
	残疾一级	残疾二级	残疾三级	残疾四级	残疾一级	残疾二级	残疾三级	残疾四级
总计	**2**	**13**	**34**	**35**	**7**	**4**	**33**	**38**
西宁市城中区			4	1			2	2
西宁市城西区		1	1	3	3	1	2	2
西宁市大通县		5	7	6			1	3
西宁市湟中县			3	4			2	4
海东地区民和县		1	2	6	1	2	5	5
海东地区化隆县	1	3	8	3	1		8	8
海北州刚察县		1	4	6	1	1	4	2
黄南州同仁县	1	2	5	6	1		9	12

4－7　续表 2

单位：人

地　区	极重度障碍/不能完成			
	残疾一级	残疾二级	残疾三级	残疾四级
总　计	**2**	**7**	**25**	**13**
西宁市城中区			1	
西宁市城西区			3	
西宁市大通县			1	
西宁市湟中县		1	2	1
海东地区民和县	2	1	5	
海东地区化隆县		3	12	9
海北州刚察县		1		
黄南州同仁县		1	1	3

4－8　各地区18岁及以上听力残疾人分残疾等级的社会参与状况

单位：人

地　区	无障碍/无适用				轻度障碍			
	残疾一级	残疾二级	残疾三级	残疾四级	残疾一级	残疾二级	残疾三级	残疾四级
总　计		**1**	**12**	**26**	**7**	**14**	**70**	**118**
西宁市城中区			5	7		1	12	22
西宁市城西区							7	19
西宁市大通县		1	4	13		6	13	11
西宁市湟中县			1	2			7	21
海东地区民和县			2	2	5	5	13	18
海东地区化隆县						1	13	15
海北州刚察县				2	2	1	4	7
黄南州同仁县							1	5

4－8 续表 1

单位：人

地区	中度障碍				重度障碍			
	残疾一级	残疾二级	残疾三级	残疾四级	残疾一级	残疾二级	残疾三级	残疾四级
总计	**4**	**16**	**65**	**53**	**9**	**6**	**15**	**17**
西宁市城中区		1	5					
西宁市城西区		1	1	5		1		2
西宁市大通县		1	2	1				
西宁市湟中县		2	8	17			2	
海东地区民和县	3	4	15	6	3	1	2	
海东地区化隆县		5	17	5	2	1	3	4
海北州刚察县	1		4	7		2	2	
黄南州同仁县		2	13	12	4	1	6	11

4－8 续表 2

单位：人

地区	极重度障碍/不能完成			
	残疾一级	残疾二级	残疾三级	残疾四级
总计	**3**		**5**	
西宁市城中区				
西宁市城西区	3		5	
西宁市大通县				
西宁市湟中县				
海东地区民和县				
海东地区化隆县				
海北州刚察县				
黄南州同仁县				

4－9　各地区18岁及以上言语残疾人分残疾等级的理解和交流状况

单位：人

地　区	无障碍/无适用				轻度障碍			
	残疾一级	残疾二级	残疾三级	残疾四级	残疾一级	残疾二级	残疾三级	残疾四级
总　计			**3**	**3**	**1**		**2**	**2**
西宁市城中区								
西宁市城西区								1
西宁市大通县			2	1			1	
西宁市湟中县				1				1
海东地区民和县				1				
海东地区化隆县								
海北州刚察县					1			
黄南州同仁县			1				1	

4－9　续表 1

单位：人

地　区	中度障碍				重度障碍			
	残疾一级	残疾二级	残疾三级	残疾四级	残疾一级	残疾二级	残疾三级	残疾四级
总　计	**2**		**2**			**1**		
西宁市城中区								
西宁市城西区	2							
西宁市大通县								
西宁市湟中县								
海东地区民和县								
海东地区化隆县			2					
海北州刚察县						1		
黄南州同仁县								

4－9 续表 2

单位：人

地　区	极重度障碍/不能完成			
	残疾一级	残疾二级	残疾三级	残疾四级
总　计				
西宁市城中区				
西宁市城西区				
西宁市大通县				
西宁市湟中县				
海东地区民和县				
海东地区化隆县				
海北州刚察县				
黄南州同仁县				

4－10 各地区18岁及以上言语残疾人分残疾等级的生活自理状况

单位：人

地　区	无障碍/无适用				轻度障碍			
	残疾一级	残疾二级	残疾三级	残疾四级	残疾一级	残疾二级	残疾三级	残疾四级
总　计	**1**		**6**	**5**	**2**		**1**	
西宁市城中区								
西宁市城西区				1	2			
西宁市大通县			3	1				
西宁市湟中县				2				
海东地区民和县				1				
海东地区化隆县			1				1	
海北州刚察县	1							
黄南州同仁县			2					

4－10　续表 1

单位：人

地　　区	中度障碍				重度障碍			
	残疾一级	残疾二级	残疾三级	残疾四级	残疾一级	残疾二级	残疾三级	残疾四级
总　　计						**1**		
西宁市城中区								
西宁市城西区								
西宁市大通县								
西宁市湟中县								
海东地区民和县								
海东地区化隆县								
海北州刚察县						1		
黄南州同仁县								

4－10　续表 2

单位：人

地　　区	极重度障碍/不能完成			
	残疾一级	残疾二级	残疾三级	残疾四级
总　　计				
西宁市城中区				
西宁市城西区				
西宁市大通县				
西宁市湟中县				
海东地区民和县				
海东地区化隆县				
海北州刚察县				
黄南州同仁县				

4－11 各地区18岁及以上言语残疾人分残疾等级的与人相处状况

单位：人

地区	无障碍/无适用				轻度障碍			
	残疾一级	残疾二级	残疾三级	残疾四级	残疾一级	残疾二级	残疾三级	残疾四级
总　计			**2**	**2**			**2**	**2**
西宁市城中区								
西宁市城西区								1
西宁市大通县			2	1			1	
西宁市湟中县								1
海东地区民和县				1				
海东地区化隆县								
海北州刚察县								
黄南州同仁县							1	

4－11 续表 1

单位：人

地区	中度障碍				重度障碍			
	残疾一级	残疾二级	残疾三级	残疾四级	残疾一级	残疾二级	残疾三级	残疾四级
总　计	**2**	**1**	**3**	**1**	**1**			
西宁市城中区								
西宁市城西区	1				1			
西宁市大通县								
西宁市湟中县				1				
海东地区民和县								
海东地区化隆县			2					
海北州刚察县	1	1						
黄南州同仁县			1					

4－11 续表 2

单位：人

地　区	极重度障碍/不能完成			
	残疾一级	残疾二级	残疾三级	残疾四级
总　计				
西宁市城中区				
西宁市城西区				
西宁市大通县				
西宁市湟中县				
海东地区民和县				
海东地区化隆县				
海北州刚察县				
黄南州同仁县				

4－12 各地区18岁及以上言语残疾人分残疾等级的生活活动状况

单位：人

地　区	无障碍/无适用				轻度障碍			
	残疾一级	残疾二级	残疾三级	残疾四级	残疾一级	残疾二级	残疾三级	残疾四级
总　计			**2**	**3**	**1**		**3**	**2**
西宁市城中区								
西宁市城西区								1
西宁市大通县			2	1			1	
西宁市湟中县				1				1
海东地区民和县				1				
海东地区化隆县								
海北州刚察县					1			
黄南州同仁县							2	

4－12 续表 1

单位：人

地　区	中度障碍				重度障碍			
	残疾一级	残疾二级	残疾三级	残疾四级	残疾一级	残疾二级	残疾三级	残疾四级
总　计	**1**		**1**		**1**	**1**	**1**	
西宁市城中区								
西宁市城西区	1				1			
西宁市大通县								
西宁市湟中县								
海东地区民和县								
海东地区化隆县			1				1	
海北州刚察县						1		
黄南州同仁县								

4－12 续表 2

单位：人

地　区	极重度障碍/不能完成			
	残疾一级	残疾二级	残疾三级	残疾四级
总　计				
西宁市城中区				
西宁市城西区				
西宁市大通县				
西宁市湟中县				
海东地区民和县				
海东地区化隆县				
海北州刚察县				
黄南州同仁县				

4－13　各地区18岁及以上言语残疾人分残疾等级的社会参与状况

单位：人

地　区	无障碍/无适用				轻度障碍			
	残疾一级	残疾二级	残疾三级	残疾四级	残疾一级	残疾二级	残疾三级	残疾四级
总　计				**1**		**1**	**3**	**2**
西宁市城中区								
西宁市城西区								
西宁市大通县							3	1
西宁市湟中县								1
海东地区民和县				1				
海东地区化隆县								
海北州刚察县						1		
黄南州同仁县								

4－13　续表 1

单位：人

地　区	中度障碍				重度障碍			
	残疾一级	残疾二级	残疾三级	残疾四级	残疾一级	残疾二级	残疾三级	残疾四级
总　计	**1**		**1**	**2**	**2**		**2**	
西宁市城中区								
西宁市城西区				1	2			
西宁市大通县								
西宁市湟中县				1				
海东地区民和县								
海东地区化隆县							1	
海北州刚察县	1							
黄南州同仁县			1				1	

4－13 续表 2

单位：人

地　　区	极重度障碍/不能完成			
	残疾一级	残疾二级	残疾三级	残疾四级
总　　计			**1**	
西宁市城中区				
西宁市城西区				
西宁市大通县				
西宁市湟中县				
海东地区民和县				
海东地区化隆县			1	
海北州刚察县				
黄南州同仁县				

4－14 各地区18岁及以上肢体残疾人分残疾等级的身体移动状况

单位：人

地　　区	无障碍/无适用				轻度障碍			
	残疾一级	残疾二级	残疾三级	残疾四级	残疾一级	残疾二级	残疾三级	残疾四级
总　　计		**1**	**18**	**86**	**1**	**4**	**17**	**120**
西宁市城中区			3	10			2	6
西宁市城西区			2	2				6
西宁市大通县			1	19			3	3
西宁市湟中县			2	23			3	30
海东地区民和县			4	11	1	3	8	20
海东地区化隆县		1	1	5		1	1	15
海北州刚察县			4	10				35
黄南州同仁县			1	6				5

4－14　续表 1

单位：人

地　　区	中度障碍				重度障碍			
	残疾一级	残疾二级	残疾三级	残疾四级	残疾一级	残疾二级	残疾三级	残疾四级
总　　计		**4**	**40**	**65**		**10**	**30**	**15**
西宁市城中区			5	8			3	2
西宁市城西区			3	6		1	1	
西宁市大通县		1	1	6			1	
西宁市湟中县			7	18		1	10	7
海东地区民和县		2	1	1		1	2	1
海东地区化隆县			5	8				1
海北州刚察县		1	14	3		3	2	
黄南州同仁县			4	15		4	11	4

4－14　续表 2

单位：人

地　　区	极重度障碍/不能完成			
	残疾一级	残疾二级	残疾三级	残疾四级
总　　计	**13**	**12**	**3**	**1**
西宁市城中区	1	1		
西宁市城西区	1	4		1
西宁市大通县	6	1	1	
西宁市湟中县	1	3		
海东地区民和县	2		1	
海东地区化隆县		1		
海北州刚察县	2	1	1	
黄南州同仁县		1		

4－15 各地区18岁及以上肢体残疾人分残疾等级的生活自理状况

单位：人

地区	无障碍/无适用				轻度障碍			
	残疾一级	残疾二级	残疾三级	残疾四级	残疾一级	残疾二级	残疾三级	残疾四级
总　计		**1**	**10**	**81**		**4**	**35**	**150**
西宁市城中区			3	13			5	12
西宁市城西区				4		1	2	9
西宁市大通县			4	23		1	1	3
西宁市湟中县				9			5	55
海东地区民和县			3	7		2	8	15
海东地区化隆县		1					1	18
海北州刚察县				17			9	24
黄南州同仁县				8			4	14

4－15 续表 1

单位：人

地区	中度障碍				重度障碍			
	残疾一级	残疾二级	残疾三级	残疾四级	残疾一级	残疾二级	残疾三级	残疾四级
总　计	**1**	**8**	**55**	**55**	**5**	**14**	**8**	**1**
西宁市城中区		1	5	1				
西宁市城西区		2	2	2	1	1	2	
西宁市大通县	1		2	2	3	1		
西宁市湟中县			15	13		2	2	1
海东地区民和县		4	4	11	1		1	
海东地区化隆县			5	11		2	1	
海北州刚察县		1	12	7		4		
黄南州同仁县			10	8		4	2	

4－15　续表 2

单位：人

地　区	极重度障碍/不能完成			
	残疾一级	残疾二级	残疾三级	残疾四级
总　计	**8**	**4**		
西宁市城中区	1			
西宁市城西区		1		
西宁市大通县	2			
西宁市湟中县	1	2		
海东地区民和县	2			
海东地区化隆县				
海北州刚察县	2			
黄南州同仁县		1		

4－16　各地区18岁及以上肢体残疾人分残疾等级的生活活动状况

单位：人

地　区	无障碍/无适用				轻度障碍			
	残疾一级	残疾二级	残疾三级	残疾四级	残疾一级	残疾二级	残疾三级	残疾四级
总　计			**1**	**20**			**5**	**101**
西宁市城中区				4			3	8
西宁市城西区				1				2
西宁市大通县				13			1	4
西宁市湟中县				2				25
海东地区民和县							1	7
海东地区化隆县			1					6
海北州刚察县								45
黄南州同仁县								4

4－16 续表 1

单位：人

地　区	中度障碍				重度障碍			
	残疾一级	残疾二级	残疾三级	残疾四级	残疾一级	残疾二级	残疾三级	残疾四级
总　计		**2**	**43**	**102**	**1**	**8**	**37**	**50**
西宁市城中区			3	9			5	4
西宁市城西区				4				3
西宁市大通县			4	6		1	1	5
西宁市湟中县			7	40		1	12	11
海东地区民和县		1	8	17	1	3	6	8
海东地区化隆县			1	16			6	7
海北州刚察县		1	20	3		3	1	
黄南州同仁县				7			6	12

4－16 续表 2

单位：人

地　区	极重度障碍/不能完成			
	残疾一级	残疾二级	残疾三级	残疾四级
总　计	**13**	**20**	**23**	**14**
西宁市城中区	1	1	2	1
西宁市城西区	1	5	6	5
西宁市大通县	6	1	1	
西宁市湟中县	1	3	3	
海东地区民和县	2	2	1	1
海东地区化隆县		2		
海北州刚察县	2	1		
黄南州同仁县		5	10	7

4－17　各地区18岁及以上肢体残疾人分残疾等级的社会参与状况

单位：人

地　区	无障碍/无适用				轻度障碍			
	残疾一级	残疾二级	残疾三级	残疾四级	残疾一级	残疾二级	残疾三级	残疾四级
总　计		**1**	**2**	**16**			**10**	**134**
西宁市城中区				5			3	10
西宁市城西区								3
西宁市大通县				5			1	8
西宁市湟中县				4			4	63
海东地区民和县				1				1
海东地区化隆县		1						2
海北州刚察县			2	1			2	44
黄南州同仁县								3

4－17　续表 1

单位：人

地　区	中度障碍				重度障碍			
	残疾一级	残疾二级	残疾三级	残疾四级	残疾一级	残疾二级	残疾三级	残疾四级
总　计		**5**	**52**	**77**	**7**	**19**	**37**	**55**
西宁市城中区			7	11		1	3	
西宁市城西区				5	1	5	5	7
西宁市大通县		2	4	11	4		1	3
西宁市湟中县		1	16	10	1	3	2	1
海东地区民和县			4	9	1	4	10	21
海东地区化隆县			1	15		1	4	9
海北州刚察县		2	17	3		2		
黄南州同仁县			3	13		3	12	14

4－17 续表 2

单位：人

地　区	极重度障碍/不能完成			
	残疾一级	残疾二级	残疾三级	残疾四级
总　计	**7**	**6**	**7**	**5**
西宁市城中区	1			
西宁市城西区			1	
西宁市大通县	2		1	1
西宁市湟中县				
海东地区民和县	2	2	2	1
海东地区化隆县		1	2	3
海北州刚察县	2	1		
黄南州同仁县		2	1	

4－18 各地区18岁及以上智力残疾人分残疾等级的理解和交流状况

单位：人

地　区	无障碍/无适用				轻度障碍			
	残疾一级	残疾二级	残疾三级	残疾四级	残疾一级	残疾二级	残疾三级	残疾四级
总　计							**1**	**13**
西宁市城中区								2
西宁市城西区								
西宁市大通县								7
西宁市湟中县								2
海东地区民和县							1	1
海东地区化隆县								1
海北州刚察县								
黄南州同仁县								

4－18　续表 1

单位：人

地　区	中度障碍				重度障碍			
	残疾一级	残疾二级	残疾三级	残疾四级	残疾一级	残疾二级	残疾三级	残疾四级
总　计		**1**	**13**	**7**		**1**	**3**	**2**
西宁市城中区			1					
西宁市城西区			2	2				
西宁市大通县		1	2	1			1	
西宁市湟中县			3			1		
海东地区民和县			3	1				
海东地区化隆县				1			1	2
海北州刚察县			1	2			1	
黄南州同仁县			1					

4－18　续表 2

单位：人

地　区	极重度障碍/不能完成			
	残疾一级	残疾二级	残疾三级	残疾四级
总　计		**2**	**1**	
西宁市城中区				
西宁市城西区		1		
西宁市大通县			1	
西宁市湟中县				
海东地区民和县		1		
海东地区化隆县				
海北州刚察县				
黄南州同仁县				

4－19　各地区18岁及以上智力残疾人分残疾等级的身体移动状况

单位：人

地区	无障碍/无适用				轻度障碍			
	残疾一级	残疾二级	残疾三级	残疾四级	残疾一级	残疾二级	残疾三级	残疾四级
总　计		**4**	**16**	**18**			**2**	**3**
西宁市城中区			1	2				
西宁市城西区		1	2	1				
西宁市大通县		1	4	7				1
西宁市湟中县		1	3	2				
海东地区民和县		1	3	1			1	1
海东地区化隆县				3			1	1
海北州刚察县			2	2				
黄南州同仁县			1					

4－19　续表 1

单位：人

地区	中度障碍				重度障碍			
	残疾一级	残疾二级	残疾三级	残疾四级	残疾一级	残疾二级	残疾三级	残疾四级
总　计								**1**
西宁市城中区								
西宁市城西区								1
西宁市大通县								
西宁市湟中县								
海东地区民和县								
海东地区化隆县								
海北州刚察县								
黄南州同仁县								

4－19 续表 2

单位：人

地区	极重度障碍/不能完成			
	残疾一级	残疾二级	残疾三级	残疾四级
总计				
西宁市城中区				
西宁市城西区				
西宁市大通县				
西宁市湟中县				
海东地区民和县				
海东地区化隆县				
海北州刚察县				
黄南州同仁县				

4－20 各地区18岁及以上智力残疾人分残疾等级的生活自理状况

单位：人

地区	无障碍/无适用				轻度障碍			
	残疾一级	残疾二级	残疾三级	残疾四级	残疾一级	残疾二级	残疾三级	残疾四级
总计			**5**	**10**			**7**	**9**
西宁市城中区			1	1				1
西宁市城西区								1
西宁市大通县			1	5			1	3
西宁市湟中县				1			3	1
海东地区民和县			1	1			3	
海东地区化隆县								3
海北州刚察县			2	2				
黄南州同仁县								

4－20 续表 1

单位：人

地区	中度障碍				重度障碍			
	残疾一级	残疾二级	残疾三级	残疾四级	残疾一级	残疾二级	残疾三级	残疾四级
总　计		**3**	**4**	**3**			**2**	
西宁市城中区								
西宁市城西区			1	1			1	
西宁市大通县		1	2					
西宁市湟中县		1						
海东地区民和县		1		1				
海东地区化隆县				1			1	
海北州刚察县								
黄南州同仁县			1					

4－20 续表 2

单位：人

地区	极重度障碍/不能完成			
	残疾一级	残疾二级	残疾三级	残疾四级
总　计		**1**		
西宁市城中区				
西宁市城西区		1		
西宁市大通县				
西宁市湟中县				
海东地区民和县				
海东地区化隆县				
海北州刚察县				
黄南州同仁县				

4－21 各地区18岁及以上智力残疾人分残疾等级的与人相处状况

单位：人

地　区	无障碍/无适用				轻度障碍			
	残疾一级	残疾二级	残疾三级	残疾四级	残疾一级	残疾二级	残疾三级	残疾四级
总　计				**3**			**3**	**9**
西宁市城中区				2				
西宁市城西区								
西宁市大通县				1				2
西宁市湟中县								2
海东地区民和县							1	1
海东地区化隆县								2
海北州刚察县							2	2
黄南州同仁县								

4－21 续表 1

单位：人

地　区	中度障碍				重度障碍			
	残疾一级	残疾二级	残疾三级	残疾四级	残疾一级	残疾二级	残疾三级	残疾四级
总　计		**1**	**8**	**9**		**3**	**4**	**1**
西宁市城中区							1	
西宁市城西区			1	2		1		
西宁市大通县		1	2	5			1	
西宁市湟中县			3			1		
海东地区民和县			2	1		1	1	
海东地区化隆县				1			1	1
海北州刚察县								
黄南州同仁县								

4－21 续表 2

单位：人

地 区	极重度障碍/不能完成			
	残疾一级	残疾二级	残疾三级	残疾四级
总 计			**3**	
西宁市城中区				
西宁市城西区			1	
西宁市大通县			1	
西宁市湟中县				
海东地区民和县				
海东地区化隆县				
海北州刚察县				
黄南州同仁县			1	

4－22 各地区18岁及以上智力残疾人分残疾等级的生活活动状况

单位：人

地 区	无障碍/无适用				轻度障碍			
	残疾一级	残疾二级	残疾三级	残疾四级	残疾一级	残疾二级	残疾三级	残疾四级
总 计				**1**			**1**	**12**
西宁市城中区								2
西宁市城西区								
西宁市大通县								5
西宁市湟中县								2
海东地区民和县								1
海东地区化隆县								1
海北州刚察县				1			1	1
黄南州同仁县								

4－22　续表 1

单位：人

地　　区	中度障碍				重度障碍			
	残疾一级	残疾二级	残疾三级	残疾四级	残疾一级	残疾二级	残疾三级	残疾四级
总　　计		**1**	**10**	**4**		**1**	**3**	**3**
西宁市城中区							1	
西宁市城西区				1			1	
西宁市大通县		1	2	2			1	1
西宁市湟中县			3			1		
海东地区民和县			4	1				
海东地区化隆县								2
海北州刚察县			1					
黄南州同仁县								

4－22　续表 2

单位：人

地　　区	极重度障碍/不能完成			
	残疾一级	残疾二级	残疾三级	残疾四级
总　　计		**2**	**4**	**2**
西宁市城中区				
西宁市城西区		1	1	1
西宁市大通县			1	
西宁市湟中县				
海东地区民和县		1		
海东地区化隆县			1	1
海北州刚察县				
黄南州同仁县			1	

4－23　各地区18岁及以上智力残疾人分残疾等级的社会参与状况

单位：人

地　区	无障碍/无适用				轻度障碍			
	残疾一级	残疾二级	残疾三级	残疾四级	残疾一级	残疾二级	残疾三级	残疾四级
总　计				**2**			**3**	**8**
西宁市城中区				1				1
西宁市城西区							1	
西宁市大通县								4
西宁市湟中县								1
海东地区民和县				1				
海东地区化隆县								1
海北州刚察县							2	1
黄南州同仁县								

4－23　续表 1

单位：人

地　区	中度障碍				重度障碍			
	残疾一级	残疾二级	残疾三级	残疾四级	残疾一级	残疾二级	残疾三级	残疾四级
总　计		**1**	**10**	**10**		**2**	**5**	**2**
西宁市城中区			1					
西宁市城西区				2		1	1	
西宁市大通县		1	3	4			1	
西宁市湟中县			2	1			1	
海东地区民和县			3	1		1	1	
海东地区化隆县			1	1				2
海北州刚察县				1				
黄南州同仁县							1	

4－23 续表 2

单位：人

地　区	极重度障碍/不能完成			
	残疾一级	残疾二级	残疾三级	残疾四级
总　计		**1**		
西宁市城中区				
西宁市城西区				
西宁市大通县				
西宁市湟中县		1		
海东地区民和县				
海东地区化隆县				
海北州刚察县				
黄南州同仁县				

4－24 各地区18岁及以上精神残疾人分残疾等级的理解和交流状况

单位：人

地　区	无障碍/无适用				轻度障碍			
	残疾一级	残疾二级	残疾三级	残疾四级	残疾一级	残疾二级	残疾三级	残疾四级
总　计				**5**			**1**	**27**
西宁市城中区								
西宁市城西区								1
西宁市大通县							1	1
西宁市湟中县				2				6
海东地区民和县								5
海东地区化隆县								5
海北州刚察县				1				4
黄南州同仁县				2				5

4－24 续表 1

单位：人

地区	中度障碍				重度障碍			
	残疾一级	残疾二级	残疾三级	残疾四级	残疾一级	残疾二级	残疾三级	残疾四级
总计	**4**	**3**	**7**	**5**	**7**	**3**	**1**	
西宁市城中区	1	1	1		1			
西宁市城西区			1		2			
西宁市大通县			1		1			
西宁市湟中县				1				
海东地区民和县		1		3		2		
海东地区化隆县	1		1					
海北州刚察县		1	2	1	1		1	
黄南州同仁县	2		1		2	1		

4－24 续表 2

单位：人

地区	极重度障碍/不能完成			
	残疾一级	残疾二级	残疾三级	残疾四级
总计	**6**			
西宁市城中区	1			
西宁市城西区	1			
西宁市大通县	1			
西宁市湟中县				
海东地区民和县	1			
海东地区化隆县				
海北州刚察县				
黄南州同仁县	2			

4－25　各地区18岁及以上精神残疾人分残疾等级的身体移动状况

单位：人

地　区	无障碍/无适用				轻度障碍			
	残疾一级	残疾二级	残疾三级	残疾四级	残疾一级	残疾二级	残疾三级	残疾四级
总　计	**11**	**4**	**8**	**36**	**1**	**2**		**1**
西宁市城中区	3	1	1					
西宁市城西区	3		1	1				
西宁市大通县	1		2	1				
西宁市湟中县				9				
海东地区民和县	1	2		7		1		1
海东地区化隆县	1		1	5				
海北州刚察县			2	6	1	1		
黄南州同仁县	2	1	1	7				

4－25　续表 1

单位：人

地　区	中度障碍				重度障碍			
	残疾一级	残疾二级	残疾三级	残疾四级	残疾一级	残疾二级	残疾三级	残疾四级
总　计	**1**		**1**		**4**			
西宁市城中区								
西宁市城西区								
西宁市大通县					1			
西宁市湟中县								
海东地区民和县								
海东地区化隆县								
海北州刚察县			1					
黄南州同仁县	1				3			

4－25 续表 2

单位：人

地　　区	极重度障碍/不能完成			
	残疾一级	残疾二级	残疾三级	残疾四级
总　　计				
西宁市城中区				
西宁市城西区				
西宁市大通县				
西宁市湟中县				
海东地区民和县				
海东地区化隆县				
海北州刚察县				
黄南州同仁县				

4－26 各地区18岁及以上精神残疾人分残疾等级的生活自理状况

单位：人

地　　区	无障碍/无适用				轻度障碍			
	残疾一级	残疾二级	残疾三级	残疾四级	残疾一级	残疾二级	残疾三级	残疾四级
总　　计	**1**	**1**	**3**	**27**		**4**	**5**	**9**
西宁市城中区							1	
西宁市城西区							1	1
西宁市大通县			2	1				
西宁市湟中县				6				2
海东地区民和县		1		6		2		2
海东地区化隆县				4			1	1
海北州刚察县				4		1	2	2
黄南州同仁县	1		1	6		1		1

4－26　续表 1

单位：人

地　区	中度障碍				重度障碍			
	残疾一级	残疾二级	残疾三级	残疾四级	残疾一级	残疾二级	残疾三级	残疾四级
总　计	**7**	**1**	**1**	**1**	**8**			
西宁市城中区	3	1						
西宁市城西区	1				2			
西宁市大通县					2			
西宁市湟中县				1				
海东地区民和县	1							
海东地区化隆县					1			
海北州刚察县	1		1					
黄南州同仁县	1				3			

4－26　续表 2

单位：人

地　区	极重度障碍/不能完成			
	残疾一级	残疾二级	残疾三级	残疾四级
总　计	**1**			
西宁市城中区				
西宁市城西区				
西宁市大通县				
西宁市湟中县				
海东地区民和县				
海东地区化隆县				
海北州刚察县				
黄南州同仁县	1			

4－27 各地区18岁及以上精神残疾人分残疾等级的与人相处状况

单位：人

地区	无障碍/无适用				轻度障碍			
	残疾一级	残疾二级	残疾三级	残疾四级	残疾一级	残疾二级	残疾三级	残疾四级
总计				**11**	**1**			**19**
西宁市城中区								
西宁市城西区								
西宁市大通县				1				
西宁市湟中县				1				6
海东地区民和县				4				3
海东地区化隆县				2				2
海北州刚察县								5
黄南州同仁县				3	1			3

4－27 续表 1

单位：人

地区	中度障碍				重度障碍			
	残疾一级	残疾二级	残疾三级	残疾四级	残疾一级	残疾二级	残疾三级	残疾四级
总计	**2**	**2**	**6**	**6**	**5**	**4**	**3**	**1**
西宁市城中区					2	1	1	
西宁市城西区			1	1	1			
西宁市大通县			1		1		1	
西宁市湟中县				1				1
海东地区民和县		1		1		2		
海东地区化隆县	1		1	1				
海北州刚察县		1	2	1			1	
黄南州同仁县	1		1	1	1	1		

4－27 续表 2

单位：人

地　区	极重度障碍/不能完成			
	残疾一级	残疾二级	残疾三级	残疾四级
总　计	**9**			
西宁市城中区	1			
西宁市城西区	2			
西宁市大通县	1			
西宁市湟中县				
海东地区民和县	1			
海东地区化隆县				
海北州刚察县	1			
黄南州同仁县	3			

4－28 各地区18岁及以上精神残疾人分残疾等级的生活活动状况

单位：人

地　区	无障碍/无适用				轻度障碍			
	残疾一级	残疾二级	残疾三级	残疾四级	残疾一级	残疾二级	残疾三级	残疾四级
总　计				**2**				**16**
西宁市城中区								
西宁市城西区								
西宁市大通县				1				
西宁市湟中县				1				5
海东地区民和县								1
海东地区化隆县								3
海北州刚察县								6
黄南州同仁县								1

4－28 续表 1

单位：人

地 区	中度障碍				重度障碍			
	残疾一级	残疾二级	残疾三级	残疾四级	残疾一级	残疾二级	残疾三级	残疾四级
总 计	**2**	**1**	**5**	**13**	**4**	**4**	**4**	**6**
西宁市城中区	2	1					1	
西宁市城西区					1		1	1
西宁市大通县			2		1			
西宁市湟中县				1				2
海东地区民和县				7		3		
海东地区化隆县				2	1		1	
海北州刚察县			3		1	1		
黄南州同仁县				3			1	3

4－28 续表 2

单位：人

地 区	极重度障碍/不能完成			
	残疾一级	残疾二级	残疾三级	残疾四级
总 计	**11**	**1**		
西宁市城中区	1			
西宁市城西区	2			
西宁市大通县	1			
西宁市湟中县				
海东地区民和县	1			
海东地区化隆县				
海北州刚察县				
黄南州同仁县	6	1		

4－29　各地区18岁及以上精神残疾人分残疾等级的社会参与状况

单位：人

地　区	无障碍/无适用				轻度障碍			
	残疾一级	残疾二级	残疾三级	残疾四级	残疾一级	残疾二级	残疾三级	残疾四级
总　计								**15**
西宁市城中区								
西宁市城西区								
西宁市大通县								
西宁市湟中县								5
海东地区民和县								4
海东地区化隆县								
海北州刚察县								1
黄南州同仁县								5

4－29　续表 1

单位：人

地　区	中度障碍				重度障碍			
	残疾一级	残疾二级	残疾三级	残疾四级	残疾一级	残疾二级	残疾三级	残疾四级
总　计	**6**	**4**	**4**	**20**	**7**	**2**	**4**	**2**
西宁市城中区					2	1	1	
西宁市城西区	2		1	1	1			
西宁市大通县				1			1	
西宁市湟中县				4				
海东地区民和县		2		4		1		
海东地区化隆县				4	1		1	1
海北州刚察县	1	1	2	4			1	1
黄南州同仁县	3	1	1	2	3			

4－29 续表 2

单位：人

地　　区	极重度障碍/不能完成			
	残疾一级	残疾二级	残疾三级	残疾四级
总　　计	**4**		**1**	
西宁市城中区	1			
西宁市城西区				
西宁市大通县	2		1	
西宁市湟中县				
海东地区民和县	1			
海东地区化隆县				
海北州刚察县				
黄南州同仁县				

4－30 各地区18岁及以上多重残疾人分残疾等级的理解和交流状况

单位：人

地　　区	无障碍/无适用				轻度障碍			
	残疾一级	残疾二级	残疾三级	残疾四级	残疾一级	残疾二级	残疾三级	残疾四级
总　　计	**7**	**2**	**4**	**9**	**10**	**5**	**17**	**18**
西宁市城中区	1		1	2		1	4	1
西宁市城西区	2							3
西宁市大通县	1	1			1	1		1
西宁市湟中县	2		1	1	2		4	6
海东地区民和县	1				3	1	3	
海东地区化隆县		1	1	6		2	6	2
海北州刚察县			1		3			3
黄南州同仁县					1			2

4－30 续表 1

单位：人

地　区	中度障碍				重度障碍			
	残疾一级	残疾二级	残疾三级	残疾四级	残疾一级	残疾二级	残疾三级	残疾四级
总　计	**32**	**25**	**24**	**8**	**36**	**12**	**12**	**4**
西宁市城中区	1	1	3		1	3	1	
西宁市城西区			1		2			
西宁市大通县	3	1	2		4		1	
西宁市湟中县	13	1	5	4	3	1	2	
海东地区民和县	2	6	4		2	2	1	1
海东地区化隆县	9	8	5	2	10	5	3	2
海北州刚察县	1	3	2	1	3			
黄南州同仁县	3	5	2	1	11	1	4	1

4－30 续表 2

单位：人

地　区	极重度障碍/不能完成			
	残疾一级	残疾二级	残疾三级	残疾四级
总　计	**28**	**1**		
西宁市城中区	1			
西宁市城西区	2			
西宁市大通县	4			
西宁市湟中县	6			
海东地区民和县	3			
海东地区化隆县	4	1		
海北州刚察县				
黄南州同仁县	8			

4－31 各地区18岁及以上多重残疾人分残疾等级的身体移动状况

单位：人

地　区	无障碍/无适用				轻度障碍			
	残疾一级	残疾二级	残疾三级	残疾四级	残疾一级	残疾二级	残疾三级	残疾四级
总　计	**54**	**18**	**25**	**11**	**15**	**9**	**12**	**11**
西宁市城中区	2	2	5	1	1			
西宁市城西区	2			3	1			
西宁市大通县	5		2	1	1	2	1	
西宁市湟中县	9	1	6	2	6		3	4
海东地区民和县	5	4	3		1	2	3	1
海东地区化隆县	17	6	6	1	2	4	5	5
海北州刚察县	3	2	2	3	3			1
黄南州同仁县	11	3	1			1		

4－31 续表 1

单位：人

地　区	中度障碍				重度障碍			
	残疾一级	残疾二级	残疾三级	残疾四级	残疾一级	残疾二级	残疾三级	残疾四级
总　计	**16**	**10**	**9**	**11**	**12**	**4**	**9**	**6**
西宁市城中区		1	1	1		1	3	1
西宁市城西区	3						1	
西宁市大通县	5	1			1			
西宁市湟中县	4		2	5	4	1	1	
海东地区民和县		3			1		1	
海东地区化隆县		4	3	4	1	2		2
海北州刚察县			1		1			
黄南州同仁县	4	1	2	1	4		3	3

4－31 续表 2

单位：人

地区	极重度障碍/不能完成			
	残疾一级	残疾二级	残疾三级	残疾四级
总计	**16**	**4**	**2**	
西宁市城中区	1	1		
西宁市城西区				
西宁市大通县	1			
西宁市湟中县	3			
海东地区民和县	4		1	
海东地区化隆县	3	1	1	
海北州刚察县		1		
黄南州同仁县	4	1		

4－32 各地区18岁及以上多重残疾人分残疾等级的生活自理状况

单位：人

地区	无障碍/无适用				轻度障碍			
	残疾一级	残疾二级	残疾三级	残疾四级	残疾一级	残疾二级	残疾三级	残疾四级
总计	**21**	**5**	**17**	**7**	**23**	**16**	**21**	**18**
西宁市城中区	1		3	1			2	1
西宁市城西区				1	2			1
西宁市大通县	3		2	1		1	1	
西宁市湟中县	4		2	3	6		8	6
海东地区民和县	3	2	5		3	4	1	
海东地区化隆县	5	1	4	1	9	8	7	6
海北州刚察县	1				2	1	1	4
黄南州同仁县	4	2	1		1	2	1	

4－32　续表 1

单位：人

地　区	中度障碍				重度障碍			
	残疾一级	残疾二级	残疾三级	残疾四级	残疾一级	残疾二级	残疾三级	残疾四级
总　计	**29**	**13**	**14**	**13**	**24**	**8**	**4**	**1**
西宁市城中区	2	2	2	1	1	3	1	
西宁市城西区	2		1	1	1			
西宁市大通县	5	1			2	1		
西宁市湟中县	7	2	1	2	6		1	
海东地区民和县	2	1	1	1	1	2	1	
海东地区化隆县	1	5	4	4	6	1		1
海北州刚察县	1	1	2		2			
黄南州同仁县	9	1	3	4	5	1	1	

4－32　续表 2

单位：人

地　区	极重度障碍/不能完成			
	残疾一级	残疾二级	残疾三级	残疾四级
总　计	**16**	**3**	**1**	
西宁市城中区			1	
西宁市城西区	1			
西宁市大通县	3			
西宁市湟中县	3			
海东地区民和县	2			
海东地区化隆县	2	2		
海北州刚察县	1	1		
黄南州同仁县	4			

4－33　各地区18岁及以上多重残疾人分残疾等级的与人相处状况

单位：人

地　　区	无障碍/无适用				轻度障碍			
	残疾一级	残疾二级	残疾三级	残疾四级	残疾一级	残疾二级	残疾三级	残疾四级
总　　计	**3**	**4**	**9**	**8**	**16**	**7**	**17**	**19**
西宁市城中区		1	3	1	2	1	3	2
西宁市城西区	2							3
西宁市大通县	1	1			4	1		1
西宁市湟中县			2	1	4		3	8
海东地区民和县			1		2	3	5	
海东地区化隆县		2	2	6	1	1	6	3
海北州刚察县			1		2			1
黄南州同仁县					1	1		1

4－33　续表 1

单位：人

地　　区	中度障碍				重度障碍			
	残疾一级	残疾二级	残疾三级	残疾四级	残疾一级	残疾二级	残疾三级	残疾四级
总　　计	**23**	**15**	**20**	**7**	**47**	**17**	**10**	**5**
西宁市城中区		1	2			1	1	
西宁市城西区	1		1		2			
西宁市大通县		1	2		5			
西宁市湟中县	11	1	7	2	8	1		
海东地区民和县	2	3			4	3	2	1
海东地区化隆县	6	5	5	1	13	9	2	2
海北州刚察县	1	2	1	3	3	1	1	
黄南州同仁县	2	2	2	1	12	2	4	2

4－33 续表 2

单位：人

地　区	极重度障碍/不能完成			
	残疾一级	残疾二级	残疾三级	残疾四级
总　计	**24**	**2**	**1**	
西宁市城中区	2	1		
西宁市城西区	1			
西宁市大通县	3		1	
西宁市湟中县	3			
海东地区民和县	3			
海东地区化隆县	3			
海北州刚察县	1			
黄南州同仁县	8	1		

4－34 各地区18岁及以上多重残疾人分残疾等级的生活活动状况

单位：人

地　区	无障碍/无适用				轻度障碍			
	残疾一级	残疾二级	残疾三级	残疾四级	残疾一级	残疾二级	残疾三级	残疾四级
总　计	**7**		**1**		**12**	**1**	**13**	**10**
西宁市城中区					1		1	1
西宁市城西区								1
西宁市大通县	1				1		2	1
西宁市湟中县	3				5		4	5
海东地区民和县	1		1		1	1	3	
海东地区化隆县	1				4		2	2
海北州刚察县	1							
黄南州同仁县							1	

4－34 续表 1

单位：人

地区	中度障碍				重度障碍			
	残疾一级	残疾二级	残疾三级	残疾四级	残疾一级	残疾二级	残疾三级	残疾四级
总计	**21**	**12**	**18**	**10**	**29**	**17**	**12**	**10**
西宁市城中区		1	4	1	2	2	3	
西宁市城西区	2				2			2
西宁市大通县	2	2	1		3			
西宁市湟中县	3		5	4	6	2	2	2
海东地区民和县	2	4	2		3	2		1
海东地区化隆县	6	2	4	3	5	9	4	3
海北州刚察县	2	1	2	2	4	2	1	2
黄南州同仁县	4	2			4		2	

4－34 续表 2

单位：人

地区	极重度障碍/不能完成			
	残疾一级	残疾二级	残疾三级	残疾四级
总计	**44**	**15**	**13**	**9**
西宁市城中区	1	2	1	1
西宁市城西区	2		1	
西宁市大通县	6	1		
西宁市湟中县	9		1	
海东地区民和县	4	2	2	
海东地区化隆县	7	6	5	4
海北州刚察县				
黄南州同仁县	15	4	3	4

4－35 各地区18岁及以上多重残疾人分残疾等级的社会参与状况

单位：人

地区	无障碍/无适用				轻度障碍			
	残疾一级	残疾二级	残疾三级	残疾四级	残疾一级	残疾二级	残疾三级	残疾四级
总　计					**7**	**2**	**11**	**12**
西宁市城中区							2	2
西宁市城西区								
西宁市大通县					2		1	
西宁市湟中县					3		3	7
海东地区民和县					1	2	3	
海东地区化隆县							2	2
海北州刚察县								1
黄南州同仁县					1			

4－35 续表 1

单位：人

地区	中度障碍				重度障碍			
	残疾一级	残疾二级	残疾三级	残疾四级	残疾一级	残疾二级	残疾三级	残疾四级
总　计	**24**	**18**	**23**	**14**	**56**	**19**	**22**	**11**
西宁市城中区	2	2	4	1	1	3	3	
西宁市城西区				1	5		1	2
西宁市大通县	1	1	1	1	4	2	1	
西宁市湟中县	9	1	6	4	8	1	3	
海东地区民和县	2	2	2		5	1	3	1
海东地区化隆县	3	6	5	4	14	9	7	5
海北州刚察县	2	2	3	3	5	1		
黄南州同仁县	5	4	2		14	2	4	3

4－35 续表 2

单位：人

地　区	极重度障碍/不能完成			
	残疾一级	残疾二级	残疾三级	残疾四级
总　计	**26**	**6**	**1**	**2**
西宁市城中区	1			
西宁市城西区	1			
西宁市大通县	6			
西宁市湟中县	6			
海东地区民和县	3	4		
海东地区化隆县	6	2	1	1
海北州刚察县				
黄南州同仁县	3			1

4－36 各地区视力残疾人分残疾等级的康复形式

单位：人

地　区	机构康复				延伸服务			
	残疾一级	残疾二级	残疾三级	残疾四级	残疾一级	残疾二级	残疾三级	残疾四级
总　计	**33**	**24**	**13**	**144**		**1**	**2**	**6**
西宁市城中区	2	6	1	16				
西宁市城西区	1			1				2
西宁市大通县	5	5		14				
西宁市湟中县	9	3	1	8				
海东地区民和县	5	2	1	22				1
海东地区化隆县	6	3	2	41		1	2	1
海北州刚察县	1	1	4	22				2
黄南州同仁县	4	4	4	20				

4－36 续表

单位：人

地　区	社区和家庭服务			
	残疾一级	残疾二级	残疾三级	残疾四级
总　计	**23**	**6**	**7**	**17**
西宁市城中区	3			1
西宁市城西区	5		1	4
西宁市大通县	2	3	2	4
西宁市湟中县	2		1	1
海东地区民和县	3	1	1	
海东地区化隆县	3	1		3
海北州刚察县	4	1	2	2
黄南州同仁县	1			2

4－37 各地区视力残疾人分残疾等级的康复内容

单位：人

地　区	医疗服务				辅助器具			
	残疾一级	残疾二级	残疾三级	残疾四级	残疾一级	残疾二级	残疾三级	残疾四级
总　计	**37**	**28**	**16**	**147**	**17**	**8**	**5**	**32**
西宁市城中区	3	6	1	16	5	6	1	16
西宁市城西区	3			2	4		1	4
西宁市大通县	5	7	1	17		1	1	3
西宁市湟中县	9	3	1	8	4		1	1
海东地区民和县	5	2	1	19	3	1	1	3
海东地区化隆县	7	5	4	41	1			4
海北州刚察县	1	1	4	24				
黄南州同仁县	4	4	4	20				1

4－37 续表

单位：人

地　区	康复训练与服务			
	残疾一级	残疾二级	残疾三级	残疾四级
总　计	**13**	**2**	**2**	**14**
西宁市城中区	3	1		3
西宁市城西区	1			2
西宁市大通县	2			1
西宁市湟中县				
海东地区民和县				1
海东地区化隆县	2			2
海北州刚察县	4	1	2	4
黄南州同仁县	1			1

4－38 各地区听力残疾人分残疾等级的康复形式

单位：人

地　区	机构康复				延伸服务			
	残疾一级	残疾二级	残疾三级	残疾四级	残疾一级	残疾二级	残疾三级	残疾四级
总　计	**9**	**12**	**48**	**77**		**2**	**10**	**11**
西宁市城中区				1				
西宁市城西区	2	1	5	11		1	7	11
西宁市大通县		7	16	25		1	3	
西宁市湟中县				2				
海东地区民和县								
海东地区化隆县		1						
海北州刚察县	3	2	10	16				
黄南州同仁县	4	1	17	22				

4－38 续表

单位：人

地　区	社区和家庭服务			
	残疾一级	残疾二级	残疾三级	残疾四级
总　计	**15**	**23**	**111**	**128**
西宁市城中区		2	22	28
西宁市城西区	1		1	4
西宁市大通县			1	
西宁市湟中县		2	18	38
海东地区民和县	11	10	32	26
海东地区化隆县	2	6	33	25
海北州刚察县	1	1		
黄南州同仁县		2	4	7

4－39 各地区听力残疾人分残疾等级的康复内容

单位：人

地　区	医疗服务				辅助器具			
	残疾一级	残疾二级	残疾三级	残疾四级	残疾一级	残疾二级	残疾三级	残疾四级
合　计	**6**	**9**	**49**	**79**	**22**	**34**	**159**	**205**
西宁市城中区				1		2	20	28
西宁市城西区	1	1	11	20	2	2	12	25
西宁市大通县		1	1	4		7	20	23
西宁市湟中县		1	10	19		2	18	39
海东地区民和县					11	10	32	26
海东地区化隆县	1	3	9	6	2	7	33	25
海北州刚察县	3	2	9	12	3	1	4	11
黄南州同仁县	1	1	9	17	4	3	20	28

4－39 续表

单位：人

地　区	康复训练与服务			
	残疾一级	残疾二级	残疾三级	残疾四级
合　计	**2**	**1**	**3**	**1**
西宁市城中区			2	
西宁市城西区	1			
西宁市大通县				
西宁市湟中县				1
海东地区民和县			1	
海东地区化隆县				
海北州刚察县	1	1		
黄南州同仁县				

4－40 各地区言语残疾人分残疾等级的康复形式

单位：人

地　区	机构康复				延伸服务			
	残疾一级	残疾二级	残疾三级	残疾四级	残疾一级	残疾二级	残疾三级	残疾四级
合　计	**1**	**1**	**5**	**4**				
西宁市城中区								
西宁市城西区				1				
西宁市大通县	1	1	1					
西宁市湟中县				1				
海东地区民和县								
海东地区化隆县			2	2				
海北州刚察县								
黄南州同仁县			2					

4－40 续表

单位：人

地区	社区和家庭服务			
	残疾一级	残疾二级	残疾三级	残疾四级
合计	**5**	**2**	**4**	**8**
西宁市城中区				
西宁市城西区	2			
西宁市大通县			2	2
西宁市湟中县				3
海东地区民和县				1
海东地区化隆县			1	
海北州刚察县	3	2		2
黄南州同仁县			1	

4－41 各地区言语残疾人分残疾等级的康复内容

单位：人

地区	医疗服务				辅助器具			
	残疾一级	残疾二级	残疾三级	残疾四级	残疾一级	残疾二级	残疾三级	残疾四级
总计	**1**	**1**	**6**	**4**				
西宁市城中区								
西宁市城西区								
西宁市大通县	1	1	1					
西宁市湟中县				2				
海东地区民和县								
海东地区化隆县			3	2				
海北州刚察县								
黄南州同仁县			2					

4－41 续表

单位：人

地区	康复训练与服务			
	残疾一级	残疾二级	残疾三级	残疾四级
总计	**6**	**2**	**4**	**11**
西宁市城中区				
西宁市城西区	2			1
西宁市大通县	1		3	2
西宁市湟中县				3
海东地区民和县				1
海东地区化隆县				2
海北州刚察县	3	2		2
黄南州同仁县			1	

4－42 各地区肢体残疾人分残疾等级的康复形式

单位：人

地区	机构康复				延伸服务			
	残疾一级	残疾二级	残疾三级	残疾四级	残疾一级	残疾二级	残疾三级	残疾四级
总计	**3**	**18**	**53**	**197**	**2**	**3**	**5**	**13**
西宁市城中区	1		3	12			1	
西宁市城西区		3	4	14	1	2	2	1
西宁市大通县	1	1	2	15	1			1
西宁市湟中县		4	14	68		1	2	11
海东地区民和县		1	2	3				
海东地区化隆县		2	4	24				
海北州刚察县	1	4	11	38				
黄南州同仁县		3	13	23				

4－42 续表

单位：人

地区	社区和家庭服务			
	残疾一级	残疾二级	残疾三级	残疾四级
总计	**9**	**15**	**53**	**93**
西宁市城中区		1	9	14
西宁市城西区				
西宁市大通县	4	1	5	12
西宁市湟中县	1		7	1
海东地区民和县	3	6	15	31
海东地区化隆县		3	3	12
海北州刚察县	1	1	10	15
黄南州同仁县		3	4	8

4－43 各地区肢体残疾人分残疾等级的康复内容

单位：人

地区	医疗服务				辅助器具			
	残疾一级	残疾二级	残疾三级	残疾四级	残疾一级	残疾二级	残疾三级	残疾四级
合计	**6**	**18**	**60**	**182**	**7**	**22**	**57**	**78**
西宁市城中区	1	1	4	12		1	11	14
西宁市城西区		2	2	12	1	3	4	2
西宁市大通县	3	1	4	17	2	2	4	3
西宁市湟中县		1	15	55	1	5	14	20
海东地区民和县	1	3	6	7	1	3	7	14
海东地区化隆县			3	22		4	2	14
海北州刚察县	1	4	11	29	2	2	9	8
黄南州同仁县		6	15	28		2	6	3

4－43 续表

单位：人

地　区	康复训练与服务			
	残疾一级	残疾二级	残疾三级	残疾四级
合　计	**8**	**17**	**54**	**161**
西宁市城中区			8	14
西宁市城西区				1
西宁市大通县	4	1	2	16
西宁市湟中县	1	5	19	64
海东地区民和县	3	5	10	20
海东地区化隆县		1	3	8
海北州刚察县		1	3	18
黄南州同仁县		4	9	20

4－44 各地区智力残疾人分残疾等级的康复形式

单位：人

地　区	机构康复				延伸服务			
	残疾一级	残疾二级	残疾三级	残疾四级	残疾一级	残疾二级	残疾三级	残疾四级
总　计	**1**	**4**	**12**	**14**				**1**
西宁市城中区								
西宁市城西区				1				
西宁市大通县		1	4	10				
西宁市湟中县		1	3	1				
海东地区民和县				1				
海东地区化隆县	1	2	2					
海北州刚察县				1				
黄南州同仁县			3					1

4－44 续表

单位：人

地　区	社区和家庭服务			
	残疾一级	残疾二级	残疾三级	残疾四级
总　计		**4**	**21**	**35**
西宁市城中区			1	2
西宁市城西区		1	2	1
西宁市大通县				1
西宁市湟中县			3	4
海东地区民和县		1	8	6
海东地区化隆县		1	5	19
海北州刚察县		1	2	2
黄南州同仁县				

4－45 各地区智力残疾人分残疾等级的康复内容

单位：人

地　区	医疗服务				辅助器具			
	残疾一级	残疾二级	残疾三级	残疾四级	残疾一级	残疾二级	残疾三级	残疾四级
总　计	**1**	**6**	**12**	**12**				
西宁市城中区								
西宁市城西区				1				
西宁市大通县		1	2	5				
西宁市湟中县		1	3	1				
海东地区民和县			2	2				
海东地区化隆县	1	3	2	3				
海北州刚察县		1						
黄南州同仁县			3					

4－45 续表

单位：人

地　区	康复训练与服务			
	残疾一级	残疾二级	残疾三级	残疾四级
总　计		**6**	**25**	**44**
西宁市城中区			1	2
西宁市城西区		1	2	1
西宁市大通县			3	8
西宁市湟中县		1	6	5
海东地区民和县		1	6	5
海东地区化隆县		2	5	19
海北州刚察县		1	2	3
黄南州同仁县				1

4－46 各地区精神残疾人分残疾等级的康复形式

单位：人

地　区	机构康复				延伸服务			
	残疾一级	残疾二级	残疾三级	残疾四级	残疾一级	残疾二级	残疾三级	残疾四级
总　计	**13**	**4**	**3**	**22**				
西宁市城中区	3	1	1					
西宁市城西区								
西宁市大通县	2							
西宁市湟中县				1				
海东地区民和县	1	1		9				
海东地区化隆县	1		1	5				
海北州刚察县	1	1		1				
黄南州同仁县	5	1	1	6				

4－46 续表

单位：人

地区	社区和家庭服务			
	残疾一级	残疾二级	残疾三级	残疾四级
总计	**4**	**2**	**6**	**19**
西宁市城中区				
西宁市城西区	3		1	2
西宁市大通县			2	1
西宁市湟中县				8
海东地区民和县		2		1
海东地区化隆县				
海北州刚察县			3	6
黄南州同仁县	1			1

4－47 各地区精神残疾人分残疾等级的康复内容

单位：人

地区	医疗服务				辅助器具			
	残疾一级	残疾二级	残疾三级	残疾四级	残疾一级	残疾二级	残疾三级	残疾四级
总计	**16**	**6**	**6**	**36**				
西宁市城中区	3		1	2				
西宁市城西区	3	1	1					
西宁市大通县				6				
西宁市湟中县	2		1					
海东地区民和县	1	3		10				
海东地区化隆县	1		1	5				
海北州刚察县	5	1	1	6				
黄南州同仁县	1	1	1	7				

4－47　续表

单位：人

地　区	康复训练与服务			
	残疾一级	残疾二级	残疾三级	残疾四级
总　计	**5**	**1**	**5**	**13**
西宁市城中区				
西宁市城西区	3		1	2
西宁市大通县			1	1
西宁市湟中县				2
海东地区民和县				
海东地区化隆县				
海北州刚察县		1	3	7
黄南州同仁县	2			1

4－48　各地区多重残疾人分残疾等级的康复形式

单位：人

地　区	机构康复				延伸服务			
	残疾一级	残疾二级	残疾三级	残疾四级	残疾一级	残疾二级	残疾三级	残疾四级
总　计	**73**	**31**	**32**	**27**	**1**	**1**	**2**	**1**
西宁市城中区	4	2	3	1			1	
西宁市城西区	2		1	3	1			
西宁市大通县	7	1	2					
西宁市湟中县	9	2	4	8		1	1	1
海东地区民和县	6	4	5					
海东地区化隆县	18	13	11	8				
海北州刚察县	9	3	2	3				
黄南州同仁县	18	6	4	4				

4－48 续表

单位：人

地 区	社区和家庭服务			
	残疾一级	残疾二级	残疾三级	残疾四级
总 计	**61**	**29**	**29**	**15**
西宁市城中区	1	4	5	2
西宁市城西区	3			
西宁市大通县	7	3	2	1
西宁市湟中县	20	3	7	3
海东地区民和县	10	7	5	1
海东地区化隆县	6	6	6	5
海北州刚察县	5	4	2	3
黄南州同仁县	9	2	2	

4－49 各地区多重残疾人分残疾等级的康复内容

单位：人

地 区	医疗服务				辅助器具			
	残疾一级	残疾二级	残疾三级	残疾四级	残疾一级	残疾二级	残疾三级	残疾四级
总 计	**90**	**37**	**33**	**30**	**53**	**16**	**32**	**22**
西宁市城中区	3	3	4	2	2	4	6	2
西宁市城西区	5			3			1	2
西宁市大通县	11	2	3	1	2	1		
西宁市湟中县	17	2	5	9	18		5	3
海东地区民和县	3	5	4		6	2	4	1
海东地区化隆县	21	14	11	6	9	5	10	8
海北州刚察县	12	5	3	5	1		2	4
黄南州同仁县	18	6	3	4	15	4	4	2

4－49 续表

单位：人

地区	康复训练与服务			
	残疾一级	残疾二级	残疾三级	残疾四级
总计	**51**	**31**	**28**	**13**
西宁市城中区	1	4	5	
西宁市城西区	3			
西宁市大通县	4	2	3	
西宁市湟中县	11	5	10	7
海东地区民和县	11	6	2	
海东地区化隆县	4	8	4	3
海北州刚察县	8	4	2	1
黄南州同仁县	9	2	2	2

4－50 各地区残疾人分城乡、残疾等级的持证情况

单位：人

地区	持证残疾人			持证残疾人		
				残疾一级		
	合计	城镇	农村	小计	城镇	农村
总计	**348**	**98**	**250**	**82**	**24**	**58**
西宁市城中区	30	30		5	5	
西宁市城西区	24	24		9	9	
西宁市大通县	37	13	24	9	2	7
西宁市湟中县	48	7	41	8		8
海东地区民和县	45	8	37	10	1	9
海东地区化隆县	68		68	17		17
海北州刚察县	55	8	47	11	3	8
黄南州同仁县	41	8	33	13	4	9

4－50 续表

单位：人

地区	持证残疾人								
	残疾二级			残疾三级			残疾四级		
	小计	城镇	农村	小计	城镇	农村	小计	城镇	农村
总计	**47**	**11**	**36**	**86**	**25**	**61**	**133**	**38**	**95**
西宁市城中区	3	3		8	8		14	14	
西宁市城西区	3	3		6	6		6	6	
西宁市大通县	4	1	3	6	2	4	18	8	10
西宁市湟中县	8	2	6	17	1	16	15	4	11
海东地区民和县	11	2	9	10	3	7	14	2	12
海东地区化隆县	12		12	10		10	29		29
海北州刚察县	4		4	16	3	13	24	2	22
黄南州同仁县	2		2	13	2	11	13	2	11

4－51 6-14岁视力残疾人分年龄、性别、残疾等级的在校生接受义务教育情况

单位：人

年龄	残疾人		残疾一级							
			普通教育学校普通班		普通教育学校特教班		特殊教育学校		其他	
	男	女	男	女	男	女	男	女	男	女
总计	**6**									
6岁										
7岁	2									
8岁										
9岁	2									
10岁										
11岁										
12岁	2									
13岁										
14岁										

4－51 续表 1

单位：人

年 龄	残疾二级							
	普通教育学校普通班		普通教育学校特教班		特殊教育学校		其他	
	男	女	男	女	男	女	男	女
总 计								
6岁								
7岁								
8岁								
9岁								
10岁								
11岁								
12岁								
13岁								
14岁								

4－51 续表 2

单位：人

年 龄	残疾三级							
	普通教育学校普通班		普通教育学校特教班		特殊教育学校		其他	
	男	女	男	女	男	女	男	女
总 计	**1**							
6岁								
7岁								
8岁								
9岁	1							
10岁								
11岁								
12岁								
13岁								
14岁								

4－51 续表 3

单位：人

年龄	残疾四级							
	普通教育学校普通班		普通教育学校特教班		特殊教育学校		其他	
	男	女	男	女	男	女	男	女
总 计	**3**							
6岁								
7岁	1							
8岁								
9岁								
10岁								
11岁								
12岁	2							
13岁								
14岁								

4－52 6-14岁听力残疾人分年龄、性别、残疾等级的在校生接受义务教育情况

单位：人

年龄	残疾人		残疾一级							
			普通教育学校普通班		普通教育学校特教班		特殊教育学校		其他	
	男	女	男	女	男	女	男	女	男	女
总 计	**2**									
6岁										
7岁										
8岁										
9岁										
10岁	1									
11岁										
12岁										
13岁	1									
14岁										

4－52　续表 1

单位：人

年　龄	残疾二级							
	普通教育学校普通班		普通教育学校特教班		特殊教育学校		其他	
	男	女	男	女	男	女	男	女
总　计								
6岁								
7岁								
8岁								
9岁								
10岁								
11岁								
12岁								
13岁								
14岁								

4－52　续表 2

单位：人

年　龄	残疾三级							
	普通教育学校普通班		普通教育学校特教班		特殊教育学校		其他	
	男	女	男	女	男	女	男	女
总　计	**1**							
6岁								
7岁								
8岁								
9岁								
10岁	1							
11岁								
12岁								
13岁								
14岁								

4－52　续表 3

单位：人

年　龄	残疾四级							
	普通教育学校普通班		普通教育学校特教班		特殊教育学校		其他	
	男	女	男	女	男	女	男	女
总　计								
6岁								
7岁								
8岁								
9岁								
10岁								
11岁								
12岁								
13岁								
14岁								

4－53　6-14岁言语残疾人分年龄、性别、残疾等级的在校生接受义务教育情况

单位：人

年　龄	残疾人		残疾一级							
			普通教育学校普通班		普通教育学校特教班		特殊教育学校		其他	
	男	女	男	女	男	女	男	女	男	女
总　计	**3**	**4**								
6岁										
7岁		2								
8岁	1									
9岁	1									
10岁										
11岁										
12岁	1									
13岁		1								
14岁		1								

4－53 续表 1

单位：人

年 龄	残疾二级							
	普通教育学校普通班		普通教育学校特教班		特殊教育学校		其他	
	男	女	男	女	男	女	男	女
总 计								
6岁								
7岁								
8岁								
9岁								
10岁								
11岁								
12岁								
13岁								
14岁								

4－53 续表 2

单位：人

年 龄	残疾三级							
	普通教育学校普通班		普通教育学校特教班		特殊教育学校		其他	
	男	女	男	女	男	女	男	女
总 计	**1**							
6岁								
7岁								
8岁	1							
9岁								
10岁								
11岁								
12岁								
13岁								
14岁								

4－53 续表 3

单位：人

年龄	残疾四级							
	普通教育学校普通班		普通教育学校特教班		特殊教育学校		其他	
	男	女	男	女	男	女	男	女
总　计	**1**	**2**						
6岁								
7岁		1						
8岁								
9岁	1							
10岁								
11岁								
12岁								
13岁								
14岁		1						

4－54 6-14岁肢体残疾人分年龄、性别、残疾等级的在校生接受义务教育情况

单位：人

年龄	残疾人		残疾一级							
			普通教育学校普通班		普通教育学校特教班		特殊教育学校		其他	
	男	女	男	女	男	女	男	女	男	女
总　计	**11**	**4**								
6岁	1									
7岁	1									
8岁										
9岁										
10岁	2									
11岁	1									
12岁	2	1								
13岁	3	2								
14岁	1	1								

4－54 续表 1

单位：人

年龄	残疾二级							
	普通教育学校普通班		普通教育学校特教班		特殊教育学校		其他	
	男	女	男	女	男	女	男	女
总计								
6岁								
7岁								
8岁								
9岁								
10岁								
11岁								
12岁								
13岁								
14岁								

4－54 续表 2

单位：人

年龄	残疾三级							
	普通教育学校普通班		普通教育学校特教班		特殊教育学校		其他	
	男	女	男	女	男	女	男	女
总计	**1**							
6岁								
7岁	1							
8岁								
9岁								
10岁								
11岁								
12岁								
13岁								
14岁								

4－54 续表 3

单位：人

年 龄	残疾四级							
	普通教育学校普通班		普通教育学校特教班		特殊教育学校		其他	
	男	女	男	女	男	女	男	女
总 计	**5**	**2**						
6岁								
7岁								
8岁								
9岁								
10岁	1							
11岁								
12岁	1	1						
13岁	3	1						
14岁								

4－55 6-14岁智力残疾人分年龄、性别、残疾等级的在校生接受义务教育情况

单位：人

年 龄	残疾人		残疾一级							
			普通教育学校普通班		普通教育学校特教班		特殊教育学校		其他	
	男	女	男	女	男	女	男	女	男	女
总 计	**11**	**12**								
6岁	4	4								
7岁										
8岁		2								
9岁	1	1								
10岁	3									
11岁										
12岁	1	1								
13岁		2								
14岁	2	2								

4－55　续表 1

单位：人

年　龄	残疾二级							
	普通教育学校普通班		普通教育学校特教班		特殊教育学校		其他	
	男	女	男	女	男	女	男	女
总　计								
6岁								
7岁								
8岁								
9岁								
10岁								
11岁								
12岁								
13岁								
14岁								

4－55　续表 2

单位：人

年　龄	残疾三级							
	普通教育学校普通班		普通教育学校特教班		特殊教育学校		其他	
	男	女	男	女	男	女	男	女
总　计	**2**	**1**						
6岁								
7岁								
8岁								
9岁								
10岁	2							
11岁								
12岁								
13岁		1						
14岁								

4－55 续表 3

单位：人

年 龄	残疾四级							
	普通教育学校普通班		普通教育学校特教班		特殊教育学校		其他	
	男	女	男	女	男	女	男	女
总 计	**5**	**4**						
6岁	1							
7岁								
8岁		1						
9岁	1	1						
10岁	1							
11岁								
12岁	1	1						
13岁								
14岁	1	1						

4－56 6-14岁精神残疾人分年龄、性别、残疾等级的在校生接受义务教育情况

单位：人

年 龄	残疾人		残疾一级							
			普通教育学校普通班		普通教育学校特教班		特殊教育学校		其他	
	男	女	男	女	男	女	男	女	男	女
总 计	**2**									
6岁										
7岁										
8岁										
9岁										
10岁										
11岁										
12岁										
13岁	2									
14岁										

4－56　续表 1

单位：人

年　龄	残疾二级							
	普通教育学校普通班		普通教育学校特教班		特殊教育学校		其他	
	男	女	男	女	男	女	男	女
总　计								
6岁								
7岁								
8岁								
9岁								
10岁								
11岁								
12岁								
13岁								
14岁								

4－56　续表 2

单位：人

年　龄	残疾三级							
	普通教育学校普通班		普通教育学校特教班		特殊教育学校		其他	
	男	女	男	女	男	女	男	女
总　计								
6岁								
7岁								
8岁								
9岁								
10岁								
11岁								
12岁								
13岁								
14岁								

4－56 续表 3

单位：人

年 龄	残疾四级							
	普通教育学校普通班		普通教育学校特教班		特殊教育学校		其他	
	男	女	男	女	男	女	男	女
总 计	**2**							
6岁								
7岁								
8岁								
9岁								
10岁								
11岁								
12岁								
13岁	2							
14岁								

4－57 6-14岁多重残疾人分年龄、性别、残疾等级的在校生接受义务教育情况

单位:人

年 龄	残疾人		残疾一级							
			普通教育学校普通班		普通教育学校特教班		特殊教育学校		其他	
	男	女	男	女	男	女	男	女	男	女
总 计	**13**	**10**	**1**							
6岁	3	3								
7岁	2	2								
8岁										
9岁		1								
10岁	3		1							
11岁	1									
12岁	1	3								
13岁	2	1								
14岁	1									

4－57　续表 1

单位:人

年　龄	残疾二级							
	普通教育学校普通班		普通教育学校特教班		特殊教育学校		其他	
	男	女	男	女	男	女	男	女
总　计	**1**							
6岁								
7岁	1							
8岁								
9岁								
10岁								
11岁								
12岁								
13岁								
14岁								

4－57　续表 2

单位:人

年　龄	残疾三级							
	普通教育学校普通班		普通教育学校特教班		特殊教育学校		其他	
	男	女	男	女	男	女	男	女
总　计								
6岁								
7岁								
8岁								
9岁								
10岁								
11岁								
12岁								
13岁								
14岁								

4－57 续表 3

单位:人

年龄	残疾四级							
	普通教育学校普通班		普通教育学校特教班		特殊教育学校		其他	
	男	女	男	女	男	女	男	女
总　计	**1**							
6岁								
7岁								
8岁								
9岁								
10岁								
11岁								
12岁	1							
13岁								
14岁								

4－58 各地区6-14岁残疾人分城乡、残疾等级的在校生接受义务教育情况

单位：人

地　　区	残疾人		残疾一级							
			普通教育学校普通班		普通教育学校特教班		特殊教育学校		其他	
	城镇	农村	城镇	农村	城镇	农村	城镇	农村	城镇	农村
总　　计	**13**	**65**	**1**							
西宁市城中区	2									
西宁市城西区	1									
西宁市大通县	1	5								
西宁市湟中县	1	7								
海东地区民和县	2	7								
海东地区化隆县		26								
海北州刚察县	4	12	1							
黄南州同仁县	2	8								

4－58　续表 1

单位：人

地　　区	残疾二级							
	普通教育学校普通班		普通教育学校特教班		特殊教育学校		其他	
	城镇	农村	城镇	农村	城镇	农村	城镇	农村
总　　计	**1**							
西宁市城中区								
西宁市城西区								
西宁市大通县								
西宁市湟中县								
海东地区民和县								
海东地区化隆县								
海北州刚察县	1							
黄南州同仁县								

4－58　续表 2

单位：人

地　　区	残疾三级							
	普通教育学校普通班		普通教育学校特教班		特殊教育学校		其他	
	城镇	农村	城镇	农村	城镇	农村	城镇	农村
总　　计		**7**						
西宁市城中区								
西宁市城西区								
西宁市大通县		1						
西宁市湟中县								
海东地区民和县		1						
海东地区化隆县		3						
海北州刚察县								
黄南州同仁县		2						

4－58 续表 3

单位：人

地区	残疾四级							
	普通教育学校普通班		普通教育学校特教班		特殊教育学校		其他	
	城镇	农村	城镇	农村	城镇	农村	城镇	农村
总　计	**2**	**23**						
西宁市城中区								
西宁市城西区	1							
西宁市大通县	1	2						
西宁市湟中县		5						
海东地区民和县		2						
海东地区化隆县		10						
海北州刚察县		1						
黄南州同仁县		3						

4－59 各地区16岁及以上视力残疾人分城乡的参加社会保险情况

单位：人

地区	残疾人			参加社会保险人数					
				养老保险			医疗保险		
	合计	城镇	农村	小计	城镇	农村	小计	城镇	农村
总　计	**263**	**58**	**205**	**29**	**29**		**102**	**28**	**74**
西宁市城中区	26	26		16	16		15	15	
西宁市城西区	14	14		11	11		11	11	
西宁市大通县	33	9	24	2	2		2	2	
西宁市湟中县	25		25						
海东地区民和县	35	3	32				26		26
海东地区化隆县	60		60				48		48
海北州刚察县	38	1	37						
黄南州同仁县	32	5	27						

4-59 续表

单位：人

地　　区	参加社会保险人数						未参加		
	工伤保险			失业保险					
	小计	城镇	农村	小计	城镇	农村	小计	城镇	农村
总　　计	**1**		**1**				**159**	**28**	**131**
西宁市城中区							10	10	
西宁市城西区							3	3	
西宁市大通县							30	6	24
西宁市湟中县							25		25
海东地区民和县							9	3	6
海东地区化隆县	1		1				12		12
海北州刚察县							38	1	37
黄南州同仁县							32	5	27

4-60 各地区16岁及以上听力残疾人分城乡的参加社会保险情况

单位：人

地　　区	残疾人			参加社会保险人数					
				养老保险			医疗保险		
	合计	城镇	农村	小计	城镇	农村	小计	城镇	农村
总　　计	**443**	**165**	**278**	**91**	**88**	**3**	**224**	**97**	**127**
西宁市城中区	53	53		33	33		29	29	
西宁市城西区	44	44		33	33		31	31	
西宁市大通县	52	23	29	21	19	2	21	19	2
西宁市湟中县	60	16	44	3	2	1	10	9	1
海东地区民和县	79	10	69	1	1		64	4	60
海东地区化隆县	66		66				57		57
海北州刚察县	32		32				6		6
黄南州同仁县	57	19	38				6	5	1

4-60 续表

单位：人

地　区	参加社会保险人数						未参加		
	工伤保险			失业保险					
	小计	城镇	农村	小计	城镇	农村	小计	城镇	农村
总　计							**210**	**60**	**150**
西宁市城中区							20	20	
西宁市城西区							10	10	
西宁市大通县							31	4	27
西宁市湟中县							48	6	42
海东地区民和县							15	6	9
海东地区化隆县							9		9
海北州刚察县							26		26
黄南州同仁县							51	14	37

4-61 各地区16岁及以上言语残疾人分城乡的参加社会保险情况

单位：人

地　区	残疾人			参加社会保险人数					
				养老保险			医疗保险		
	合计	城镇	农村	小计	城镇	农村	小计	城镇	农村
总　计	**16**	**4**	**12**	**2**	**2**		**8**	**2**	**6**
西宁市城中区									
西宁市城西区	3	3		2	2		2	2	
西宁市大通县	4		4				3		3
西宁市湟中县	2	1	1						
海东地区民和县	1		1				1		1
海东地区化隆县	2		2				2		2
海北州刚察县	2		2						
黄南州同仁县	2		2						

4-61 续表

单位：人

地区	参加社会保险人数						未参加		
	工伤保险			失业保险					
	小计	城镇	农村	小计	城镇	农村	小计	城镇	农村
总　计							**8**	**2**	**6**
西宁市城中区									
西宁市城西区							1	1	
西宁市大通县							1		1
西宁市湟中县							2	1	1
海东地区民和县									
海东地区化隆县									
海北州刚察县							2		2
黄南州同仁县							2		2

4-62 各地区16岁及以上肢体残疾人分城乡的参加社会保险情况

单位：人

地区	残疾人			参加社会保险人数					
				养老保险			医疗保险		
	合计	城镇	农村	小计	城镇	农村	小计	城镇	农村
总　计	**444**	**149**	**295**	**55**	**55**		**113**	**48**	**65**
西宁市城中区	41	41		29	29		21	21	
西宁市城西区	27	27		17	17		2	2	
西宁市大通县	43	16	27	3	3		4	4	
西宁市湟中县	105	25	80	1	1		11	10	1
海东地区民和县	59	15	44	5	5		36	2	34
海东地区化隆县	40		40				30		30
海北州刚察县	78	10	68				7	7	
黄南州同仁县	51	15	36				2	2	

4-62 续表

单位：人

地区	参加社会保险人数						未参加		
	工伤保险			失业保险					
	小计	城镇	农村	小计	城镇	农村	小计	城镇	农村
总计							**302**	**72**	**230**
西宁市城中区							12	12	
西宁市城西区							10	10	
西宁市大通县							38	11	27
西宁市湟中县							94	15	79
海东地区民和县							18	8	10
海东地区化隆县							10		10
海北州刚察县							71	3	68
黄南州同仁县							49	13	36

4-63 各地区16岁及以上智力残疾人分城乡的参加社会保险情况

单位：人

地区	残疾人			参加社会保险人数					
				养老保险			医疗保险		
	合计	城镇	农村	小计	城镇	农村	小计	城镇	农村
总计	**49**	**12**	**37**	**3**	**3**		**10**	**1**	**9**
西宁市城中区	3	3		2	2		1	1	
西宁市城西区	5	5		1	1				
西宁市大通县	15	1	14						
西宁市湟中县	6		6						
海东地区民和县	7		7				4		4
海东地区化隆县	7		7				5		5
海北州刚察县	4	1	3						
黄南州同仁县	2	2							

4-63 续表

单位：人

地区	参加社会保险人数						未参加		
	工伤保险			失业保险					
	小计	城镇	农村	小计	城镇	农村	小计	城镇	农村
总　计							**37**	**9**	**28**
西宁市城中区							1	1	
西宁市城西区							4	4	
西宁市大通县							15	1	14
西宁市湟中县							6		6
海东地区民和县							3		3
海东地区化隆县							2		2
海北州刚察县							4	1	3
黄南州同仁县							2	2	

4-64 各地区16岁及以上精神残疾人分城乡的参加社会保险情况

单位：人

地区	残疾人			参加社会保险人数					
				养老保险			医疗保险		
	合计	城镇	农村	小计	城镇	农村	小计	城镇	农村
总　计	**70**	**27**	**43**	**2**	**2**		**31**	**16**	**15**
西宁市城中区	5	5							
西宁市城西区	5	5		1	1		5	5	
西宁市大通县	5	3	2				4	2	2
西宁市湟中县	9	5	4	1	1		4	4	
海东地区民和县	12	5	7				8	4	4
海东地区化隆县	7		7				7		7
海北州刚察县	12	2	10						
黄南州同仁县	15	2	13				3	1	2

4-64 续表

单位：人

地区	参加社会保险人数						未参加		
	工伤保险			失业保险					
	小计	城镇	农村	小计	城镇	农村	小计	城镇	农村
总　计							**39**	**11**	**28**
西宁市城中区							5	5	
西宁市城西区									
西宁市大通县							1	1	
西宁市湟中县							5	1	4
海东地区民和县							4	1	3
海东地区化隆县									
海北州刚察县							12	2	10
黄南州同仁县							12	1	11

4-65 各地区16岁及以上多重残疾人分城乡的参加社会保险情况

单位：人

地区	残疾人			参加社会保险人数					
				养老保险			医疗保险		
	合计	城镇	农村	小计	城镇	农村	小计	城镇	农村
总　计	**259**	**57**	**202**	**13**	**13**		**102**	**15**	**87**
西宁市城中区	21	21		8	8		9	9	
西宁市城西区	10	10		3	3		1	1	
西宁市大通县	20	4	16				5	1	4
西宁市湟中县	52	9	43	1	1		5	2	3
海东地区民和县	30	3	27	1	1		22	1	21
海东地区化隆县	69		69				58		58
海北州刚察县	18	3	15				1		1
黄南州同仁县	39	7	32				1	1	

4-65 续表

单位：人

地区	参加社会保险人数						未参加		
	工伤保险			失业保险					
	小计	城镇	农村	小计	城镇	农村	小计	城镇	农村
总　计							**153**	**38**	**115**
西宁市城中区							12	12	
西宁市城西区							7	7	
西宁市大通县							15	3	12
西宁市湟中县							46	6	40
海东地区民和县							7	1	6
海东地区化隆县							11		11
海北州刚察县							17	3	14
黄南州同仁县							38	6	32

4-66 各地区视力残疾人分城乡、残疾等级的领取低保金和救济情况

单位：人

地区	残疾人		残疾一级				残疾二级			
			领取低保人数		领取过救济人数		领取低保人数		领取过救济人数	
	城镇	农村	城镇	农村	城镇	农村	城镇	农村	城镇	农村
总　计	**62**	**214**	**4**	**1**	**2**	**7**	**1**	**1**		**1**
西宁市城中区	29		2				1			
西宁市城西区	14		2		2					
西宁市大通县	10	25				1				
西宁市湟中县		25								
海东地区民和县	3	33				3				
海东地区化隆县		63		1						
海北州刚察县	1	38				1		1		
黄南州同仁县	5	30				2				1

4-66 续表

单位：人

地区	残疾三级				残疾四级			
	领取低保人数		领取过救济人数		领取低保人数		领取过救济人数	
	城镇	农村	城镇	农村	城镇	农村	城镇	农村
总　计				**3**	**8**	**5**	**4**	**14**
西宁市城中区					2		1	
西宁市城西区								
西宁市大通县					4		1	1
西宁市湟中县								
海东地区民和县				1	1			3
海东地区化隆县						2		2
海北州刚察县				1		1		4
黄南州同仁县				1	1	2	2	4

4-67 各地区听力残疾人分城乡、残疾等级的领取低保金和救济情况

单位：人

地区	残疾人		残疾一级				残疾二级			
			领取低保人数		领取过救济人数		领取低保人数		领取过救济人数	
	城镇	农村	城镇	农村	城镇	农村	城镇	农村	城镇	农村
总　计	**165**	**281**				**3**	**2**		**1**	**7**
西宁市城中区	53						1		1	
西宁市城西区	44									
西宁市大通县	23	30					1			1
西宁市湟中县	16	44								
海东地区民和县	10	69								3
海东地区化隆县		67				1				3
海北州刚察县		33				1				
黄南州同仁县	19	38				1				

4-67 续表

单位：人

地区	残疾三级				残疾四级			
	领取低保人数		领取过救济人数		领取低保人数		领取过救济人数	
	城镇	农村	城镇	农村	城镇	农村	城镇	农村
总　计	**3**	**2**	**1**	**26**	**3**	**5**	**4**	**25**
西宁市城中区					1		1	
西宁市城西区					1			
西宁市大通县	2			2				1
西宁市湟中县			1				3	
海东地区民和县				1				1
海东地区化隆县				10				11
海北州刚察县		1		3		5		4
黄南州同仁县	1	1		10	1			8

4-68 各地区言语残疾人分城乡、残疾等级的领取低保金和救济情况

单位：人

地区	残疾人		残疾一级				残疾二级			
			领取低保人数		领取过救济人数		领取低保人数		领取过救济人数	
	城镇	农村	城镇	农村	城镇	农村	城镇	农村	城镇	农村
总　计	**5**	**25**	**1**		**1**					
西宁市城中区										
西宁市城西区	3		1		1					
西宁市大通县		7								
西宁市湟中县	1	3								
海东地区民和县		1								
海东地区化隆县		5								
海北州刚察县		7								
黄南州同仁县	1	2								

4-68 续表

单位：人

地　区	残疾三级				残疾四级			
	领取低保人数		领取过救济人数		领取低保人数		领取过救济人数	
	城镇	农村	城镇	农村	城镇	农村	城镇	农村
总　计		**1**		**4**				**1**
西宁市城中区								
西宁市城西区								
西宁市大通县				3				1
西宁市湟中县								
海东地区民和县								
海东地区化隆县		1		1				
海北州刚察县								
黄南州同仁县								

4-69 各地区肢体残疾人分城乡、残疾等级的领取低保金和救济情况

单位：人

地　区	残疾人		残疾一级				残疾二级			
			领取低保人数		领取过救济人数		领取低保人数		领取过救济人数	
	城镇	农村	城镇	农村	城镇	农村	城镇	农村	城镇	农村
总　计	**149**	**315**	**1**		**1**	**3**	**2**		**2**	**3**
西宁市城中区	41						1			
西宁市城西区	27									
西宁市大通县	16	27	1		1	3	1		1	
西宁市湟中县	25	84							1	2
海东地区民和县	15	46								
海东地区化隆县		48								1
海北州刚察县	10	71								
黄南州同仁县	15	39								

4-69 续表

单位：人

地 区	残疾三级				残疾四级			
	领取低保人数		领取过救济人数		领取低保人数		领取过救济人数	
	城镇	农村	城镇	农村	城镇	农村	城镇	农村
总 计	**12**	**2**	**4**	**13**	**11**	**3**	**6**	**25**
西宁市城中区	4		1		4		1	
西宁市城西区	2				1		1	
西宁市大通县	1		1	2	4		2	7
西宁市湟中县	1		1	5	1		2	
海东地区民和县	1			1				4
海东地区化隆县				1		1		11
海北州刚察县	1	1		3		2		1
黄南州同仁县	2	1	1	1	1			2

4-70 各地区智力残疾人分城乡、残疾等级的领取低保金和救济情况

单位：人

地 区	残疾人		残疾一级				残疾二级			
			领取低保人数		领取过救济人数		领取低保人数		领取过救济人数	
	城镇	农村	城镇	农村	城镇	农村	城镇	农村	城镇	农村
总 计	**15**	**77**				**1**				**2**
西宁市城中区	3									
西宁市城西区	5									
西宁市大通县	1	15								1
西宁市湟中县	1	11								
海东地区民和县	1	15								1
海东地区化隆县		30				1				
海北州刚察县	2	4								
黄南州同仁县	2	2								

4-70 续表

单位：人

地区	残疾三级				残疾四级			
	领取低保人数		领取过救济人数		领取低保人数		领取过救济人数	
	城镇	农村	城镇	农村	城镇	农村	城镇	农村
总　计	**4**	**1**		**4**	**1**	**1**		**6**
西宁市城中区	1							
西宁市城西区	1							
西宁市大通县				3	1			
西宁市湟中县	1							
海东地区民和县								
海东地区化隆县		1		1		1		4
海北州刚察县								2
黄南州同仁县	1							

4-71 各地区精神残疾人分城乡、残疾等级的领取低保金和救济情况

单位:人

地区	残疾人		残疾一级				残疾二级			
			领取低保人数		领取过救济人数		领取低保人数		领取过救济人数	
	城镇	农村	城镇	农村	城镇	农村	城镇	农村	城镇	农村
总　计	**28**	**45**	**2**		**2**	**1**	**1**		**1**	
西宁市城中区	5		1		2					
西宁市城西区	6		1							
西宁市大通县	3	2								
西宁市湟中县	5	4								
海东地区民和县	5	9								
海东地区化隆县		7				1				
海北州刚察县	2	10					1		1	
黄南州同仁县	2	13								

4-71 续表

单位:人

地区	残疾三级				残疾四级			
	领取低保人数		领取过救济人数		领取低保人数		领取过救济人数	
	城镇	农村	城镇	农村	城镇	农村	城镇	农村
总计	**1**	**1**	**1**	**3**	**2**			**3**
西宁市城中区	1		1					
西宁市城西区					1			
西宁市大通县								
西宁市湟中县								1
海东地区民和县					1			
海东地区化隆县								
海北州刚察县		1		3				2
黄南州同仁县								

4-72 各地区多重残疾人分城乡、残疾等级的领取低保金和救济情况

单位：人

地区	残疾人		残疾一级				残疾二级			
			领取低保人数		领取过救济人数		领取低保人数		领取过救济人数	
	城镇	农村	城镇	农村	城镇	农村	城镇	农村	城镇	农村
总计	**69**	**233**	**5**	**4**	**2**	**27**	**2**	**2**	**1**	**16**
西宁市城中区	23		3				2		1	
西宁市城西区	10				1					
西宁市大通县	4	19				5				2
西宁市湟中县	12	47		1	1	2				
海东地区民和县	5	33				4		1		3
海东地区化隆县		73		2		11		1		9
海北州刚察县	6	25	2							1
黄南州同仁县	9	36		1		5				1

4-72 续表

单位：人

地　区	残疾三级				残疾四级			
	领取低保人数		领取过救济人数		领取低保人数		领取过救济人数	
	城镇	农村	城镇	农村	城镇	农村	城镇	农村
总　计	**5**	**1**		**15**	**3**	**1**	**1**	**7**
西宁市城中区	2						1	
西宁市城西区								
西宁市大通县	1					1		1
西宁市湟中县	1			2	2			1
海东地区民和县				3				
海东地区化隆县		1		7				4
海北州刚察县				2				
黄南州同仁县	1			1	1			1

4-73 各地区残疾人分城乡的曾接受服务或扶助

单位：人次

地　区	合计		医疗服务与救助		辅助器具	
	城镇	农村	城镇	农村	城镇	农村
总　计	**602**	**1259**	**190**	**222**	**95**	**10**
西宁市城中区	184		52		44	
西宁市城西区	154		76		46	
西宁市大通县	60	129	5	8	1	3
西宁市湟中县	63	222	2	7	2	2
海东地区民和县	48	218	7	14	2	2
海东地区化隆县		299		3		1
海北州刚察县	23	202	8	131		1
黄南州同仁县	70	189	40	59		1

4－73 续表 1

单位：人次

地区	康复训练与服务		教育费用补助或减免		职业教育与培训	
	城镇	农村	城镇	农村	城镇	农村
总计	**16**	**4**		**5**		**1**
西宁市城中区	1					
西宁市城西区	5					
西宁市大通县	2			1		
西宁市湟中县	1					
海东地区民和县	3	1		1		
海东地区化隆县				3		1
海北州刚察县	3	3				
黄南州同仁县	1					

4－73 续表 2

单位：人次

地区	就业安置或扶持		贫困残疾人救助与扶持		法律援助与服务	
	城镇	农村	城镇	农村	城镇	农村
总计		**3**	**17**	**118**		
西宁市城中区			4			
西宁市城西区			1			
西宁市大通县			1	8		
西宁市湟中县		1	2	6		
海东地区民和县			4	11		
海东地区化隆县		2		78		
海北州刚察县				11		
黄南州同仁县			5	4		

4－73 续表 3

单位：人次

地　区	无障碍设施		信息无障碍		生活服务	
	城镇	农村	城镇	农村	城镇	农村
总　计	**3**	**1**	**8**	**8**	**17**	**68**
西宁市城中区	1					
西宁市城西区					2	
西宁市大通县					3	9
西宁市湟中县					2	3
海东地区民和县					5	18
海东地区化隆县						3
海北州刚察县						1
黄南州同仁县	2	1	8	8	5	34

4－73 续表 4

单位：人次

地　区	文化服务		其他		未曾接受任何服务或扶助	
	城镇	农村	城镇	农村	城镇	农村
总　计		**1**	**3**	**5**	**253**	**813**
西宁市城中区			2		80	
西宁市城西区					24	
西宁市大通县				1	48	99
西宁市湟中县					54	203
海东地区民和县		1	1	2	26	168
海东地区化隆县				1		207
海北州刚察县				1	12	54
黄南州同仁县					9	82

4-74 各地区视力残疾人分城乡的曾接受服务或扶助

单位：人次

地区	合计		医疗服务与救助		辅助器具	
	城镇	农村	城镇	农村	城镇	农村
总计	**65**	**223**	**16**	**57**	**2**	**2**
西宁市城中区	29		1			
西宁市城西区	15		10		2	
西宁市大通县	11	25	1			
西宁市湟中县		25		5		
海东地区民和县	3	35		6		2
海东地区化隆县		63		1		
海北州刚察县	1	42		37		
黄南州同仁县	6	33	4	8		

4-74 续表 1

单位：人次

地区	康复训练与服务		教育费用补助或减免		职业教育与培训	
	城镇	农村	城镇	农村	城镇	农村
总计						
西宁市城中区						
西宁市城西区						
西宁市大通县						
西宁市湟中县						
海东地区民和县						
海东地区化隆县						
海北州刚察县						
黄南州同仁县						

4-74 续表 2

单位：人次

地　区	就业安置或扶持		贫困残疾人救助与扶持		法律援助与服务	
	城镇	农村	城镇	农村	城镇	农村
总　计		**2**	**2**	**9**		
西宁市城中区			1			
西宁市城西区						
西宁市大通县			1	2		
西宁市湟中县						
海东地区民和县						
海东地区化隆县		2		2		
海北州刚察县				5		
黄南州同仁县						

4-74 续表 3

单位：人次

地　区	无障碍设施		信息无障碍		生活服务	
	城镇	农村	城镇	农村	城镇	农村
总　计					**4**	**15**
西宁市城中区						
西宁市城西区						
西宁市大通县						
西宁市湟中县						
海东地区民和县					2	8
海东地区化隆县						
海北州刚察县						
黄南州同仁县					2	7

4-74　续表 4

单位：人次

地　区	文化服务		其他		未曾接受任何服务或扶助	
	城镇	农村	城镇	农村	城镇	农村
总　计		**1**			**41**	**137**
西宁市城中区					27	
西宁市城西区					3	
西宁市大通县					9	23
西宁市湟中县						20
海东地区民和县		1			1	18
海东地区化隆县						58
海北州刚察县					1	
黄南州同仁县						18

4-75　各地区听力残疾人分城乡的曾接受服务或扶助

单位：人次

地　区	合计		医疗服务与救助		辅助器具	
	城镇	农村	城镇	农村	城镇	农村
总　计	**204**	**292**	**50**	**24**	**48**	**5**
西宁市城中区	53				14	
西宁市城西区	78		33		34	
西宁市大通县	24	31	1	1		3
西宁市湟中县	16	45		1		1
海东地区民和县	10	69				
海东地区化隆县		67				
海北州刚察县		33		10		
黄南州同仁县	23	47	16	12		1

4-75 续表 1

单位：人次

地　区	康复训练与服务		教育费用补助或减免		职业教育与培训	
	城镇	农村	城镇	农村	城镇	农村
总　计	**3**					
西宁市城中区						
西宁市城西区	3					
西宁市大通县						
西宁市湟中县						
海东地区民和县						
海东地区化隆县						
海北州刚察县						
黄南州同仁县						

4-75 续表 2

单位：人次

地　区	就业安置或扶持		贫困残疾人救助与扶持		法律援助与服务	
	城镇	农村	城镇	农村	城镇	农村
总　计				**23**		
西宁市城中区						
西宁市城西区						
西宁市大通县						
西宁市湟中县						
海东地区民和县						
海东地区化隆县				23		
海北州刚察县						
黄南州同仁县						

4-75 续表 3

单位：人次

地　　区	无障碍设施		信息无障碍		生活服务	
	城镇	农村	城镇	农村	城镇	农村
总　　计	**2**				**5**	**19**
西宁市城中区						
西宁市城西区					2	
西宁市大通县					1	
西宁市湟中县						
海东地区民和县						
海东地区化隆县						
海北州刚察县						
黄南州同仁县					2	19

4-75 续表 4

单位：人次

地　　区	文化服务		其他		未曾接受任何服务或扶助	
	城镇	农村	城镇	农村	城镇	农村
总　　计			**1**		**95**	**221**
西宁市城中区			1		38	
西宁市城西区					6	
西宁市大通县					22	27
西宁市湟中县					16	43
海东地区民和县					10	69
海东地区化隆县						44
海北州刚察县						23
黄南州同仁县					3	15

4-76 各地区言语残疾人分城乡的曾接受服务或扶助

单位：人次

地区	合计		医疗服务与救助		辅助器具	
	城镇	农村	城镇	农村	城镇	农村
总计	**5**	**27**	**1**	**6**		
西宁市城中区						
西宁市城西区	3		1			
西宁市大通县		9		5		
西宁市湟中县	1	3				
海东地区民和县		1				
海东地区化隆县		5				
海北州刚察县		7				
黄南州同仁县	1	2		1		

4-76 续表 1

单位：人次

地区	康复训练与服务		教育费用补助或减免		职业教育与培训	
	城镇	农村	城镇	农村	城镇	农村
总计				**2**		
西宁市城中区						
西宁市城西区						
西宁市大通县				1		
西宁市湟中县						
海东地区民和县						
海东地区化隆县				1		
海北州刚察县						
黄南州同仁县						

4-76 续表 2

单位：人次

地　区	就业安置或扶持		贫困残疾人救助与扶持		法律援助与服务	
	城镇	农村	城镇	农村	城镇	农村
总　计				**2**		
西宁市城中区						
西宁市城西区						
西宁市大通县				1		
西宁市湟中县						
海东地区民和县						
海东地区化隆县				1		
海北州刚察县						
黄南州同仁县						

4-76 续表 3

单位：人次

地　区	无障碍设施		信息无障碍		生活服务	
	城镇	农村	城镇	农村	城镇	农村
总　计						
西宁市城中区						
西宁市城西区						
西宁市大通县						
西宁市湟中县						
海东地区民和县						
海东地区化隆县						
海北州刚察县						
黄南州同仁县						

4-76 续表 4

单位：人次

地　区	文化服务		其他		未曾接受任何服务或扶助	
	城镇	农村	城镇	农村	城镇	农村
总　计					**4**	**17**
西宁市城中区						
西宁市城西区					2	
西宁市大通县						2
西宁市湟中县					1	3
海东地区民和县						1
海东地区化隆县						3
海北州刚察县						7
黄南州同仁县					1	1

4-77 各地区肢体残疾人分城乡的曾接受服务或扶助

单位：人次

地　区	合计		医疗服务与救助		辅助器具	
	城镇	农村	城镇	农村	城镇	农村
总　计	**192**	**335**	**81**	**75**	**32**	**1**
西宁市城中区	59		38		20	
西宁市城西区	35		25		7	
西宁市大通县	17	27	2		1	
西宁市湟中县	28	86	1		2	1
海东地区民和县	21	51	1	1	2	
海东地区化隆县		52				
海北州刚察县	10	76	1	62		
黄南州同仁县	22	43	13	12		

4-77 续表 1

单位：人次

地区	康复训练与服务		教育费用补助或减免		职业教育与培训	
	城镇	农村	城镇	农村	城镇	农村
总计	**5**			**2**		
西宁市城中区						
西宁市城西区	2					
西宁市大通县	1					
西宁市湟中县						
海东地区民和县	2			1		
海东地区化隆县				1		
海北州刚察县						
黄南州同仁县						

4-77 续表 2

单位：人次

地区	就业安置或扶持		贫困残疾人救助与扶持		法律援助与服务	
	城镇	农村	城镇	农村	城镇	农村
总计			**9**	**31**		
西宁市城中区						
西宁市城西区						
西宁市大通县				1		
西宁市湟中县			2	6		
海东地区民和县			4	4		
海东地区化隆县				14		
海北州刚察县				4		
黄南州同仁县			3	2		

4-77 续表 3

单位：人次

地　　区	无障碍设施		信息无障碍		生活服务	
	城镇	农村	城镇	农村	城镇	农村
总　　计			**6**	**4**	**5**	**16**
西宁市城中区						
西宁市城西区						
西宁市大通县					2	7
西宁市湟中县					2	2
海东地区民和县					1	4
海东地区化隆县						2
海北州刚察县						
黄南州同仁县			6	4		1

4-77 续表 4

单位：人次

地　　区	文化服务		其他		未曾接受任何服务或扶助	
	城镇	农村	城镇	农村	城镇	农村
总　　计				**3**	**54**	**203**
西宁市城中区					1	
西宁市城西区					1	
西宁市大通县				1	11	18
西宁市湟中县					21	77
海东地区民和县					11	41
海东地区化隆县				1		34
海北州刚察县				1	9	9
黄南州同仁县						24

4-78 各地区智力残疾人分城乡的曾接受服务或扶助

单位：人次

地区	合计		医疗服务与救助		辅助器具	
	城镇	农村	城镇	农村	城镇	农村
总计	**15**	**81**	**2**	**2**		
西宁市城中区	3					
西宁市城西区	5		1			
西宁市大通县	1	15				
西宁市湟中县	1	11				
海东地区民和县	1	16				
海东地区化隆县		30				
海北州刚察县	2	7		2		
黄南州同仁县	2	2	1			

4-78 续表 1

单位：人次

地区	康复训练与服务		教育费用补助或减免		职业教育与培训	
	城镇	农村	城镇	农村	城镇	农村
总计	**1**	**3**				
西宁市城中区						
西宁市城西区						
西宁市大通县						
西宁市湟中县						
海东地区民和县		1				
海东地区化隆县						
海北州刚察县	1	2				
黄南州同仁县						

4-78 续表 2

单位：人次

地区	就业安置或扶持		贫困残疾人救助与扶持		法律援助与服务	
	城镇	农村	城镇	农村	城镇	农村
总计			**2**	**10**		
西宁市城中区						
西宁市城西区			1			
西宁市大通县						
西宁市湟中县						
海东地区民和县				1		
海东地区化隆县				7		
海北州刚察县				2		
黄南州同仁县			1			

4-78 续表 3

单位：人次

地区	无障碍设施		信息无障碍		生活服务	
	城镇	农村	城镇	农村	城镇	农村
总计						
西宁市城中区						
西宁市城西区						
西宁市大通县						
西宁市湟中县						
海东地区民和县						
海东地区化隆县						
海北州刚察县						
黄南州同仁县						

4-78 续表 4

单位：人次

地　区	文化服务		其他		未曾接受任何服务或扶助	
	城镇	农村	城镇	农村	城镇	农村
总　计					**10**	**66**
西宁市城中区					3	
西宁市城西区					3	
西宁市大通县					1	15
西宁市湟中县					1	11
海东地区民和县					1	14
海东地区化隆县						23
海北州刚察县					1	1
黄南州同仁县						2

4-79 各地区精神残疾人分城乡的曾接受服务或扶助

单位：人次

地　区	合计		医疗服务与救助		辅助器具	
	城镇	农村	城镇	农村	城镇	农村
总　计	**32**	**49**	**12**	**28**		
西宁市城中区	5		3			
西宁市城西区	6		1			
西宁市大通县	3	2				
西宁市湟中县	5	4	1	1		
海东地区民和县	7	10	4	7		
海东地区化隆县		7		2		
海北州刚察县	2	10	2	9		
黄南州同仁县	4	16	1	9		

4-79 续表 1

单位：人次

地　区	康复训练与服务		教育费用补助或减免		职业教育与培训	
	城镇	农村	城镇	农村	城镇	农村
总　计	**1**					
西宁市城中区						
西宁市城西区						
西宁市大通县						
西宁市湟中县						
海东地区民和县						
海东地区化隆县						
海北州刚察县						
黄南州同仁县	1					

4-79 续表 2

单位：人次

地　区	就业安置或扶持		贫困残疾人救助与扶持		法律援助与服务	
	城镇	农村	城镇	农村	城镇	农村
总　计				**1**		
西宁市城中区						
西宁市城西区						
西宁市大通县						
西宁市湟中县						
海东地区民和县						
海东地区化隆县				1		
海北州刚察县						
黄南州同仁县						

4-79 续表 3

单位：人次

地区	无障碍设施		信息无障碍		生活服务	
	城镇	农村	城镇	农村	城镇	农村
总计			**1**	**3**	**1**	**1**
西宁市城中区						
西宁市城西区						
西宁市大通县						
西宁市湟中县						
海东地区民和县					1	1
海东地区化隆县						
海北州刚察县						
黄南州同仁县			1	3		

4-79 续表 4

单位：人次

地区	文化服务		其他		未曾接受任何服务或扶助	
	城镇	农村	城镇	农村	城镇	农村
总计			**1**		**16**	**16**
西宁市城中区					2	
西宁市城西区					5	
西宁市大通县					3	2
西宁市湟中县					4	3
海东地区民和县			1		1	2
海东地区化隆县						4
海北州刚察县						1
黄南州同仁县					1	4

4-80 各地区多重残疾人分城乡的曾接受服务或扶助

单位：人次

地区	合计		医疗服务与救助		辅助器具	
	城镇	农村	城镇	农村	城镇	农村
总计	**89**	**252**	**28**	**30**	**13**	**2**
西宁市城中区	35		10		10	
西宁市城西区	12		5		3	
西宁市大通县	4	20	1	2		
西宁市湟中县	12	48				
海东地区民和县	6	36	2			
海东地区化隆县		75				1
海北州刚察县	8	27	5	11		1
黄南州同仁县	12	46	5	17		

4-80 续表 1

单位：人次

地区	康复训练与服务		教育费用补助或减免		职业教育与培训	
	城镇	农村	城镇	农村	城镇	农村
总计	**6**	**1**		**1**		**1**
西宁市城中区	1					
西宁市城西区						
西宁市大通县	1					
西宁市湟中县	1					
海东地区民和县	1					
海东地区化隆县				1		1
海北州刚察县	2	1				
黄南州同仁县						

4-80 续表 2

单位：人次

地　区	就业安置或扶持		贫困残疾人救助与扶持		法律援助与服务	
	城镇	农村	城镇	农村	城镇	农村
总　计		**1**	**4**	**42**		
西宁市城中区			3			
西宁市城西区						
西宁市大通县				4		
西宁市湟中县		1				
海东地区民和县				6		
海东地区化隆县				30		
海北州刚察县						
黄南州同仁县			1	2		

4-80 续表 3

单位：人次

地　区	无障碍设施		信息无障碍		生活服务	
	城镇	农村	城镇	农村	城镇	农村
总　计	**1**	**1**	**1**	**1**	**2**	**17**
西宁市城中区	1					
西宁市城西区						
西宁市大通县						2
西宁市湟中县						1
海东地区民和县					1	5
海东地区化隆县						1
海北州刚察县						1
黄南州同仁县		1	1	1	1	7

4-80 续表 4

单位：人次

地　区	文化服务		其他		未曾接受任何服务或扶助	
	城镇	农村	城镇	农村	城镇	农村
总　计			**1**	**2**	**33**	**153**
西宁市城中区			1		9	
西宁市城西区					4	
西宁市大通县					2	12
西宁市湟中县					11	46
海东地区民和县				2	2	23
海东地区化隆县						41
海北州刚察县					1	13
黄南州同仁县					4	18

4-81 各地区视力残疾人分残疾等级的曾接受服务或扶助

单位：人次

地　区	医疗服务与救助				辅助器具			
	残疾一级	残疾二级	残疾三级	残疾四级	残疾一级	残疾二级	残疾三级	残疾四级
总　计	**11**	**4**	**7**	**51**	**2**			**2**
西宁市城中区		1						
西宁市城西区	4			6	2			
西宁市大通县				1				
西宁市湟中县	1	1		3				
海东地区民和县		1		5				2
海东地区化隆县				1				
海北州刚察县	5	1	6	25				
黄南州同仁县	1		1	10				

4-81 续表 1

单位：人次

地　区	康复训练与服务				教育费用补助或减免			
	残疾一级	残疾二级	残疾三级	残疾四级	残疾一级	残疾二级	残疾三级	残疾四级
总　计								
西宁市城中区								
西宁市城西区								
西宁市大通县								
西宁市湟中县								
海东地区民和县								
海东地区化隆县								
海北州刚察县								
黄南州同仁县								

4-81 续表 2

单位：人次

地　区	职业教育与培训				就业安置或扶持			
	残疾一级	残疾二级	残疾三级	残疾四级	残疾一级	残疾二级	残疾三级	残疾四级
总　计					**1**			**1**
西宁市城中区								
西宁市城西区								
西宁市大通县								
西宁市湟中县								
海东地区民和县								
海东地区化隆县					1			1
海北州刚察县								
黄南州同仁县								

4-81 续表 3

单位：人次

地 区	贫困残疾人救助与扶持				法律援助与服务			
	残疾一级	残疾二级	残疾三级	残疾四级	残疾一级	残疾二级	残疾三级	残疾四级
总 计	**3**	**1**	**1**	**6**				
西宁市城中区	1							
西宁市城西区								
西宁市大通县	1			2				
西宁市湟中县								
海东地区民和县								
海东地区化隆县				2				
海北州刚察县	1	1	1	2				
黄南州同仁县								

4-81 续表 4

单位：人次

地 区	无障碍设施				信息无障碍			
	残疾一级	残疾二级	残疾三级	残疾四级	残疾一级	残疾二级	残疾三级	残疾四级
总 计								
西宁市城中区								
西宁市城西区								
西宁市大通县								
西宁市湟中县								
海东地区民和县								
海东地区化隆县								
海北州刚察县								
黄南州同仁县								

4-81 续表 5

单位：人次

地 区	生活服务				文化服务			
	残疾一级	残疾二级	残疾三级	残疾四级	残疾一级	残疾二级	残疾三级	残疾四级
总 计	**5**	**2**	**2**	**10**	**1**			
西宁市城中区								
西宁市城西区								
西宁市大通县								
西宁市湟中县								
海东地区民和县	3	1	1	5	1			
海东地区化隆县								
海北州刚察县								
黄南州同仁县	2	1	1	5				

4-81 续表 6

单位：人次

地 区	其他				未曾接受任何服务或扶助			
	残疾一级	残疾二级	残疾三级	残疾四级	残疾一级	残疾二级	残疾三级	残疾四级
总 计					**36**	**24**	**13**	**105**
西宁市城中区					4	5	1	17
西宁市城西区					1		1	1
西宁市大通县					6	8	2	16
西宁市湟中县					10	2	2	6
海东地区民和县					4	1	1	13
海东地区化隆县					8	5	4	41
海北州刚察县								1
黄南州同仁县					3	3	2	10

4-82 各地区听力残疾人分残疾等级的曾接受服务或扶助

单位：人次

地区	医疗服务与救助				辅助器具			
	残疾一级	残疾二级	残疾三级	残疾四级	残疾一级	残疾二级	残疾三级	残疾四级
总　计	**3**	**5**	**25**	**41**	**1**	**3**	**24**	**25**
西宁市城中区						1	10	3
西宁市城西区		1	12	20	1	2	12	19
西宁市大通县		1	1				2	1
西宁市湟中县				1				1
海东地区民和县								
海东地区化隆县								
海北州刚察县	1	1	1	7				
黄南州同仁县	2	2	11	13				1

4-82 续表 1

单位：人次

地区	康复训练与服务				教育费用补助或减免			
	残疾一级	残疾二级	残疾三级	残疾四级	残疾一级	残疾二级	残疾三级	残疾四级
总　计	**2**		**1**					
西宁市城中区								
西宁市城西区	2		1					
西宁市大通县								
西宁市湟中县								
海东地区民和县								
海东地区化隆县								
海北州刚察县								
黄南州同仁县								

4-82 续表 2

单位：人次

地区	职业教育与培训				就业安置或扶持			
	残疾一级	残疾二级	残疾三级	残疾四级	残疾一级	残疾二级	残疾三级	残疾四级
总计								
西宁市城中区								
西宁市城西区								
西宁市大通县								
西宁市湟中县								
海东地区民和县								
海东地区化隆县								
海北州刚察县								
黄南州同仁县								

4-82 续表 3

单位：人次

地区	贫困残疾人救助与扶持				法律援助与服务			
	残疾一级	残疾二级	残疾三级	残疾四级	残疾一级	残疾二级	残疾三级	残疾四级
总计	**1**	**3**	**8**	**11**				
西宁市城中区								
西宁市城西区								
西宁市大通县								
西宁市湟中县								
海东地区民和县								
海东地区化隆县	1	3	8	11				
海北州刚察县								
黄南州同仁县								

4-82 续表 4

单位：人次

地区	无障碍设施				信息无障碍			
	残疾一级	残疾二级	残疾三级	残疾四级	残疾一级	残疾二级	残疾三级	残疾四级
总计		**1**		**1**				
西宁市城中区								
西宁市城西区								
西宁市大通县								
西宁市湟中县								
海东地区民和县								
海东地区化隆县								
海北州刚察县								
黄南州同仁县		1		1				

4-82 续表 5

单位：人次

地区	生活服务				文化服务			
	残疾一级	残疾二级	残疾三级	残疾四级	残疾一级	残疾二级	残疾三级	残疾四级
总计	**2**	**1**	**11**	**10**				
西宁市城中区								
西宁市城西区	1			1				
西宁市大通县		1						
西宁市湟中县								
海东地区民和县								
海东地区化隆县								
海北州刚察县								
黄南州同仁县	1		11	9				

4-82 续表 6

单位：人次

地　区	其他				未曾接受任何服务或扶助			
	残疾一级	残疾二级	残疾三级	残疾四级	残疾一级	残疾二级	残疾三级	残疾四级
总　计		**1**			**18**	**26**	**118**	**154**
西宁市城中区		1					12	26
西宁市城西区					1		1	4
西宁市大通县						7	18	24
西宁市湟中县						2	18	39
海东地区民和县					11	10	32	26
海东地区化隆县					1	4	25	14
海北州刚察县					3	2	9	9
黄南州同仁县					2	1	3	12

4-83 各地区言语残疾人分残疾等级的曾接受服务或扶助

单位：人次

地　区	医疗服务与救助				辅助器具			
	残疾一级	残疾二级	残疾三级	残疾四级	残疾一级	残疾二级	残疾三级	残疾四级
总　计	**2**		**3**	**2**				
西宁市城中区								
西宁市城西区	1							
西宁市大通县	1		2	2				
西宁市湟中县								
海东地区民和县								
海东地区化隆县								
海北州刚察县								
黄南州同仁县			1					

4-83 续表 1

单位：人次

地区	康复训练与服务				教育费用补助或减免			
	残疾一级	残疾二级	残疾三级	残疾四级	残疾一级	残疾二级	残疾三级	残疾四级
总计							**1**	**1**
西宁市城中区								
西宁市城西区								
西宁市大通县								1
西宁市湟中县								
海东地区民和县								
海东地区化隆县							1	
海北州刚察县								
黄南州同仁县								

4-83 续表 2

单位：人次

地区	职业教育与培训				就业安置或扶持			
	残疾一级	残疾二级	残疾三级	残疾四级	残疾一级	残疾二级	残疾三级	残疾四级
总计								
西宁市城中区								
西宁市城西区								
西宁市大通县								
西宁市湟中县								
海东地区民和县								
海东地区化隆县								
海北州刚察县								
黄南州同仁县								

4-83 续表 3

单位：人次

地区	贫困残疾人救助与扶持				法律援助与服务			
	残疾一级	残疾二级	残疾三级	残疾四级	残疾一级	残疾二级	残疾三级	残疾四级
总　计			**1**	**1**				
西宁市城中区								
西宁市城西区								
西宁市大通县				1				
西宁市湟中县								
海东地区民和县								
海东地区化隆县			1					
海北州刚察县								
黄南州同仁县								

4-83 续表 4

单位：人次

地区	无障碍设施				信息无障碍			
	残疾一级	残疾二级	残疾三级	残疾四级	残疾一级	残疾二级	残疾三级	残疾四级
总　计								
西宁市城中区								
西宁市城西区								
西宁市大通县								
西宁市湟中县								
海东地区民和县								
海东地区化隆县								
海北州刚察县								
黄南州同仁县								

4-83 续表 5

单位：人次

地　区	生活服务				文化服务			
	残疾一级	残疾二级	残疾三级	残疾四级	残疾一级	残疾二级	残疾三级	残疾四级
总　计								
西宁市城中区								
西宁市城西区								
西宁市大通县								
西宁市湟中县								
海东地区民和县								
海东地区化隆县								
海北州刚察县								
黄南州同仁县								

4-83 续表 6

单位：人次

地　区	其他				未曾接受任何服务或扶助			
	残疾一级	残疾二级	残疾三级	残疾四级	残疾一级	残疾二级	残疾三级	残疾四级
总　计					**4**	**3**	**4**	**10**
西宁市城中区								
西宁市城西区					1			1
西宁市大通县						1	1	
西宁市湟中县								4
海东地区民和县								1
海东地区化隆县							1	2
海北州刚察县					3	2		2
黄南州同仁县							2	

4-84 各地区肢体残疾人分残疾等级的曾接受服务或扶助

单位：人次

地　区	医疗服务与救助				辅助器具			
	残疾一级	残疾二级	残疾三级	残疾四级	残疾一级	残疾二级	残疾三级	残疾四级
总　计	**4**	**15**	**35**	**102**	**2**	**5**	**11**	**15**
西宁市城中区	1	1	12	24			9	11
西宁市城西区	1	5	4	15	1	2	2	2
西宁市大通县	1			1	1			
西宁市湟中县				1		2		1
海东地区民和县				2		1		1
海东地区化隆县								
海北州刚察县	1	5	16	41				
黄南州同仁县		4	3	18				

4-84 续表 1

单位：人次

地　区	康复训练与服务				教育费用补助或减免			
	残疾一级	残疾二级	残疾三级	残疾四级	残疾一级	残疾二级	残疾三级	残疾四级
总　计	**1**		**1**	**3**				**2**
西宁市城中区								
西宁市城西区	1		1					
西宁市大通县				1				
西宁市湟中县								
海东地区民和县				2				1
海东地区化隆县								1
海北州刚察县								
黄南州同仁县								

4-84 续表 2

单位：人次

地区	职业教育与培训				就业安置或扶持			
	残疾一级	残疾二级	残疾三级	残疾四级	残疾一级	残疾二级	残疾三级	残疾四级
总　计								
西宁市城中区								
西宁市城西区								
西宁市大通县								
西宁市湟中县								
海东地区民和县								
海东地区化隆县								
海北州刚察县								
黄南州同仁县								

4-84 续表 3

单位：人次

地区	贫困残疾人救助与扶持				法律援助与服务			
	残疾一级	残疾二级	残疾三级	残疾四级	残疾一级	残疾二级	残疾三级	残疾四级
总　计		**3**	**14**	**23**				
西宁市城中区								
西宁市城西区								
西宁市大通县				1				
西宁市湟中县		1	6	1				
海东地区民和县		1	1	6				
海东地区化隆县		1	1	12				
海北州刚察县			3	1				
黄南州同仁县			3	2				

4-84　续表 4

单位：人次

地　区	无障碍设施				信息无障碍			
	残疾一级	残疾二级	残疾三级	残疾四级	残疾一级	残疾二级	残疾三级	残疾四级
总　计						**1**	**1**	**8**
西宁市城中区								
西宁市城西区								
西宁市大通县								
西宁市湟中县								
海东地区民和县								
海东地区化隆县								
海北州刚察县								
黄南州同仁县						1	1	8

4-84　续表 5

单位：人次

地　区	生活服务				文化服务			
	残疾一级	残疾二级	残疾三级	残疾四级	残疾一级	残疾二级	残疾三级	残疾四级
总　计	**3**	**5**	**2**	**11**				
西宁市城中区								
西宁市城西区								
西宁市大通县	3	1	1	4				
西宁市湟中县		3		1				
海东地区民和县		1	1	3				
海东地区化隆县				2				
海北州刚察县								
黄南州同仁县				1				

4-84 续表 6

单位：人次

地 区	其他				未曾接受任何服务或扶助			
	残疾一级	残疾二级	残疾三级	残疾四级	残疾一级	残疾二级	残疾三级	残疾四级
总 计			**1**	**2**	**7**	**15**	**61**	**174**
西宁市城中区								1
西宁市城西区							1	
西宁市大通县			1		2	1	5	21
西宁市湟中县					1	2	17	78
海东地区民和县					3	6	16	27
海东地区化隆县				1		4	6	24
海北州刚察县				1	1		5	12
黄南州同仁县						2	11	11

4-85 各地区智力残疾人分残疾等级的曾接受服务或扶助

单位：人次

地 区	医疗服务与救助			辅助器具			
	残疾二级	残疾三级	残疾四级	残疾一级	残疾二级	残疾三级	残疾四级
总 计		**2**	**2**				
西宁市城中区							
西宁市城西区			1				
西宁市大通县							
西宁市湟中县							
海东地区民和县							
海东地区化隆县							
海北州刚察县		1	1				
黄南州同仁县		1					

4-85 续表 1

单位：人次

地　区	康复训练与服务				教育费用补助或减免			
	残疾一级	残疾二级	残疾三级	残疾四级	残疾一级	残疾二级	残疾三级	残疾四级
总　计			**3**	**1**				
西宁市城中区								
西宁市城西区								
西宁市大通县								
西宁市湟中县								
海东地区民和县			1					
海东地区化隆县								
海北州刚察县			2	1				
黄南州同仁县								

4-85 续表 2

单位：人次

地　区	职业教育与培训				就业安置或扶持			
	残疾一级	残疾二级	残疾三级	残疾四级	残疾一级	残疾二级	残疾三级	残疾四级
总　计								
西宁市城中区								
西宁市城西区								
西宁市大通县								
西宁市湟中县								
海东地区民和县								
海东地区化隆县								
海北州刚察县								
黄南州同仁县								

4-85 续表 3

单位：人次

地 区	贫困残疾人救助与扶持				法律援助与服务			
	残疾一级	残疾二级	残疾三级	残疾四级	残疾一级	残疾二级	残疾三级	残疾四级
总 计	**1**		**5**	**6**				
西宁市城中区								
西宁市城西区			1					
西宁市大通县								
西宁市湟中县								
海东地区民和县			1					
海东地区化隆县	1		2	4				
海北州刚察县				2				
黄南州同仁县			1					

4-85 续表 4

单位：人次

地 区	无障碍设施				信息无障碍			
	残疾一级	残疾二级	残疾三级	残疾四级	残疾一级	残疾二级	残疾三级	残疾四级
总 计								
西宁市城中区								
西宁市城西区								
西宁市大通县								
西宁市湟中县								
海东地区民和县								
海东地区化隆县								
海北州刚察县								
黄南州同仁县								

4-85 续表 5

单位：人次

地　区	生活服务				文化服务			
	残疾一级	残疾二级	残疾三级	残疾四级	残疾一级	残疾二级	残疾三级	残疾四级
总　计								
西宁市城中区								
西宁市城西区								
西宁市大通县								
西宁市湟中县								
海东地区民和县								
海东地区化隆县								
海北州刚察县								
黄南州同仁县								

4-85 续表 6

单位：人次

地　区	其他				未曾接受任何服务或扶助			
	残疾一级	残疾二级	残疾三级	残疾四级	残疾一级	残疾二级	残疾三级	残疾四级
总　计						**8**	**25**	**43**
西宁市城中区							1	2
西宁市城西区						1	1	1
西宁市大通县						1	4	11
西宁市湟中县						1	6	5
海东地区民和县						1	7	7
海东地区化隆县						3	5	15
海北州刚察县						1		1
黄南州同仁县							1	1

4-86 各地区精神残疾人分残疾等级的曾接受服务或扶助

单位：人次

地区	医疗服务与救助				辅助器具			
	残疾一级	残疾二级	残疾三级	残疾四级	残疾一级	残疾二级	残疾三级	残疾四级
总计	**7**	**4**	**5**	**24**				
西宁市城中区	1	1	1					
西宁市城西区	1							
西宁市大通县								
西宁市湟中县				2				
海东地区民和县		2		9				
海东地区化隆县			1	1				
海北州刚察县	1	1	2	7				
黄南州同仁县	4		1	5				

4-86 续表 1

单位：人次

地区	康复训练与服务				教育费用补助或减免			
	残疾一级	残疾二级	残疾三级	残疾四级	残疾一级	残疾二级	残疾三级	残疾四级
总计				**1**				
西宁市城中区								
西宁市城西区								
西宁市大通县								
西宁市湟中县								
海东地区民和县								
海东地区化隆县								
海北州刚察县								
黄南州同仁县				1				

4-86 续表 2

单位：人次

地 区	职业教育与培训				就业安置或扶持			
	残疾一级	残疾二级	残疾三级	残疾四级	残疾一级	残疾二级	残疾三级	残疾四级
总 计								
西宁市城中区								
西宁市城西区								
西宁市大通县								
西宁市湟中县								
海东地区民和县								
海东地区化隆县								
海北州刚察县								
黄南州同仁县								

4-86 续表 3

单位：人次

地 区	贫困残疾人救助与扶持				法律援助与服务			
	残疾一级	残疾二级	残疾三级	残疾四级	残疾一级	残疾二级	残疾三级	残疾四级
总 计	**1**							
西宁市城中区								
西宁市城西区								
西宁市大通县								
西宁市湟中县								
海东地区民和县								
海东地区化隆县	1							
海北州刚察县								
黄南州同仁县								

4-86 续表 4

单位：人次

地区	无障碍设施				信息无障碍			
	残疾一级	残疾二级	残疾三级	残疾四级	残疾一级	残疾二级	残疾三级	残疾四级
总　计							**1**	**3**
西宁市城中区								
西宁市城西区								
西宁市大通县								
西宁市湟中县								
海东地区民和县								
海东地区化隆县								
海北州刚察县								
黄南州同仁县							1	3

4-86 续表 5

单位：人次

地区	生活服务				文化服务			
	残疾一级	残疾二级	残疾三级	残疾四级	残疾一级	残疾二级	残疾三级	残疾四级
总　计				**2**				
西宁市城中区								
西宁市城西区								
西宁市大通县								
西宁市湟中县								
海东地区民和县				2				
海东地区化隆县								
海北州刚察县								
黄南州同仁县								

4-86 续表 6

单位：人次

地　区	其他				未曾接受任何服务或扶助			
	残疾一级	残疾二级	残疾三级	残疾四级	残疾一级	残疾二级	残疾三级	残疾四级
总　计				**1**	**9**	**2**	**4**	**17**
西宁市城中区					2			
西宁市城西区					2		1	2
西宁市大通县					2		2	1
西宁市湟中县								7
海东地区民和县				1	1	1		1
海东地区化隆县								4
海北州刚察县							1	
黄南州同仁县					2	1		2

4-87 各地区多重残疾人分残疾等级的曾接受服务或扶助

单位：人次

地　区	医疗服务与救助				辅助器具			
	残疾一级	残疾二级	残疾三级	残疾四级	残疾一级	残疾二级	残疾三级	残疾四级
总　计	**26**	**13**	**12**	**7**	**3**	**3**	**4**	**5**
西宁市城中区	2	3	4	1	2	3	4	1
西宁市城西区	2		1	2	1			2
西宁市大通县	2		1					
西宁市湟中县								
海东地区民和县		1	1					
海东地区化隆县								1
海北州刚察县	8	5	2	1				1
黄南州同仁县	12	4	3	3				

4-87 续表 1

单位：人次

地区	康复训练与服务				教育费用补助或减免			
	残疾一级	残疾二级	残疾三级	残疾四级	残疾一级	残疾二级	残疾三级	残疾四级
总计	**5**	**1**	**1**		**1**			
西宁市城中区			1					
西宁市城西区								
西宁市大通县	1							
西宁市湟中县	1							
海东地区民和县	1							
海东地区化隆县					1			
海北州刚察县	2	1						
黄南州同仁县								

4-87 续表 2

单位：人次

地区	职业教育与培训				就业安置或扶持			
	残疾一级	残疾二级	残疾三级	残疾四级	残疾一级	残疾二级	残疾三级	残疾四级
总计	**1**						**1**	
西宁市城中区								
西宁市城西区								
西宁市大通县								
西宁市湟中县							1	
海东地区民和县								
海东地区化隆县	1							
海北州刚察县								
黄南州同仁县								

4-87 续表 3

单位：人次

地　区	贫困残疾人救助与扶持				法律援助与服务			
	残疾一级	残疾二级	残疾三级	残疾四级	残疾一级	残疾二级	残疾三级	残疾四级
总　计	**19**	**11**	**10**	**6**				
西宁市城中区	2	1						
西宁市城西区								
西宁市大通县	3			1				
西宁市湟中县								
海东地区民和县	2	1	3					
海东地区化隆县	10	9	7	4				
海北州刚察县								
黄南州同仁县	2			1				

4-87 续表 4

单位：人次

地　区	无障碍设施				信息无障碍			
	残疾一级	残疾二级	残疾三级	残疾四级	残疾一级	残疾二级	残疾三级	残疾四级
总　计		**1**	**1**		**1**			**1**
西宁市城中区		1						
西宁市城西区								
西宁市大通县								
西宁市湟中县								
海东地区民和县								
海东地区化隆县								
海北州刚察县								
黄南州同仁县			1		1			1

4-87 续表 5

单位：人次

地区	生活服务				文化服务			
	残疾一级	残疾二级	残疾三级	残疾四级	残疾一级	残疾二级	残疾三级	残疾四级
总计	**7**	**5**	**4**	**3**				
西宁市城中区								
西宁市城西区								
西宁市大通县		2						
西宁市湟中县			1					
海东地区民和县	3	2	1					
海东地区化隆县				1				
海北州刚察县				1				
黄南州同仁县	4	1	2	1				

4-87 续表 6

单位：人次

地区	其他				未曾接受任何服务或扶助			
	残疾一级	残疾二级	残疾三级	残疾四级	残疾一级	残疾二级	残疾三级	残疾四级
总计		**2**	**1**		**85**	**33**	**39**	**29**
西宁市城中区		1			1	2	4	2
西宁市城西区					3			1
西宁市大通县					9	2	3	
西宁市湟中县					28	6	11	12
海东地区民和县		1	1		11	7	6	1
海东地区化隆县					13	10	10	8
海北州刚察县					6	2	2	4
黄南州同仁县					14	4	3	1

4－88 各地区残疾人分城乡的主要需求

单位：人次

地区	合计		医疗服务与救助		辅助器具	
	城镇	农村	城镇	农村	城镇	农村
总计	**1042**	**2961**	**314**	**889**	**271**	**500**
西宁市城中区	304		63		113	
西宁市城西区	212		82		79	
西宁市大通县	119	296	34	86	7	35
西宁市湟中县	142	569	50	168	27	104
海东地区民和县	107	592	31	168	18	143
海东地区化隆县		718		211		109
海北州刚察县	37	400	10	132	2	53
黄南州同仁县	121	386	44	124	25	56

4－88 续表 1

单位：人次

地区	康复训练与服务		教育费用补助或减免		职业教育与培训	
	城镇	农村	城镇	农村	城镇	农村
总计	**120**	**244**	**3**	**15**	**2**	**7**
西宁市城中区	31		1		1	
西宁市城西区	28					
西宁市大通县	3	19		1		2
西宁市湟中县	28	83		3		1
海东地区民和县	16	56	1	2	1	
海东地区化隆县		36		6		3
海北州刚察县	7	39		3		1
黄南州同仁县	7	11	1			

4－88 续表 2

单位：人次

地区	就业安置或扶持		贫困残疾人救助与扶持		法律援助与服务	
	城镇	农村	城镇	农村	城镇	农村
总计	**17**	**16**	**200**	**949**	**1**	**2**
西宁市城中区	5		74			
西宁市城西区			19			
西宁市大通县	8	4	23	78	1	1
西宁市湟中县	1	2	22	167		
海东地区民和县	2	2	24	174		
海东地区化隆县		7		272		
海北州刚察县		1	11	125		1
黄南州同仁县	1		27	133		

4－88 续表 3

单位：人次

地区	无障碍设施		信息无障碍		生活服务	
	城镇	农村	城镇	农村	城镇	农村
总计	**9**	**6**	**1**	**2**	**43**	**287**
西宁市城中区	2				3	
西宁市城西区					3	
西宁市大通县					14	55
西宁市湟中县	1	1			8	33
海东地区民和县	1		1		5	36
海东地区化隆县				2		70
海北州刚察县					2	38
黄南州同仁县	5	5			8	55

4－88 续表 4

单位：人次

地区	文化服务		其他		不选择	
	城镇	农村	城镇	农村	城镇	农村
总计	**14**	**9**	**17**	**20**	**30**	**15**
西宁市城中区			2		9	
西宁市城西区	1					
西宁市大通县	3		9	9	17	6
西宁市湟中县	5	5				2
海东地区民和县	1		6	11		
海东地区化隆县		1				1
海北州刚察县	1	2			4	5
黄南州同仁县	3	1				1

4-89 各地区视力残疾人分城乡的主要需求

单位：人次

地区	合计		医疗服务与救助		辅助器具	
	城镇	农村	城镇	农村	城镇	农村
总计	**156**	**550**	**53**	**186**	**42**	**43**
西宁市城中区	84		27		29	
西宁市城西区	23		8		10	
西宁市大通县	27	71	9	21	1	3
西宁市湟中县		50		21		6
海东地区民和县	9	94	3	29	2	28
海东地区化隆县		167		57		4
海北州刚察县	3	106	1	30		
黄南州同仁县	10	62	5	28		2

4-89 续表 1

单位：人次

地　区	康复训练与服务		教育费用补助或减免		职业教育与培训	
	城镇	农村	城镇	农村	城镇	农村
总　计	**3**	**14**		**4**		**1**
西宁市城中区	2					
西宁市城西区						
西宁市大通县						
西宁市湟中县						
海东地区民和县	1	3				
海东地区化隆县		2		2		
海北州刚察县		9		2		1
黄南州同仁县						

4-89 续表 2

单位：人次

地　区	就业安置或扶持		贫困残疾人救助与扶持		法律援助与服务	
	城镇	农村	城镇	农村	城镇	农村
总　计		**1**	**44**	**196**		
西宁市城中区			24			
西宁市城西区			5			
西宁市大通县			7	18		
西宁市湟中县				22		
海东地区民和县			3	27		
海东地区化隆县		1		62		
海北州刚察县			1	37		
黄南州同仁县			4	30		

4-89 续表 3

单位：人次

地　区	无障碍设施		信息无障碍		生活服务	
	城镇	农村	城镇	农村	城镇	农村
总　计	**3**	**1**		**2**	**3**	**95**
西宁市城中区	2					
西宁市城西区						
西宁市大通县					2	22
西宁市湟中县		1				
海东地区民和县						7
海东地区化隆县				2		37
海北州刚察县					1	27
黄南州同仁县	1					2

4-89 续表 4

单位：人次

地　区	文化服务		其他		不选择	
	城镇	农村	城镇	农村	城镇	农村
总　计	**1**		**7**	**7**		
西宁市城中区						
西宁市城西区						
西宁市大通县	1		7	7		
西宁市湟中县						
海东地区民和县						
海东地区化隆县						
海北州刚察县						
黄南州同仁县						

4-90 各地区听力残疾人分城乡的主要需求

单位：人次

地区	合计		医疗服务与救助		辅助器具	
	城镇	农村	城镇	农村	城镇	农村
总计	**277**	**689**	**85**	**225**	**141**	**247**
西宁市城中区	57		2		49	
西宁市城西区	88		39		42	
西宁市大通县	27	51	4	21	5	24
西宁市湟中县	29	112	11	40	16	42
海东地区民和县	28	203	10	69	10	69
海东地区化隆县		154		39		56
海北州刚察县		58		27		27
黄南州同仁县	48	111	19	29	19	29

4-90 续表 1

单位：人次

地区	康复训练与服务		教育费用补助或减免		职业教育与培训	
	城镇	农村	城镇	农村	城镇	农村
总计	**3**	**1**				**1**
西宁市城中区						
西宁市城西区	3					
西宁市大通县						
西宁市湟中县						
海东地区民和县						
海东地区化隆县						1
海北州刚察县		1				
黄南州同仁县						

4-90 续表 2

单位：人次

地 区	就业安置或扶持		贫困残疾人救助与扶持		法律援助与服务	
	城镇	农村	城镇	农村	城镇	农村
总 计	**1**		**13**	**171**		
西宁市城中区			2			
西宁市城西区			2			
西宁市大通县						
西宁市湟中县	1		1	29		
海东地区民和县				47		
海东地区化隆县				58		
海北州刚察县						
黄南州同仁县			8	37		

4-90 续表 3

单位：人次

地 区	无障碍设施		信息无障碍		生活服务	
	城镇	农村	城镇	农村	城镇	农村
总 计	**1**	**1**			**8**	**31**
西宁市城中区					1	
西宁市城西区					1	
西宁市大通县					1	
西宁市湟中县						
海东地区民和县					4	17
海东地区化隆县						
海北州刚察县						
黄南州同仁县	1	1			1	14

4-90 续表 4

单位：人次

地 区	文化服务		其他		不选择	
	城镇	农村	城镇	农村	城镇	农村
总 计	**1**	**1**	**4**	**1**	**20**	**10**
西宁市城中区					3	
西宁市城西区	1					
西宁市大通县					17	6
西宁市湟中县						1
海东地区民和县			4	1		
海东地区化隆县						
海北州刚察县						3
黄南州同仁县		1				

4-91 各地区言语残疾人分城乡的主要需求

单位：人次

地 区	合计		医疗服务与救助		辅助器具	
	城镇	农村	城镇	农村	城镇	农村
总 计	**9**	**49**	**3**	**14**		**2**
西宁市城中区						
西宁市城西区	5		1			
西宁市大通县		11		3		1
西宁市湟中县	2	7	1	1		
海东地区民和县		3		1		
海东地区化隆县		13		5		1
海北州刚察县		11		3		
黄南州同仁县	2	4	1	1		

4-91 续表 1

单位：人次

地区	康复训练与服务		教育费用补助或减免		职业教育与培训	
	城镇	农村	城镇	农村	城镇	农村
总计	**2**	**15**	**1**	**1**		**1**
西宁市城中区						
西宁市城西区	2					
西宁市大通县		3				
西宁市湟中县		3				1
海东地区民和县		1				
海东地区化隆县		2				
海北州刚察县		5		1		
黄南州同仁县		1	1			

4-91 续表 2

单位：人次

地区	就业安置或扶持		贫困残疾人救助与扶持		法律援助与服务	
	城镇	农村	城镇	农村	城镇	农村
总计			**1**	**16**		
西宁市城中区						
西宁市城西区						
西宁市大通县				4		
西宁市湟中县			1	2		
海东地区民和县				1		
海东地区化隆县				5		
海北州刚察县				2		
黄南州同仁县				2		

4-91 续表 3

单位：人次

地 区	无障碍设施		信息无障碍		生活服务	
	城镇	农村	城镇	农村	城镇	农村
总 计					**2**	
西宁市城中区						
西宁市城西区					2	
西宁市大通县						
西宁市湟中县						
海东地区民和县						
海东地区化隆县						
海北州刚察县						
黄南州同仁县						

4-91 续表 4

单位：人次

地 区	文化服务		其他		不选择	
	城镇	农村	城镇	农村	城镇	农村
总 计						
西宁市城中区						
西宁市城西区						
西宁市大通县						
西宁市湟中县						
海东地区民和县						
海东地区化隆县						
海北州刚察县						
黄南州同仁县						

4-92　各地区肢体残疾人分城乡的主要需求

单位：人次

地　　区	合计		医疗服务与救助		辅助器具	
	城镇	农村	城镇	农村	城镇	农村
总　　计	**341**	**807**	**90**	**191**	**60**	**106**
西宁市城中区	99		19		23	
西宁市城西区	50		17		22	
西宁市大通县	43	81	14	23	1	3
西宁市湟中县	68	242	21	59	7	33
海东地区民和县	42	134	10	24	5	25
海东地区化隆县		117		21		18
海北州刚察县	11	140		38	1	19
黄南州同仁县	28	93	9	26	1	8

4-92　续表 1

单位：人次

地　　区	康复训练与服务		教育费用补助或减免		职业教育与培训	
	城镇	农村	城镇	农村	城镇	农村
总　　计	**62**	**107**		**4**		**1**
西宁市城中区	19					
西宁市城西区	11					
西宁市大通县	1	1		1		
西宁市湟中县	20	60		2		
海东地区民和县	11	31				
海东地区化隆县		9		1		1
海北州刚察县		2				
黄南州同仁县		4				

4-92 续表 2

单位：人次

地　区	就业安置或扶持		贫困残疾人救助与扶持		法律援助与服务	
	城镇	农村	城镇	农村	城镇	农村
总　计	**11**	**8**	**78**	**277**	**1**	**2**
西宁市城中区	4		31			
西宁市城西区						
西宁市大通县	5	3	11	25	1	1
西宁市湟中县		1	10	68		
海东地区民和县	1	2	15	46		
海东地区化隆县		2		44		
海北州刚察县			6	69		1
黄南州同仁县	1		5	25		

4-92 续表 3

单位：人次

地　区	无障碍设施		信息无障碍		生活服务	
	城镇	农村	城镇	农村	城镇	农村
总　计	**3**	**4**			**21**	**99**
西宁市城中区						
西宁市城西区						
西宁市大通县					9	23
西宁市湟中县					6	15
海东地区民和县						6
海东地区化隆县						21
海北州刚察县						8
黄南州同仁县	3	4			6	26

4-92 续表 4

单位：人次

地　区	文化服务		其他		不选择	
	城镇	农村	城镇	农村	城镇	农村
总　计	**7**	**6**	**2**	**1**	**6**	**1**
西宁市城中区			1		2	
西宁市城西区						
西宁市大通县			1	1		
西宁市湟中县	4	4				
海东地区民和县						
海东地区化隆县						
海北州刚察县		2			4	1
黄南州同仁县	3					

4-93 各地区智力残疾人分城乡的主要需求

单位：人次

地　区	合计		医疗服务与救助		辅助器具	
	城镇	农村	城镇	农村	城镇	农村
总　计	**31**	**187**	**8**	**52**		**1**
西宁市城中区	7		1			
西宁市城西区	8		1			
西宁市大通县	2	30	1	4		
西宁市湟中县	2	29	1	8		
海东地区民和县	2	36		8		
海东地区化隆县		77		28		1
海北州刚察县	5	11	2	3		
黄南州同仁县	5	4	2	1		

4-93 续表 1

单位：人次

地区	康复训练与服务		教育费用补助或减免		职业教育与培训	
	城镇	农村	城镇	农村	城镇	农村
总计	**9**	**47**	**1**	**5**	**1**	**3**
西宁市城中区	1				1	
西宁市城西区	4					
西宁市大通县		10				2
西宁市湟中县		6		1		
海东地区民和县	1	11	1	1		
海东地区化隆县		16		3		1
海北州刚察县	2	3				
黄南州同仁县	1	1				

4-93 续表 2

单位：人次

地区	就业安置或扶持		贫困残疾人救助与扶持		法律援助与服务	
	城镇	农村	城镇	农村	城镇	农村
总计	**2**	**3**	**8**	**69**		
西宁市城中区	1		2			
西宁市城西区			3			
西宁市大通县	1	1		13		
西宁市湟中县			1	10		
海东地区民和县				15		
海东地区化隆县		1		27		
海北州刚察县		1		2		
黄南州同仁县			2	2		

4-93 续表 3

单位：人次

地区	无障碍设施		信息无障碍		生活服务	
	城镇	农村	城镇	农村	城镇	农村
总计					**2**	**6**
西宁市城中区					1	
西宁市城西区						
西宁市大通县						
西宁市湟中县						4
海东地区民和县						
海东地区化隆县						
海北州刚察县					1	2
黄南州同仁县						

4-93 续表 4

单位：人次

地区	文化服务		其他		不选择	
	城镇	农村	城镇	农村	城镇	农村
总计				**1**		
西宁市城中区						
西宁市城西区						
西宁市大通县						
西宁市湟中县						
海东地区民和县				1		
海东地区化隆县						
海北州刚察县						
黄南州同仁县						

4–94 各地区精神残疾人分城乡的主要需求

单位：人次

地区	合计		医疗服务与救助		辅助器具	
	城镇	农村	城镇	农村	城镇	农村
总计	**62**	**99**	**25**	**42**		
西宁市城中区	8		3			
西宁市城西区	17		6			
西宁市大通县	9	6	3	2		
西宁市湟中县	7	7	5	4		
海东地区民和县	12	25	5	9		
海东地区化隆县		15		7		
海北州刚察县	5	22	2	9		
黄南州同仁县	4	24	1	11		

4–94 续表 1

单位：人次

地区	康复训练与服务		教育费用补助或减免		职业教育与培训	
	城镇	农村	城镇	农村	城镇	农村
总计	**11**	**9**		**1**		
西宁市城中区						
西宁市城西区	6					
西宁市大通县	2					
西宁市湟中县		1				
海东地区民和县				1		
海东地区化隆县						
海北州刚察县	1	7				
黄南州同仁县	2	1				

4-94 续表 2

单位：人次

地区	就业安置或扶持		贫困残疾人救助与扶持		法律援助与服务	
	城镇	农村	城镇	农村	城镇	农村
总计	**2**	**1**	**16**	**34**		
西宁市城中区			3			
西宁市城西区			5			
西宁市大通县	1		1	2		
西宁市湟中县			1			
海东地区民和县	1		3	8		
海东地区化隆县		1		7		
海北州刚察县			2	6		
黄南州同仁县			1	11		

4-94 续表 3

单位：人次

地区	无障碍设施		信息无障碍		生活服务	
	城镇	农村	城镇	农村	城镇	农村
总计	**1**				**2**	**4**
西宁市城中区						
西宁市城西区						
西宁市大通县					1	2
西宁市湟中县						2
海东地区民和县	1				1	
海东地区化隆县						
海北州刚察县						
黄南州同仁县						

4-94 续表 4

单位：人次

地区	文化服务		其他		不选择	
	城镇	农村	城镇	农村	城镇	农村
总计	**2**		**1**	**7**	**2**	**1**
西宁市城中区					2	
西宁市城西区						
西宁市大通县	1					
西宁市湟中县	1					
海东地区民和县			1	7		
海东地区化隆县						
海北州刚察县						
黄南州同仁县						1

4-95 各地区多重残疾人分城乡的主要需求

单位：人次

地区	合计		医疗服务与救助		辅助器具	
	城镇	农村	城镇	农村	城镇	农村
总计	**166**	**580**	**50**	**179**	**28**	**101**
西宁市城中区	49		11		12	
西宁市城西区	21		10		5	
西宁市大通县	11	46	3	12		4
西宁市湟中县	34	122	11	35	4	23
海东地区民和县	14	97	3	28	1	21
海东地区化隆县		175		54		29
海北州刚察县	13	52	5	22	1	7
黄南州同仁县	24	88	7	28	5	17

4-95 续表 1

单位：人次

地　区	康复训练与服务		教育费用补助或减免		职业教育与培训	
	城镇	农村	城镇	农村	城镇	农村
总　计	**30**	**51**	**1**		**1**	
西宁市城中区	9		1			
西宁市城西区	2					
西宁市大通县		5				
西宁市湟中县	8	13				
海东地区民和县	3	10			1	
海东地区化隆县		7				
海北州刚察县	4	12				
黄南州同仁县	4	4				

4-95 续表 2

单位：人次

地　区	就业安置或扶持		贫困残疾人救助与扶持		法律援助与服务	
	城镇	农村	城镇	农村	城镇	农村
总　计	**1**	**3**	**40**	**186**		
西宁市城中区			12			
西宁市城西区			4			
西宁市大通县	1		4	16		
西宁市湟中县		1	8	36		
海东地区民和县			3	30		
海东地区化隆县		2		69		
海北州刚察县			2	9		
黄南州同仁县			7	26		

4-95 续表 3

单位：人次

地区	无障碍设施		信息无障碍		生活服务	
	城镇	农村	城镇	农村	城镇	农村
总计	**1**		**1**		**5**	**52**
西宁市城中区					1	
西宁市城西区						
西宁市大通县					1	8
西宁市湟中县	1				2	12
海东地区民和县			1			6
海东地区化隆县						12
海北州刚察县						1
黄南州同仁县					1	13

4-95 续表 4

单位：人次

地区	文化服务		其他		不选择	
	城镇	农村	城镇	农村	城镇	农村
总计	**3**	**2**	**3**	**3**	**2**	**3**
西宁市城中区			1		2	
西宁市城西区						
西宁市大通县	1		1	1		
西宁市湟中县		1				1
海东地区民和县	1		1	2		
海东地区化隆县		1				1
海北州刚察县	1					1
黄南州同仁县						

4-96 各地区视力残疾人分残疾等级的主要需求

单位：人次

地区	医疗服务与救助				辅助器具			
	残疾一级	残疾二级	残疾三级	残疾四级	残疾一级	残疾二级	残疾三级	残疾四级
总计	**37**	**28**	**16**	**158**	**21**	**10**	**7**	**47**
西宁市城中区	3	6	1	17	5	6	1	17
西宁市城西区	4		1	3	3		1	6
西宁市大通县	5	7	1	17		1	1	2
西宁市湟中县	9	3	1	8	4		1	1
海东地区民和县	5	3	1	23	8	3	2	17
海东地区化隆县	6	4	3	44	1		1	2
海北州刚察县	1	1	4	25				
黄南州同仁县	4	4	4	21				2

4-96 续表 1

单位：人次

地区	康复训练与服务				教育费用补助或减免			
	残疾一级	残疾二级	残疾三级	残疾四级	残疾一级	残疾二级	残疾三级	残疾四级
总计	**7**	**1**	**3**	**6**		**1**	**1**	**2**
西宁市城中区	1			1				
西宁市城西区								
西宁市大通县								
西宁市湟中县								
海东地区民和县	1		1	2				
海东地区化隆县	1			1			1	1
海北州刚察县	4	1	2	2		1		1
黄南州同仁县								

4-96 续表 2

单位：人次

地区	职业教育与培训				就业安置或扶持			
	残疾一级	残疾二级	残疾三级	残疾四级	残疾一级	残疾二级	残疾三级	残疾四级
总　计				**1**				**1**
西宁市城中区								
西宁市城西区								
西宁市大通县								
西宁市湟中县								
海东地区民和县								
海东地区化隆县								1
海北州刚察县				1				
黄南州同仁县								

4-96 续表 3

单位：人次

地区	贫困残疾人救助与扶持				法律援助与服务			
	残疾一级	残疾二级	残疾三级	残疾四级	残疾一级	残疾二级	残疾三级	残疾四级
总　计	**50**	**27**	**18**	**145**				
西宁市城中区	3	6		15				
西宁市城西区	3			2				
西宁市大通县	7	5	1	12				
西宁市湟中县	11	2	1	8				
海东地区民和县	7	3	2	18				
海东地区化隆县	9	5	4	44				
海北州刚察县	5	2	6	25				
黄南州同仁县	5	4	4	21				

4-96 续表 4

单位：人次

地　　区	无障碍设施				信息无障碍			
	残疾一级	残疾二级	残疾三级	残疾四级	残疾一级	残疾二级	残疾三级	残疾四级
总　　计	**3**			**1**	**1**			**1**
西宁市城中区	2							
西宁市城西区								
西宁市大通县								
西宁市湟中县	1							
海东地区民和县								
海东地区化隆县					1			1
海北州刚察县								
黄南州同仁县				1				

4-96 续表 5

单位：人次

地　　区	生活服务				文化服务			
	残疾一级	残疾二级	残疾三级	残疾四级	残疾一级	残疾二级	残疾三级	残疾四级
总　　计	**18**	**11**	**11**	**58**				**1**
西宁市城中区								
西宁市城西区								
西宁市大通县	5	8	2	9				1
西宁市湟中县								
海东地区民和县	2			5				
海东地区化隆县	5	2	3	27				
海北州刚察县	5	1	6	16				
黄南州同仁县	1			1				

4-96 续表 6

单位：人次

地区	其他				不选择			
	残疾一级	残疾二级	残疾三级	残疾四级	残疾一级	残疾二级	残疾三级	残疾四级
总计	**3**	**3**		**8**				
西宁市城中区								
西宁市城西区								
西宁市大通县	3	3		8				
西宁市湟中县								
海东地区民和县								
海东地区化隆县								
海北州刚察县								
黄南州同仁县								

4-97 各地区听力残疾人分残疾等级的主要需求

单位：人次

地区	医疗服务与救助				辅助器具			
	残疾一级	残疾二级	残疾三级	残疾四级	残疾一级	残疾二级	残疾三级	残疾四级
总计	**19**	**28**	**110**	**153**	**22**	**31**	**142**	**193**
西宁市城中区			1	1		2	20	27
西宁市城西区	1	1	13	24	2	2	13	25
西宁市大通县		4	8	13		3	9	17
西宁市湟中县		2	16	33		2	16	40
海东地区民和县	11	10	32	26	11	10	32	26
海东地区化隆县	1	6	17	15	1	7	26	22
海北州刚察县	4	2	7	14	4	2	7	14
黄南州同仁县	2	3	16	27	4	3	19	22

4-97 续表 1

单位：人次

地　　区	康复训练与服务				教育费用补助或减免			
	残疾一级	残疾二级	残疾三级	残疾四级	残疾一级	残疾二级	残疾三级	残疾四级
总　　计	**2**	**1**		**1**				
西宁市城中区								
西宁市城西区	1	1		1				
西宁市大通县								
西宁市湟中县								
海东地区民和县								
海东地区化隆县								
海北州刚察县	1							
黄南州同仁县								

4-97 续表 2

单位：人次

地　　区	职业教育与培训				就业安置或扶持			
	残疾一级	残疾二级	残疾三级	残疾四级	残疾一级	残疾二级	残疾三级	残疾四级
总　　计				**1**			**1**	
西宁市城中区								
西宁市城西区								
西宁市大通县								
西宁市湟中县							1	
海东地区民和县								
海东地区化隆县				1				
海北州刚察县								
黄南州同仁县								

4-97 续表 3

单位：人次

地 区	贫困残疾人救助与扶持				法律援助与服务			
	残疾一级	残疾二级	残疾三级	残疾四级	残疾一级	残疾二级	残疾三级	残疾四级
总 计	**8**	**17**	**81**	**78**				
西宁市城中区			2					
西宁市城西区			1	1				
西宁市大通县								
西宁市湟中县		1	9	20				
海东地区民和县	3	8	23	13				
海东地区化隆县	2	6	29	21				
海北州刚察县								
黄南州同仁县	3	2	17	23				

4-97 续表 4

单位：人次

地 区	无障碍设施				信息无障碍			
	残疾一级	残疾二级	残疾三级	残疾四级	残疾一级	残疾二级	残疾三级	残疾四级
总 计	**1**			**1**				
西宁市城中区								
西宁市城西区								
西宁市大通县								
西宁市湟中县								
海东地区民和县								
海东地区化隆县								
海北州刚察县								
黄南州同仁县	1			1				

4–97 续表 5

单位：人次

地　区	生活服务				文化服务			
	残疾一级	残疾二级	残疾三级	残疾四级	残疾一级	残疾二级	残疾三级	残疾四级
总　计	**9**	**3**	**12**	**15**	**1**		**1**	
西宁市城中区				1				
西宁市城西区	1				1			
西宁市大通县		1						
西宁市湟中县								
海东地区民和县	6	2	6	7				
海东地区化隆县								
海北州刚察县								
黄南州同仁县	2		6	7			1	

4–97 续表 6

单位：人次

地　区	其他				不选择			
	残疾一级	残疾二级	残疾三级	残疾四级	残疾一级	残疾二级	残疾三级	残疾四级
总　计			**1**	**4**		**5**	**15**	**10**
西宁市城中区							2	1
西宁市城西区								
西宁市大通县						4	11	8
西宁市湟中县							1	
海东地区民和县			1	4				
海东地区化隆县								
海北州刚察县						1	1	1
黄南州同仁县								

4-98　各地区言语残疾人分残疾等级的主要需求

单位：人次

地　区	医疗服务与救助				辅助器具			
	残疾一级	残疾二级	残疾三级	残疾四级	残疾一级	残疾二级	残疾三级	残疾四级
总　计	**4**	**2**	**5**	**6**			**2**	
西宁市城中区								
西宁市城西区	1							
西宁市大通县	1	1		1			1	
西宁市湟中县				2				
海东地区民和县				1				
海东地区化隆县			3	2			1	
海北州刚察县	2	1						
黄南州同仁县			2					

4-98　续表 1

单位：人次

地　区	康复训练与服务				教育费用补助或减免			
	残疾一级	残疾二级	残疾三级	残疾四级	残疾一级	残疾二级	残疾三级	残疾四级
总　计	**4**	**2**	**1**	**10**		**1**	**1**	
西宁市城中区								
西宁市城西区	1			1				
西宁市大通县	1	1		1				
西宁市湟中县				3				
海东地区民和县				1				
海东地区化隆县				2				
海北州刚察县	2	1		2		1		
黄南州同仁县			1				1	

4-98 续表 2

单位：人次

地区	职业教育与培训				就业安置或扶持			
	残疾一级	残疾二级	残疾三级	残疾四级	残疾一级	残疾二级	残疾三级	残疾四级
总计				**1**				
西宁市城中区								
西宁市城西区								
西宁市大通县								
西宁市湟中县				1				
海东地区民和县								
海东地区化隆县								
海北州刚察县								
黄南州同仁县								

4-98 续表 3

单位：人次

地区	贫困残疾人救助与扶持				法律援助与服务			
	残疾一级	残疾二级	残疾三级	残疾四级	残疾一级	残疾二级	残疾三级	残疾四级
总计	**1**	**1**	**8**	**7**				
西宁市城中区								
西宁市城西区								
西宁市大通县			3	1				
西宁市湟中县				3				
海东地区民和县				1				
海东地区化隆县			3	2				
海北州刚察县	1	1						
黄南州同仁县			2					

4-98 续表 4

单位：人次

地区	无障碍设施				信息无障碍			
	残疾一级	残疾二级	残疾三级	残疾四级	残疾一级	残疾二级	残疾三级	残疾四级
总　计								
西宁市城中区								
西宁市城西区								
西宁市大通县								
西宁市湟中县								
海东地区民和县								
海东地区化隆县								
海北州刚察县								
黄南州同仁县								

4-98 续表 5

单位：人次

地区	生活服务				文化服务			
	残疾一级	残疾二级	残疾三级	残疾四级	残疾一级	残疾二级	残疾三级	残疾四级
总　计	**1**			**1**				
西宁市城中区								
西宁市城西区	1			1				
西宁市大通县								
西宁市湟中县								
海东地区民和县								
海东地区化隆县								
海北州刚察县								
黄南州同仁县								

4-98 续表 6

单位：人次

地区	其他				不选择			
	残疾一级	残疾二级	残疾三级	残疾四级	残疾一级	残疾二级	残疾三级	残疾四级
总计								
西宁市城中区								
西宁市城西区								
西宁市大通县								
西宁市湟中县								
海东地区民和县								
海东地区化隆县								
海北州刚察县								
黄南州同仁县								

4-99 各地区肢体残疾人分残疾等级的主要需求

单位：人次

地区	医疗服务与救助				辅助器具			
	残疾一级	残疾二级	残疾三级	残疾四级	残疾一级	残疾二级	残疾三级	残疾四级
总计	**10**	**20**	**61**	**190**	**8**	**26**	**45**	**87**
西宁市城中区	1	1	3	14		1	10	12
西宁市城西区	1	1	3	12	1	5	5	11
西宁市大通县	6	2	6	23	3			1
西宁市湟中县		3	15	62	1	5	9	25
海东地区民和县	1	3	12	18	1	5	8	16
海东地区化隆县		2	3	16		3	3	12
海北州刚察县	1	4	9	24	2	3	9	6
黄南州同仁县		4	10	21		4	1	4

4-99 续表 1

单位：人次

地　区	康复训练与服务				教育费用补助或减免			
	残疾一级	残疾二级	残疾三级	残疾四级	残疾一级	残疾二级	残疾三级	残疾四级
总　计	**4**	**15**	**37**	**113**				**4**
西宁市城中区			6	13				
西宁市城西区		4	3	4				
西宁市大通县				2				1
西宁市湟中县	1	2	17	60				2
海东地区民和县	3	6	10	23				
海东地区化隆县		2	1	6				1
海北州刚察县		1		1				
黄南州同仁县				4				

4-99 续表 2

单位：人次

地　区	职业教育与培训				就业安置或扶持			
	残疾一级	残疾二级	残疾三级	残疾四级	残疾一级	残疾二级	残疾三级	残疾四级
总　计				**1**		**1**	**3**	**15**
西宁市城中区								4
西宁市城西区								
西宁市大通县						1	2	5
西宁市湟中县								1
海东地区民和县								3
海东地区化隆县				1				2
海北州刚察县								
黄南州同仁县							1	

4-99 续表 3

单位：人次

地区	贫困残疾人救助与扶持				法律援助与服务			
	残疾一级	残疾二级	残疾三级	残疾四级	残疾一级	残疾二级	残疾三级	残疾四级
总计	**11**	**24**	**92**	**228**	**1**		**1**	**1**
西宁市城中区	1	1	10	19				
西宁市城西区								
西宁市大通县	5	1	6	24			1	1
西宁市湟中县	1	3	18	56				
海东地区民和县	3	7	17	34				
海东地区化隆县		4	7	33				
海北州刚察县	1	5	20	49	1			
黄南州同仁县		3	14	13				

4-99 续表 4

单位：人次

地区	无障碍设施				信息无障碍			
	残疾一级	残疾二级	残疾三级	残疾四级	残疾一级	残疾二级	残疾三级	残疾四级
总计			**3**	**4**				
西宁市城中区								
西宁市城西区								
西宁市大通县								
西宁市湟中县								
海东地区民和县								
海东地区化隆县								
海北州刚察县								
黄南州同仁县			3	4				

4-99 续表 5

单位：人次

地区	生活服务				文化服务			
	残疾一级	残疾二级	残疾三级	残疾四级	残疾一级	残疾二级	残疾三级	残疾四级
总计	**5**	**10**	**28**	**77**			**5**	**8**
西宁市城中区								
西宁市城西区								
西宁市大通县	3	1	6	22				
西宁市湟中县		2	6	13			4	4
海东地区民和县	1		1	4				
海东地区化隆县		2	3	16				
海北州刚察县	1		2	5			1	1
黄南州同仁县		5	10	17				3

4-99 续表 6

单位：人次

地区	其他				不选择			
	残疾一级	残疾二级	残疾三级	残疾四级	残疾一级	残疾二级	残疾三级	残疾四级
总计			**1**	**2**			**2**	**5**
西宁市城中区			1				1	1
西宁市城西区								
西宁市大通县				2				
西宁市湟中县								
海东地区民和县								
海东地区化隆县								
海北州刚察县							1	4
黄南州同仁县								

4-100 各地区智力残疾人分残疾等级的主要需求

单位：人次

地区	医疗服务与救助				辅助器具			
	残疾一级	残疾二级	残疾三级	残疾四级	残疾一级	残疾二级	残疾三级	残疾四级
总　计	**1**	**7**	**22**	**30**			**1**	
西宁市城中区				1				
西宁市城西区				1				
西宁市大通县		1	2	2				
西宁市湟中县		1	5	3				
海东地区民和县		1	4	3				
海东地区化隆县	1	3	6	18			1	
海北州刚察县		1	2	2				
黄南州同仁县			3					

4-100 续表 1

单位：人次

地区	康复训练与服务				教育费用补助或减免			
	残疾一级	残疾二级	残疾三级	残疾四级	残疾一级	残疾二级	残疾三级	残疾四级
总　计	**1**	**6**	**14**	**35**			**3**	**3**
西宁市城中区				1				
西宁市城西区		1	1	2				
西宁市大通县			2	8				
西宁市湟中县			2	4				1
海东地区民和县		1	5	6			1	1
海东地区化隆县	1	3	1	11			2	1
海北州刚察县		1	2	2				
黄南州同仁县			1	1				

4-100 续表 2

单位：人次

地　区	职业教育与培训				就业安置或扶持			
	残疾一级	残疾二级	残疾三级	残疾四级	残疾一级	残疾二级	残疾三级	残疾四级
总　计			**2**	**2**			**1**	**4**
西宁市城中区			1				1	
西宁市城西区								
西宁市大通县				2				2
西宁市湟中县								
海东地区民和县								
海东地区化隆县			1					1
海北州刚察县								1
黄南州同仁县								

4-100 续表 3

单位：人次

地　区	贫困残疾人救助与扶持				法律援助与服务			
	残疾一级	残疾二级	残疾三级	残疾四级	残疾一级	残疾二级	残疾三级	残疾四级
总　计	**1**	**7**	**28**	**41**				
西宁市城中区			1	1				
西宁市城西区			2	1				
西宁市大通县		1	4	8				
西宁市湟中县		1	5	5				
海东地区民和县		1	8	6				
海东地区化隆县	1	3	5	18				
海北州刚察县		1		1				
黄南州同仁县			3	1				

4-100 续表 4

单位：人次

地区	无障碍设施				信息无障碍			
	残疾一级	残疾二级	残疾三级	残疾四级	残疾一级	残疾二级	残疾三级	残疾四级
总　计								
西宁市城中区								
西宁市城西区								
西宁市大通县								
西宁市湟中县								
海东地区民和县								
海东地区化隆县								
海北州刚察县								
黄南州同仁县								

4-100 续表 5

单位：人次

地区	生活服务				文化服务			
	残疾一级	残疾二级	残疾三级	残疾四级	残疾一级	残疾二级	残疾三级	残疾四级
总　计		**1**	**4**	**3**				
西宁市城中区				1				
西宁市城西区								
西宁市大通县								
西宁市湟中县		1	2	1				
海东地区民和县								
海东地区化隆县								
海北州刚察县			2	1				
黄南州同仁县								

4-100 续表 6

单位：人次

地　　区	其他				不选择			
	残疾一级	残疾二级	残疾三级	残疾四级	残疾一级	残疾二级	残疾三级	残疾四级
总　　计			**1**					
西宁市城中区								
西宁市城西区								
西宁市大通县								
西宁市湟中县								
海东地区民和县			1					
海东地区化隆县								
海北州刚察县								
黄南州同仁县								

4-101 各地区精神残疾人分残疾等级的主要需求

单位：人次

地　　区	医疗服务与救助				辅助器具			
	残疾一级	残疾二级	残疾三级	残疾四级	残疾一级	残疾二级	残疾三级	残疾四级
总　　计	**14**	**6**	**8**	**39**				
西宁市城中区	1	1	1					
西宁市城西区	3		1	2				
西宁市大通县	2		2	1				
西宁市湟中县				9				
海东地区民和县	1	3		10				
海东地区化隆县	1		1	5				
海北州刚察县	1	1	2	7				
黄南州同仁县	5	1	1	5				

4-101 续表 1

单位：人次

地区	康复训练与服务				教育费用补助或减免			
	残疾一级	残疾二级	残疾三级	残疾四级	残疾一级	残疾二级	残疾三级	残疾四级
总计	**6**		**5**	**9**				**1**
西宁市城中区								
西宁市城西区	3		1	2				
西宁市大通县			1	1				
西宁市湟中县				1				
海东地区民和县								1
海东地区化隆县								
海北州刚察县	1		3	4				
黄南州同仁县	2			1				

4-101 续表 2

单位：人次

地区	职业教育与培训				就业安置或扶持			
	残疾一级	残疾二级	残疾三级	残疾四级	残疾一级	残疾二级	残疾三级	残疾四级
总计						**1**	**1**	**1**
西宁市城中区								
西宁市城西区								
西宁市大通县							1	
西宁市湟中县								
海东地区民和县						1		
海东地区化隆县								1
海北州刚察县								
黄南州同仁县								

4-101 续表 3

单位：人次

地　区	贫困残疾人救助与扶持				法律援助与服务			
	残疾一级	残疾二级	残疾三级	残疾四级	残疾一级	残疾二级	残疾三级	残疾四级
总　计	**14**	**6**	**6**	**24**				
西宁市城中区	1	1	1					
西宁市城西区	2		1	2				
西宁市大通县	2		1					
西宁市湟中县				1				
海东地区民和县	1	3		7				
海东地区化隆县	1		1	5				
海北州刚察县	1	1	1	5				
黄南州同仁县	6	1	1	4				

4-101 续表 4

单位：人次

地　区	无障碍设施				信息无障碍			
	残疾一级	残疾二级	残疾三级	残疾四级	残疾一级	残疾二级	残疾三级	残疾四级
总　计				**1**				
西宁市城中区								
西宁市城西区								
西宁市大通县								
西宁市湟中县								
海东地区民和县				1				
海东地区化隆县								
海北州刚察县								
黄南州同仁县								

4-101 续表 5

单位：人次

地　区	生活服务				文化服务			
	残疾一级	残疾二级	残疾三级	残疾四级	残疾一级	残疾二级	残疾三级	残疾四级
总　计	**2**		**1**	**3**				**2**
西宁市城中区								
西宁市城西区								
西宁市大通县	2		1					1
西宁市湟中县				2				1
海东地区民和县				1				
海东地区化隆县								
海北州刚察县								
黄南州同仁县								

4-101 续表 6

单位：人次

地　区	其他				不选择			
	残疾一级	残疾二级	残疾三级	残疾四级	残疾一级	残疾二级	残疾三级	残疾四级
总　计	**1**	**2**		**5**	**2**			**1**
西宁市城中区					2			
西宁市城西区								
西宁市大通县								
西宁市湟中县								
海东地区民和县	1	2		5				
海东地区化隆县								
海北州刚察县								
黄南州同仁县								1

4-102 各地区多重残疾人分残疾等级的主要需求

单位：人次

地区	医疗服务与救助				辅助器具			
	残疾一级	残疾二级	残疾三级	残疾四级	残疾一级	残疾二级	残疾三级	残疾四级
总计	**108**	**46**	**41**	**34**	**54**	**18**	**34**	**23**
西宁市城中区	2	3	4	2	2	3	6	1
西宁市城西区	6		1	3	2		1	2
西宁市大通县	10	2	2	1	1	1	2	
西宁市湟中县	21	5	8	12	17	2	4	4
海东地区民和县	11	11	8	1	11	3	7	1
海东地区化隆县	23	13	12	6	8	4	9	8
海北州刚察县	14	6	1	6	2	1	1	4
黄南州同仁县	21	6	5	3	11	4	4	3

4-102 续表 1

单位：人次

地区	康复训练与服务				教育费用补助或减免			
	残疾一级	残疾二级	残疾三级	残疾四级	残疾一级	残疾二级	残疾三级	残疾四级
总计	**36**	**22**	**11**	**12**		**1**		
西宁市城中区	3	4	2			1		
西宁市城西区	2							
西宁市大通县	2	2	1					
西宁市湟中县	5	2	5	9				
海东地区民和县	5	5	3					
海东地区化隆县	2	4		1				
海北州刚察县	10	4		2				
黄南州同仁县	7	1						

4-102 续表 2

单位：人次

地区	职业教育与培训				就业安置或扶持			
	残疾一级	残疾二级	残疾三级	残疾四级	残疾一级	残疾二级	残疾三级	残疾四级
总计			**1**		**4**			
西宁市城中区								
西宁市城西区								
西宁市大通县					1			
西宁市湟中县					1			
海东地区民和县			1					
海东地区化隆县					2			
海北州刚察县								
黄南州同仁县								

4-102 续表 3

单位：人次

地区	贫困残疾人救助与扶持				法律援助与服务			
	残疾一级	残疾二级	残疾三级	残疾四级	残疾一级	残疾二级	残疾三级	残疾四级
总计	**105**	**49**	**47**	**25**				
西宁市城中区	3	3	5	1				
西宁市城西区	3			1				
西宁市大通县	14	2	3	1				
西宁市湟中县	22	6	9	7				
海东地区民和县	14	11	8					
海东地区化隆县	22	18	16	13				
海北州刚察县	5	3	2	1				
黄南州同仁县	22	6	4	1				

4-102 续表 4

单位：人次

地 区	无障碍设施				信息无障碍			
	残疾一级	残疾二级	残疾三级	残疾四级	残疾一级	残疾二级	残疾三级	残疾四级
总 计				**1**	**1**			
西宁市城中区								
西宁市城西区								
西宁市大通县								
西宁市湟中县				1				
海东地区民和县					1			
海东地区化隆县								
海北州刚察县								
黄南州同仁县								

4-102 续表 5

单位：人次

地 区	生活服务				文化服务			
	残疾一级	残疾二级	残疾三级	残疾四级	残疾一级	残疾二级	残疾三级	残疾四级
总 计	**22**	**13**	**14**	**8**	**3**		**2**	
西宁市城中区		1						
西宁市城西区								
西宁市大通县	7	2			1			
西宁市湟中县	5	2	6	1			1	
海东地区民和县	2	2	1	1	1			
海东地区化隆县	2	3	4	3			1	
海北州刚察县				1	1			
黄南州同仁县	6	3	3	2				

4-102 续表 6

单位：人次

地区	其他				不选择			
	残疾一级	残疾二级	残疾三级	残疾四级	残疾一级	残疾二级	残疾三级	残疾四级
总计	**1**	**3**	**2**		**2**	**1**	**1**	**1**
西宁市城中区		1			1			1
西宁市城西区								
西宁市大通县		1	1					
西宁市湟中县					1			
海东地区民和县	1	1	1					
海东地区化隆县						1		
海北州刚察县							1	
黄南州同仁县								

第五部分　社区和住户基本情况

5－1 调查社区基本情况

地　区	调查社区(个)			社区人口情况		社区残疾人情况(人)			
	合计	居委会	村委会	户数(户)	人口(人)	残疾人	持证残疾人	享受定期救助人数	享受临时救助人数
总　计	**64**	**25**	**39**	**60805**	**194471**	**3748**	**1851**	**1040**	**819**
西宁市城中区	8	8		17002	50042	414	223	262	103
西宁市城西区	8	8		19101	55516	436	330	139	60
西宁市大通县	8	2	6	7075	22633	355	189	95	59
西宁市湟中县	8	2	6	4989	19243	664	235	247	137
海东地区民和县	8	2	6	4161	14337	520	155	83	76
海东地区化隆县	8		8	1229	6000	484	201	31	109
海北州刚察县	8	1	7	2732	10558	488	331	86	198
黄南州同仁县	8	2	6	4516	16142	387	187	97	77

5－1 续表

单位：个

地　区	社区残疾人基层组织建设情况				
	有残疾人协会(小组)的社区	有残疾人专职委员会的社区	有康复站的社区	有社区康复协调员的社区	有无障碍设施的社区(居委会)
总　计	**33**	**17**	**23**	**28**	**18**
西宁市城中区	8	1	7	8	7
西宁市城西区	8	7	1	4	3
西宁市大通县	3	4	3	4	2
西宁市湟中县	3	3	2	2	2
海东地区民和县	2	2	1	1	2
海东地区化隆县	8		8	8	
海北州刚察县	1		1	1	1
黄南州同仁县					1

5－2 各地区调查社区公共服务机构的覆盖情况

单位：个

地区	距离法律服务所(司法所)				距离特教学校(班)			
	0公里	1－2公里	3－5公里	5公里以上	0公里	1－2公里	3－5公里	5公里以上
总计	**18**	**12**	**10**	**24**	**15**	**8**	**3**	**38**
西宁市城中区	4	4			1	5		2
西宁市城西区	5			3	4			4
西宁市大通县	3	2	2	1		2	1	5
西宁市湟中县	2	2	3	1	2	1		5
海东地区民和县	2	2	1	3	5			3
海东地区化隆县	1	2	3	2			2	6
海北州刚察县	1		1	6	3			5
黄南州同仁县				8				8

5－2 续表

单位：个

地区	距离文化活动站(室)				距离卫生室(所、站)			
	0公里	1－2公里	3－5公里	5公里以上	0公里	1－2公里	3－5公里	5公里以上
总计	**36**	**4**	**6**	**18**	**49**	**9**	**1**	**5**
西宁市城中区	8				8			
西宁市城西区	8				7	1		
西宁市大通县	4	2		2	6	2		
西宁市湟中县	6		2		7	1		
海东地区民和县	6			2	4	4		
海东地区化隆县	1	2	3	2	7	1		
海北州刚察县	1		1	6	7		1	
黄南州同仁县	2			6	3			5

5－2a 各地区调查城镇社区公共服务机构的覆盖情况

单位：个

地　区	距离法律服务所(司法所)				距离特教学校(班)			
	0公里	1－2公里	3－5公里	5公里以上	0公里	1－2公里	3－5公里	5公里以上
总　计	**13**	**7**		**5**	**8**	**8**		**9**
西宁市城中区	4	4			1	5		2
西宁市城西区	5			3	4			4
西宁市大通县	1	1				2		
西宁市湟中县	1	1			1	1		
海东地区民和县	1	1			1			1
海东地区化隆县								
海北州刚察县	1				1			
黄南州同仁县				2				2

5－2a 续表

单位：个

地　区	距离文化活动站(室)				距离卫生室(所、站)			
	0公里	1－2公里	3－5公里	5公里以上	0公里	1－2公里	3－5公里	5公里以上
总　计	**22**	**1**		**2**	**19**	**4**		**2**
西宁市城中区	8				8			
西宁市城西区	8				7	1		
西宁市大通县	1	1			1	1		
西宁市湟中县	2				1	1		
海东地区民和县	2				1	1		
海东地区化隆县								
海北州刚察县	1				1			
黄南州同仁县				2				2

5－2b　各地区调查农村社区公共服务机构的覆盖情况

单位：个

地　区	距离法律服务所(司法所)				距离特教学校(班)			
	0公里	1－2公里	3－5公里	5公里以上	0公里	1－2公里	3－5公里	5公里以上
总　计	**5**	**5**	**10**	**19**	**7**		**3**	**29**
西宁市城中区								
西宁市城西区								
西宁市大通县	2	1	2	1			1	5
西宁市湟中县	1	1	3	1	1			5
海东地区民和县	1	1	1	3	4			2
海东地区化隆县	1	2	3	2			2	6
海北州刚察县			1	6	2			5
黄南州同仁县				6				6

5－2b　续表

单位：个

地　区	距离文化活动站(室)				距离卫生室(所、站)			
	0公里	1－2公里	3－5公里	5公里以上	0公里	1－2公里	3－5公里	5公里以上
总　计	**14**	**3**	**6**	**16**	**30**	**5**	**1**	**3**
西宁市城中区								
西宁市城西区								
西宁市大通县	3	1		2	5	1		
西宁市湟中县	4		2		6			
海东地区民和县	4			2	3	3		
海东地区化隆县	1	2	3	2	7	1		
海北州刚察县			1	6	6		1	
黄南州同仁县	2			4	3			3

5－3　调查农村社区的收入水平与公共服务机构覆盖情况

单位：个、人

2005年本村人均收入	社区个数	社区享受定期救助人数	社区享受临时救助人数	距离法律服务所(司法所)			
				0公里	1－2公里	3－5公里	5公里以上
总　计	**39**	**408**	**563**	**5**	**5**	**10**	**19**
1000元以下	1	2	15				1
1000–1500元	7	160	84	1	1	1	4
1500–2000元	13	62	172	2	2	3	6
2000–2500元	9	98	119		2	4	3
2500–3000元	4	28	76	2			2
3000–3500元	4	27	72			1	3
3500–4000元							
4000–4500元							
4500–5000元							
5000元以上	1	31	25			1	

5－3　续表 1

单位：个

2005年本村人均收入	距离特教学校(班)				距离文化活动站(室)			
	0公里	1－2公里	3－5公里	5公里以上	0公里	1－2公里	3－5公里	5公里以上
总　计	**7**		**3**	**29**	**14**	**3**	**6**	**16**
1000元以下				1				1
1000–1500元	3			4	3		1	3
1500–2000元	2		2	9	4	2	2	5
2000–2500元			1	8	5	1	1	2
2500–3000元	2			2	2			2
3000–3500元				4			1	3
3500–4000元								
4000–4500元								
4500–5000元								
5000元以上				1			1	

5－3 续表 2

单位：个

2005年本村人均收入	距离卫生室(所、站)			
	0公里	1－2公里	3－5公里	5公里以上
总　　计	**30**	**5**	**1**	**3**
1000元以下		1		
1000–1500元	3	2		2
1500–2000元	12	1		
2000–2500元	7	1		1
2500–3000元	4			
3000–3500元	3		1	
3500–4000元				
4000–4500元				
4500–5000元				
5000元以上	1			

5－4 各地区调查户2005年人均收入

地　　区	总人口(人)	总户数(户)	2005年度调查户人均收入(元)	按人均收入分组的户数(户)			
				0－683元	684－944元	945－2000元	2001－3000元
总　　计	**30395**	**8335**	**3564**	**1231**	**641**	**2065**	**743**
西宁市城中区	3364	1285	7674	1	5	73	112
西宁市城西区	3372	1271	8113	9	10	93	78
西宁市大通县	3837	1014	3014	71	45	338	186
西宁市湟中县	4268	1130	3262	23	46	501	153
海东地区民和县	3855	998	2280	352	120	206	54
海东地区化隆县	3799	846	1009	393	190	196	31
海北州刚察县	3870	854	2299	125	103	387	67
黄南州同仁县	4030	937	2026	257	122	271	62

5－4 续表

地　区	按人均收入分组的户数(户)						
	3001－4000元	4001－5000元	5001－6000元	6001－7000元	7001－10000元	10001－20000元	20000元以上
总　计	**582**	**416**	**423**	**281**	**896**	**911**	**146**
西宁市城中区	139	107	155	63	246	331	53
西宁市城西区	130	99	106	78	296	309	63
西宁市大通县	109	59	45	32	75	51	3
西宁市湟中县	80	43	50	43	128	61	2
海东地区民和县	36	37	31	23	67	64	8
海东地区化隆县	17	6	3	3	6		1
海北州刚察县	29	21	12	15	33	52	10
黄南州同仁县	42	44	21	24	45	43	6

5－4a 各地区城镇调查户2005年人均收入

地　区	总人口(人)	总户数(户)	2005年度调查户人均收入(元)	按人均收入分组的户数(户)			
				0－683元	684－944元	945－2000元	2001－3000元
总　计	**11210**	**4026**	**7147**	**41**	**35**	**387**	**324**
西宁市城中区	3364	1285	7674	1	5	73	112
西宁市城西区	3372	1271	8113	9	10	93	78
西宁市大通县	871	324	5161	4	2	56	49
西宁市湟中县	1083	349	7035		1	17	17
海东地区民和县	1010	338	6207	7	2	53	36
海东地区化隆县							
海北州刚察县	470	146	8373	3	3	16	3
黄南州同仁县	1040	313	4449	17	12	79	29

5－4a 续表

地　区	按人均收入分组的户数(户)						
	3001－4000元	4001－5000元	5001－6000元	6001－7000元	7001－10000元	10001－20000元	20000元以上
总　计	**401**	**339**	**366**	**249**	**854**	**888**	**142**
西宁市城中区	139	107	155	63	246	331	53
西宁市城西区	130	99	106	78	296	309	63
西宁市大通县	40	34	16	23	58	39	3
西宁市湟中县	36	28	40	35	117	56	2
海东地区民和县	25	33	28	20	65	62	7
海东地区化隆县							
海北州刚察县	3	8	8	9	32	51	10
黄南州同仁县	28	30	13	21	40	40	4

5－4b 各地区农村调查户2005年人均收入

地　区	总人口(人)	总户数(户)	2005年度调查户人均收入(元)	按人均收入分组的户数(户)			
				0－683元	684－944元	945－2000元	2001－3000元
总　计	**19185**	**4309**	**1471**	**1190**	**606**	**1678**	**419**
西宁市城中区							
西宁市城西区							
西宁市大通县	2966	690	2383	67	43	282	137
西宁市湟中县	3185	781	1979	23	45	484	136
海东地区民和县	2845	660	885	345	118	153	18
海东地区化隆县	3799	846	1009	393	190	196	31
海北州刚察县	3400	708	1460	122	100	371	64
黄南州同仁县	2990	624	1183	240	110	192	33

5－4b 续表

地 区	按人均收入分组的户数(户)						
	3001－4000元	4001－5000元	5001－6000元	6001－7000元	7001－10000元	10001－20000元	20000元以上
总 计	**181**	**77**	**57**	**32**	**42**	**23**	**4**
西宁市城中区							
西宁市城西区							
西宁市大通县	69	25	29	9	17	12	
西宁市湟中县	44	15	10	8	11	5	
海东地区民和县	11	4	3	3	2	2	1
海东地区化隆县	17	6	3	3	6		1
海北州刚察县	26	13	4	6	1	1	
黄南州同仁县	14	14	8	3	5	3	2

5－5 各地区有残疾人调查户2005年人均收入

地 区	有残疾人的调查户(户)	有残疾人调查户总人口(人)	残疾人数(人)	2005年度有残疾人的调查户人均收入(元)	按人均收入分组的户数(户)		
					0－683元	684－944元	945－2000元
总 计	**1470**	**6298**	**1683**	**2127**	**371**	**169**	**448**
西宁市城中区	137	395	154	5415		3	22
西宁市城西区	101	281	109	7125	4	1	12
西宁市大通县	161	639	182	2312	15	12	58
西宁市湟中县	246	1037	278	2479	6	19	133
海东地区民和县	200	866	245	1445	90	37	36
海东地区化隆县	243	1167	293	801	142	47	46
海北州刚察县	196	991	209	1700	39	28	91
黄南州同仁县	186	922	213	1445	75	22	50

5－5　续表

地　区	按人均收入分组的户数(户)							
	2001－3000元	3001－4000元	4001－5000元	5001－6000元	6001－7000元	7001－10000元	10001－20000元	20000元以上
总　计	**132**	**70**	**56**	**55**	**34**	**73**	**50**	**12**
西宁市城中区	19	14	15	20	11	11	21	1
西宁市城西区	10	9	6	9	4	21	17	8
西宁市大通县	35	14	9	5	4	8	1	
西宁市湟中县	31	13	7	10	7	15	3	2
海东地区民和县	8	4	4	6	3	8	3	1
海东地区化隆县	4	3				1		
海北州刚察县	16	3	7	2	2	6	2	
黄南州同仁县	9	10	8	3	3	3	3	

5－5a　各地区城镇有残疾人调查户2005年人均收入

地　区	有残疾人的调查户(户)	有残疾人调查户总人口(人)	残疾人数(人)	2005年度有残疾人的调查户人均收入(元)	按人均收入分组的户数(户)		
					0－683元	684－944元	945－2000元
总　计	**439**	**1370**	**493**	**5382**	**9**	**11**	**73**
西宁市城中区	137	395	154	5415		3	22
西宁市城西区	101	281	109	7125	4	1	12
西宁市大通县	49	141	57	3573		1	10
西宁市湟中县	54	180	60	6225			5
海东地区民和县	34	113	39	5799			6
海东地区化隆县							
海北州刚察县	20	84	21	5007	2	1	4
黄南州同仁县	44	176	53	3022	3	5	14

5－5a 续表

地 区	按人均收入分组的户数(户)							
	2001－3000元	3001－4000元	4001－5000元	5001－6000元	6001－7000元	7001－10000元	10001－20000元	20000元以上
总 计	**49**	**45**	**43**	**48**	**31**	**69**	**49**	**12**
西宁市城中区	19	14	15	20	11	11	21	1
西宁市城西区	10	9	6	9	4	21	17	8
西宁市大通县	11	6	7	2	4	8		
西宁市湟中县	3	8	4	9	6	14	3	2
海东地区民和县	3	3	2	6	3	7	3	1
海东地区化隆县								
海北州刚察县	1		3	1		6	2	
黄南州同仁县	2	5	6	1	3	2	3	

5－5b 各地区农村有残疾人调查户2005年人均收入

地 区	有残疾人的调查户(户)	有残疾人调查户总人口(人)	残疾人数(人)	2005年度有残疾人的调查户人均收入(元)	按人均收入分组的户数(户)		
					0－683元	684－944元	945－2000元
总 计	**1031**	**4928**	**1190**	**1222**	**362**	**158**	**375**
西宁市城中区							
西宁市城西区							
西宁市大通县	112	498	125	1955	15	11	48
西宁市湟中县	192	857	218	1693	6	19	128
海东地区民和县	166	753	206	792	90	37	30
海东地区化隆县	243	1167	293	801	142	47	46
海北州刚察县	176	907	188	1394	37	27	87
黄南州同仁县	142	746	160	1073	72	17	36

5－5b 续表

地　　区	按人均收入分组的户数(户)							
	2001－3000元	3001－4000元	4001－5000元	5001－6000元	6001－7000元	7001－10000元	10001－20000元	20000元以上
总　　计	**83**	**25**	**13**	**7**	**3**	**4**	**1**	
西宁市城中区								
西宁市城西区								
西宁市大通县	24	8	2	3			1	
西宁市湟中县	28	5	3	1	1	1		
海东地区民和县	5	1	2			1		
海东地区化隆县	4	3				1		
海北州刚察县	15	3	4	1	2			
黄南州同仁县	7	5	2	2		1		

5-6 各地区调查户的住房状况

单位：户、平方米

地　　区	总户数	人均住房面积	住房结构				
			钢筋混凝土	混合结构	砖木结构	木、竹、草结构	其他
总　　计	**8335**	**20.49**	**9**	**3930**	**796**	**2**	**3598**
西宁市城中区	1285	26.33	3	1276	2		4
西宁市城西区	1271	26.44		1271			
西宁市大通县	1014	19.91		436	228		350
西宁市湟中县	1130	24.14		434	132		564
海东地区民和县	998	19.85		326	44	1	627
海东地区化隆县	846	18.45	2	9	11		824
海北州刚察县	854	11.87	3	1	287		563
黄南州同仁县	937	18.12	1	177	92	1	666

5-6 续表

单位：户

地　区	住房来源			
	自有	租赁	借用	其他来源
总　计	**7719**	**410**	**148**	**58**
西宁市城中区	1040	216	10	19
西宁市城西区	1145	96	22	8
西宁市大通县	985	14	15	
西宁市湟中县	1061	11	46	12
海东地区民和县	927	46	19	6
海东地区化隆县	824		20	2
海北州刚察县	823	12	12	7
黄南州同仁县	914	15	4	4

5-6a 各地区城镇调查户的住房状况

单位：户、平方米

地　区	总户数	人均住房面积	住房结构				
			钢筋混凝土	混合结构	砖木结构	木、竹、草结构	其他
总　计	**4026**	**24.90**	**6**	**3705**	**182**	**1**	**132**
西宁市城中区	1285	26.33	3	1276	2		4
西宁市城西区	1271	26.44		1271			
西宁市大通县	324	20.77		324			
西宁市湟中县	349	23.12		334	5		10
海东地区民和县	338	26.00		323	7	1	7
海东地区化隆县							
海北州刚察县	146	20.06	2		139		5
黄南州同仁县	313	21.74	1	177	29		106

5-6a 续表

单位：户

地区	住房来源			
	自有	租赁	借用	其他来源
总计	**3508**	**380**	**95**	**43**
西宁市城中区	1040	216	10	19
西宁市城西区	1145	96	22	8
西宁市大通县	307	10	7	
西宁市湟中县	296	6	37	10
海东地区民和县	285	35	14	4
海东地区化隆县				
海北州刚察县	139	2	3	2
黄南州同仁县	296	15	2	

5-6b 各地区农村调查户的住房状况

单位：户、平方米

地区	总户数	人均住房面积	住房结构				
			钢筋混凝土	混合结构	砖木结构	木、竹、草结构	其他
总计	**4309**	**17.91**	**3**	**225**	**614**	**1**	**3466**
西宁市城中区							
西宁市城西区							
西宁市大通县	690	19.66		112	228		350
西宁市湟中县	781	24.48		100	127		554
海东地区民和县	660	17.67		3	37		620
海东地区化隆县	846	18.45	2	9	11		824
海北州刚察县	708	10.74	1	1	148		558
黄南州同仁县	624	16.86			63	1	560

5-6b 续表

单位：户

地　　区	住房来源			
	自有	租赁	借用	其他来源
总　　计	**4211**	**30**	**53**	**15**
西宁市城中区				
西宁市城西区				
西宁市大通县	678	4	8	
西宁市湟中县	765	5	9	2
海东地区民和县	642	11	5	2
海东地区化隆县	824		20	2
海北州刚察县	684	10	9	5
黄南州同仁县	618		2	4

5-7 各地区有残疾人调查户的住房状况

单位：户、平方米

地　　区	总户数	人均住房面积	住房结构				
			钢筋混凝土	混合结构	砖木结构	木、竹、草结构	其他
总　　计	**1470**	**17.99**		**424**	**138**	**1**	**907**
西宁市城中区	137	22.52		135	1		1
西宁市城西区	101	23.89		101			
西宁市大通县	161	18.62		62	34		65
西宁市湟中县	246	24.06		74	24		148
海东地区民和县	200	18.15		31	11	1	157
海东地区化隆县	243	16.90		3	4		236
海北州刚察县	196	10.21		1	47		148
黄南州同仁县	186	16.61		17	17		152

5-7 续表

单位：户

地　区	住房来源			
	自有	租赁	借用	其他来源
总　计	**1404**	**34**	**24**	**8**
西宁市城中区	110	23	2	2
西宁市城西区	96	4	1	
西宁市大通县	157	2	2	
西宁市湟中县	239		6	1
海东地区民和县	193	2	4	1
海东地区化隆县	238		4	1
海北州刚察县	188	2	4	2
黄南州同仁县	183	1	1	1

5-7a 各地区城镇有残疾人调查户的住房状况

单位：户、平方米

地　区	总户数	人均住房面积	住房结构				
			钢筋混凝土	混合结构	砖木结构	木、竹、草结构	其他
总　计	**439**	**21.53**		**387**	**24**	**1**	**27**
西宁市城中区	137	22.52		135	1		1
西宁市城西区	101	23.89		101			
西宁市大通县	49	20.25		49			
西宁市湟中县	54	22.18		54			
海东地区民和县	34	23.77		31		1	2
海东地区化隆县							
海北州刚察县	20	15.63			17		3
黄南州同仁县	44	17.30		17	6		21

5-7a 续表

单位：户

地　　区	住房来源			
	自有	租赁	借用	其他来源
总　　计	**394**	**31**	**12**	**2**
西宁市城中区	110	23	2	2
西宁市城西区	96	4	1	
西宁市大通县	46	2	1	
西宁市湟中县	49		5	
海东地区民和县	32	1	1	
海东地区化隆县				
海北州刚察县	19		1	
黄南州同仁县	42	1	1	

5-7b 各地区农村有残疾人调查户的住房状况

单位：户、平方米

地　　区	总户数	人均住房面积	住房结构				
			钢筋混凝土	混合结构	砖木结构	木、竹、草结构	其他
总　　计	**1031**	**17.01**		**37**	**114**		**880**
西宁市城中区							
西宁市城西区							
西宁市大通县	112	18.16		13	34		65
西宁市湟中县	192	24.46		20	24		148
海东地区民和县	166	17.31			11		155
海东地区化隆县	243	16.9		3	4		236
海北州刚察县	176	9.70		1	30		145
黄南州同仁县	142	16.44			11		131

5-7b 续表

单位：户

地　区	住房来源			
	自有	租赁	借用	其他来源
总　计	**1010**	**3**	**12**	**6**
西宁市城中区				
西宁市城西区				
西宁市大通县	111		1	
西宁市湟中县	190		1	1
海东地区民和县	161	1	3	1
海东地区化隆县	238		4	1
海北州刚察县	169	2	3	2
黄南州同仁县	141			1

5-8 各地区调查户家用电器拥有和用电状况

单位：户、度

地　区	总户数	有家用电器户数						户月均生活用电量
		彩色电视机	电冰箱	洗衣机	电话	电脑	无上述家电	
总　计	**8335**	**6444**	**3509**	**4607**	**5364**	**899**	**1452**	**73**
西宁市城中区	1285	1220	996	1078	1157	312	27	130
西宁市城西区	1271	1249	1087	1148	1225	369	8	141
西宁市大通县	1014	835	313	606	674	29	112	63
西宁市湟中县	1130	968	350	746	804	63	83	57
海东地区民和县	998	620	251	399	456	58	311	53
海东地区化隆县	846	432	26	153	274	1	310	19
海北州刚察县	854	323	159	233	312	42	484	23
黄南州同仁县	937	797	327	244	462	25	117	51

5-8a　各地区城镇调查户家用电器拥有和用电状况

单位：户、度

地　区	总户数	有家用电器户数						户月均生活用电量
		彩色电视机	电冰箱	洗衣机	电话	电脑	无上述家电	
总　计	**4026**	**3865**	**3144**	**3405**	**3721**	**888**	**59**	**125**
西宁市城中区	1285	1220	996	1078	1157	312	27	130
西宁市城西区	1271	1249	1087	1148	1225	369	8	141
西宁市大通县	324	298	211	261	270	20	7	124
西宁市湟中县	349	339	274	308	339	62	3	117
海东地区民和县	338	321	241	282	315	58	6	116
海东地区化隆县								
海北州刚察县	146	136	113	130	138	42	3	75
黄南州同仁县	313	302	222	198	277	25	5	85

5-8b　各地区农村调查户家用电器拥有和用电状况

单位：户、度

地　区	总户数	有家用电器户数						户月均生活用电量
		彩色电视机	电冰箱	洗衣机	电话	电脑	无上述家电	
总　计	**4309**	**2579**	**365**	**1202**	**1643**	**11**	**1393**	**25**
西宁市城中区								
西宁市城西区								
西宁市大通县	690	537	102	345	404	9	105	35
西宁市湟中县	781	629	76	438	465	1	80	29
海东地区民和县	660	299	10	117	141		305	21
海东地区化隆县	846	432	26	153	274	1	310	19
海北州刚察县	708	187	46	103	174		481	12
黄南州同仁县	624	495	105	46	185		112	34

5-9 各地区有残疾人户家用电器拥有和用电状况

单位：户、度

地　区	总户数	有家用电器户数						户月均生活用电量
		彩色电视机	电冰箱	洗衣机	电话	电脑	无上述家电	
总　计	**1470**	**952**	**367**	**582**	**718**	**30**	**421**	**52**
西宁市城中区	137	128	91	107	115	9	4	127
西宁市城西区	101	100	83	85	96	8		153
西宁市大通县	161	116	31	80	91	2	28	57
西宁市湟中县	246	200	56	147	143	3	32	47
海东地区民和县	200	99	28	58	64	4	90	41
海东地区化隆县	243	103	3	37	75		106	17
海北州刚察县	196	58	23	36	58	3	126	16
黄南州同仁县	186	148	52	32	76	1	35	40

5-9a 各地区城镇有残疾人户家用电器拥有和用电状况

单位：户、度

地　区	总户数	有家用电器户数						户月均生活用电量
		彩色电视机	电冰箱	洗衣机	电话	电脑	无上述家电	
总　计	**439**	**414**	**300**	**336**	**390**	**29**	**9**	**123**
西宁市城中区	137	128	91	107	115	9	4	127
西宁市城西区	101	100	83	85	96	8		153
西宁市大通县	49	41	18	30	40	1	3	125
西宁市湟中县	54	53	40	46	51	3	1	118
海东地区民和县	34	33	26	33	32	4		140
海东地区化隆县								
海北州刚察县	20	16	12	14	19	3	1	60
黄南州同仁县	44	43	30	21	37	1		64

5-9b 各地区农村有残疾人户家用电器拥有和用电状况

单位：户、度

地 区	总户数	有家用电器户数						户月均生活用电量
		彩色电视机	电冰箱	洗衣机	电话	电脑	无上述家电	
总 计	**1031**	**538**	**67**	**246**	**328**	**1**	**412**	**22**
西宁市城中区								
西宁市城西区								
西宁市大通县	112	75	13	50	51	1	25	28
西宁市湟中县	192	147	16	101	92		31	26
海东地区民和县	166	66	2	25	32		90	20
海东地区化隆县	243	103	3	37	75		106	17
海北州刚察县	176	42	11	22	39		125	12
黄南州同仁县	142	105	22	11	39		35	32

主要统计指标解释

总抚养比 指人口总体中非劳动年龄人口数与劳动年龄人口数之比。通常用百分比表示。说明每 100 名劳动年龄人口大致要负担多少名非劳动年龄人口。用于从人口角度反映人口与经济发展的基本关系。计算公式为:

$$GDR = \frac{P_{0-14} + P_{65+}}{P_{15-64}} \times 100\%$$

其中: GDR 为总抚养比;

P_{0-14} 为 0 ~ 14 岁少年儿童人口数;

P_{65+} 为 65 岁及以上的老年人口数;

P_{15-64} 为 15 ~ 64 岁劳动年龄人口数。

老年抚养比 指人口中老年人口数与劳动年龄人口数之比。通常用百分比表示。用以表明每 100 名劳动年龄人口要负担多少名老年人。老年人口抚养比是从经济角度反映人口老化社会后果的指标之一。计算公式为:

$$ODR = \frac{P_{65+}}{P_{15-64}} \times 100\%$$

其中: ODR 为老年人口抚养比;

P_{65+} 为 65 岁及以上的老年人口数;

P_{15-64} 为 15 ~ 64 岁劳动年龄人口数。

少儿抚养比 也称少年儿童抚养系数。指某一人口中少年儿童人口数与劳动年龄人口数之比。通常用百分比表示。以反映每 100 名劳动年龄人口要负担多少名少年儿童。计算公式为:

$$CDR = \frac{P_{0-14}}{P_{15-64}} \times 100\%$$

其中: CDR 为少年儿童抚养比;

P_{0-14} 为 0 ~ 14 岁少年儿童人口数;

P_{15-64} 为 15 ~ 64 岁劳动年龄人口数。

文盲人口 指 15 岁及以上不识字或识字很少的人口。根据《住户调查表》指标“R8.是否识字”登记为“2.否”的数据汇总。

经济活动人口 指 15 岁及以上参加或未参加社会经济活动的人口。包括在业人口和不在业人口。

在业人口和不在业人口分别根据《住户调查表》指标“R11.当前是否有工作”的登记数据汇总。

职业状况 指 15 岁及以上在业人口所从事的社会劳动工作种类。本资料中职业分类参照国家分类标准《职业分类与代码》(GB/T 6565-1999),将全国职业分类划分为大类和中类。

未工作状况 指 15 岁及以上不在业人口的未工作状况。根据《住户调查表》指标“R13.当前未工作状况”的登记数据汇总。

致残主要原因 根据被调查残疾人从《残疾人调查表》“C4.致残主要原因”多个选项中选出的主要两项合并汇总。

曾接受服务或扶助 根据被调查残疾人从《残疾人调查表》“T6.曾接受过何种服务或扶助”的 14 个选项中选出的主要三项合并汇总。

主要需求 根据被调查残疾人从《残疾人调查表》“T7. 本人主要需求”的 14 个选项中选出的主要三项合并汇总。

附　录

附录 1

青海省第二次全国残疾人抽样调查主要数据公报

青海省第二次全国残疾人抽样调查领导小组
青海省统计局
2006 年 12 月 25 日

经国务院批准，我国进行了第二次全国残疾人抽样调查。在第二次全国残疾人抽样调查领导小组统一领导下，按照全国统一的调查方案，青海省第二次全国残疾人抽样调查领导小组组织实施了我省的调查。经过两年多的充分准备，我省于 2006 年 4 月 1 日开始全面调查，通过调查工作人员的艰苦努力，调查的各项任务已基本完成。现将初步汇总的主要数据公布如下:

一、调查的基本情况

本次调查采取分层、多阶段、整群概率比例抽样方法，在我省抽取 8 个县(区)，32 个乡(镇、街道)，共 64 个调查小区，平均每个调查小区 470 人左右。

本次调查标准时间为 2006 年 4 月 1 日零时，入户调查时间自 2006 年 4 月 1 日起至 5 月 31 日结束。在省政府和各抽中县（市、区）政府直接领导下，组织了 8 个调查队、128 名调查员、72 名各科医生、8 名统计员以及 512 名陪调员，逐户进行询问登记、筛查和残疾评定，现已全部完成入户调查、复查和调查质量的核查工作。

我省共调查了 8335 户、30395 人，调查的抽样比约为 5.59‰。入户见面 22457 人，占调查总人数的 73.88%；按照《第二次全国残疾人抽样调查残疾筛查方法》，7 岁以上疑似残疾人筛出率为 14.71%，疑似残疾人检查率达到 96.57%。

二、残疾人数及其比例

根据调查初步汇总，被调查户中有残疾人的家庭共 1470 户，确定视力、听力、言语、肢体、智力、精神和多重残疾共 1683 人。其中，视力残疾 276 人，听力残疾 446 人，言语残疾 30 人，肢体残疾 464 人，智力残疾 92 人，精神残疾 73 人，多重残疾 302 人。

本次调查结果显示，我省残疾人占总人口的比例为 5.54%，据此推算 2006 年 4 月 1 日零时我省各类残疾人的总数为 30.0 万人。各类残疾人的人数及各占残疾人总人数的比重分别是：视力残疾 4.9 万人，占 16.33%；听力残疾 8.0 万人，占 26.67%；言语残疾 0.5 万人，占 1.67%；肢体残疾 8.3 万人，占 27.67%；智力残疾 1.6 万人，占 5.33%；精神残疾 1.3 万人，占 4.33%；多重残疾 5.4 万人，占 18.00%。

三、调查质量评价

在入户调查、复查完毕后，我省按照《事后质量核查工作细则》进行核查，核查结果符合调查方案要求。经对调查实施过程和数据质量进行综合评估，本次调查是一次成功的调查，数据真实可信。调查获得的丰富数据，将为我省经济社会和残疾人事业的发展提供可靠依据。

注:

1. 本公报为初步汇总数。

2. 本次调查登记对象为具有中华人民共和国国籍并居住在中华人民共和国境内大陆的常住人口，残疾人按照《第二次全国残疾人抽样调查残疾标准》评定。

附录 2

第二次全国残疾人抽样调查方案

（国务院 2005 年 11 月 4 日批准）

为贯彻国务院办公厅《关于开展第二次全国残疾人抽样调查的通知》（国办发[2004]73 号），根据《中华人民共和国统计法》、《中华人民共和国残疾人保障法》，制定本方案。

一、组织领导

第二次全国残疾人抽样调查工作在国务院和地方各级人民政府的领导下，按照全国统一部署、部门分工协作、地方分级负责、各方共同参与的原则组织实施。

（一）国务院成立第二次全国残疾人抽样调查领导小组，由有关部门负责人组成，负责这次残疾人抽样调查工作的全面领导与部署。领导小组下设第二次全国残疾人抽样调查办公室，负责这次抽样调查的组织实施工作。

（二）第二次全国残疾人抽样调查办公室成立专家委员会，协助制定和审核调查的重要技术文件，提供决策建议和技术咨询。

（三）各省、自治区、直辖市和被抽中县（市、区）成立残疾人抽样调查领导小组和办公室，负责本地区的残疾人抽样调查工作。

被抽中县（市、区）要做好调查队组建、经费落实和现场组织工作。

被抽中县（市、区）所在地（市）成立相应的领导或工作机构，帮助、督促本地区被抽中县（市、区）做好调查队组建、经费落实和现场调查组织等工作。

各级残疾人抽样调查领导小组组长是本次调查工作的全面负责人,办公室主任是本次调查的具体负责人。

二、调查目的

通过调查，掌握全国和各省、自治区、直辖市各类残疾人的数量、结构、地区分布、致残原因、家庭状况及其康复、教育、劳动就业和参与社会生活等情况，为国家制定经济和社会发展规划，以及有关残疾人的法律法规、政策和规划提供可靠的依据，促进残疾人事业与国民经济和社会协调发展。

三、调查对象

此次调查的对象是具有中华人民共和国国籍，并在被抽中调查小区内常住的人（指自然人，下同）。

调查采用按常住人口登记的原则，以户为单位填报，只调查家庭户，不调查集体户，单身居住独自生活的也作为一个家庭户进行登记。

此次不调查中国人民解放军现役军人和武装警察（包括军队管理的离退休干部）。

应当在本调查小区进行登记的人包括:

1. 居住本调查小区，户口在本乡、镇、街道;
2. 居住本调查小区半年以上，户口在外乡、镇、街道;
3. 居住本调查小区不满半年，离开户口所在地半年以上;
4. 居住本调查小区，户口待定。

常住户口虽然在本乡、镇、街道，但已离开本乡、镇、街道半年以上的人，不属于本调查小区的调查对象。

此次调查的重点是残疾人。残疾人是指在心理、生理、人体结构上，某种组织、功能丧失或者不正常，全部或部分丧失以正常方式从事某种活动能力的人。残疾类别包括：视力残疾、听力残疾、言语残疾、肢体残疾、智力残疾、精神残疾。凡有两种及两种以上残疾的人，列为多重残疾。残疾评定标准和方法按照第二次全国残疾人抽样调查专家委员会重新修订的《残疾标准》及相关方法实施。

四、调查内容

第二次全国残疾人抽样调查使用三种调查表，一是《住户调查表》,二是《残疾人调查表》，三是《社区调查表》。调查项目共有 52 个，调查样本人群的家庭及其个人的状况，重点调查残疾人的致残原因、生活状况及其主要需求。

五、调查的范围、规模和标准时间

第二次全国残疾人抽样调查在 31 个省、自治区、直辖市同时进行，设计总样本量为 260 万人。

调查的标准时间为：2006 年 4 月 1 日 0 时。

六、样本的设计和抽取

此次调查以全国为总体，各省、自治区、直辖市为次总体，采用分层、多阶段、整群、概率比例抽样方法。各省、自治区、直辖市的调查样本量，由第二次全国残疾人抽样调查领导小组确定分配。

各省、自治区、直辖市根据第二次全国残疾人抽样调查办公室规定的分层原则，结合本地的实际情况，对第一级的县（市、区）进行科学、合理的分层，编制抽样框，由第二次全国残疾人抽样调查办公室与各省、自治区、直辖市共同抽取一级样本单位。

各省、自治区、直辖市按照第二次全国残疾人抽样调查办公室规定的抽样原则和要求，制定本省抽样实施方案，经第二次全国残疾人抽样调查办公室审核后，抽取县级以下样本单位，并将具体的抽取步骤和抽中单位名称一起报第二次全国残疾人抽样调查办公室审定。

七、调查队的组建、培训与试点

（一）被抽中县（市、区）都要按照规定组建调查队。调查队在县级残疾人抽样调查领导小组领导下开展调查工作。

调查队由队长、调查副队长、医务副队长、调查员、各科医生和统计员组成。调查队组成人员要具备一定的工作经验，责任心强，身体条件胜任调查工作。调查工作人员必须稳定，在调查工作未结束前，不得变动。

调查队实行责任制，明确职责分工，加强团结协作。

（二）第二次全国残疾人抽样调查办公室负责省级调查业务骨干和医生的系统培训，使之成为省级培训班的教员；各省、自治区、直辖市残疾人抽样调查办公室负责本地区调查队的培训。

（三）第二次全国残疾人抽样调查办公室组织不同层次的试点，检验调查方案的科学性和可操作性，锻炼和提高省级骨干组织调查的实际能力和现场登记的水平。

各省、自治区、直辖市在正式调查前，要结合培训安排被抽中县（市、区）调查队的业务骨干参加试点调查，试点调查不能代替正式调查。

八、现场登记和复查

此次调查的现场登记和复查工作，从 2006 年 4 月 1 日开始到 5 月 31 日以前结束。

现场登记和复查工作要求做到：坚持入户调查，努力提高见面率；积极动员被调查人如实申报，做到不重复，不遗漏；认真询问、筛查和检查评定，提高准确度；搞好自查、互查和议查，最大限度地控制调查误差。

各调查小区要由熟悉当地情况、责任心强的同志担任陪调员，组成陪调组，协同调查员和医生入户，做好宣传、摸底、现场调查登记和复查工作。

（一）摸底工作

调查前的摸底工作，是做好入户调查登记的基础。调查员要提前进入调查小区，在陪调员的协助下摸清本调查小区范围内需要调查的户数、人口数，重点摸清疑似残疾人和 0—6 岁的儿童人数，编制好《调查底册》。

各省、自治区、直辖市残疾人抽样调查办公室将摸底汇总数据于2006年3月25日前报送到第二次全国残疾人抽样调查办公室。

（二）现场登记

1. 入户调查。调查员根据《调查底册》入户，按照《住户调查表》的登记项目，逐人逐项询问，填写《住户调查表》；对7岁及以上人群，按照残疾筛查问卷逐人询问、筛查，并对筛查出的疑似残疾人填写《7岁及以上人群筛查交接单》；对0~6岁的儿童，填写《0-6岁儿童健康检查记录表》。

2. 残疾检查评定。各科医生根据调查员筛查出的《7岁及以上人群筛查交接单》和《0-6岁儿童健康检查记录表》，采取设站与入户相结合的方式逐人检查、评定，对确诊的残疾人，填写《残疾评定记录表》和《残疾人调查表》。

调查期间，医生应对确诊的残疾人进行医疗、康复指导。

（三）复查

调查队组织调查员和医生按照规定的方法进行全面复查。复查采取自查、互查和议查三种形式进行。

调查员和医生每天应对当日调查填写的调查表进行自查。

每个调查小区登记结束后，调查员应分小组对《住户调查表》进行互查和逻辑检查；各科医生要对自己填写的《残疾评定记录表》、《残疾人调查表》进行综合分析检查。

在现场调查登记中和小区调查登记结束后，调查队都要按照规定的方法进行议查，重点议查疑似残疾人的漏筛。

复查中发现的有疑问的人和户，要进一步核查，发现差错，经核实后，予以改正。

（四）调查的后续工作

各级残疾人抽样调查办公室负责收集、汇总调查中残疾人亟待解决的问题，报当地人民政府或有关部门酌处。

九、事后质量核查

现场登记和复查工作结束后，各省、自治区、直辖市残疾人抽样调查办公室应按照全国统一规定的事后质量核查办法和要求，选调高素质的调查员作为核查人员，组建事后质量核查队，对事后质量核查的调查小区，重新入户进行调查登记，计算全国的调查误差。核查人员不得在原来的调查小区参加质量核查工作。

全国统一组织的事后质量核查结果将作为评估第二次全国残疾人抽样调查数据质量的主要依据之一。

十、调查数据的处理

（一）快速汇总

各地按照第二次全国残疾人抽样调查办公室统一规定，对调查的主要数据进行逐级快速汇总。

1. 各县（市、区）残疾人抽样调查办公室将调查数据快速汇总结果于2006年6月5日前报送到省级残疾人抽样调查办公室。

2. 各省、自治区、直辖市残疾人抽样调查办公室将各县（市、区）上报的数据，经审核无误后汇总，将结果于2006年6月15日前报送到第二次全国残疾人抽样调查办公室。

3. 第二次全国残疾人抽样调查办公室负责汇总全国调查主要数据，并对数据进行分析评估后发布公报。

（二）电子计算机数据处理

第二次全国残疾人抽样调查办公室负责制定本次调查的数据处理方案。

1. 省级残疾人抽样调查办公室对调查表进行验收后，组织编码员按照统一规定的标准进行编码。编码前要对编码员进行统一的培训。

编码资料经全面复核、验收合格后，方可交付录入。

2. 第二次全国残疾人抽样调查办公室组织对调查资料进行电子计算机数据处理，对调查的全部数据进行录入汇总，建立国家级和省级残疾人数据库。

3. 调查数据的全面汇总和处理工作，于2007年底前全部完成。

4. 本次调查的原始资料由各省、自治区、直辖市残疾人抽样调查办公室保管。

十一、调查数据的分析研究

对本次调查获得的不同数据进行分析研究，撰写综合分析报告；同时，对调查数据反映出的有关残疾人的突出问题，制定专题研究课题，邀请政府有关部门、大专院校和国内外研究机构共同研究开发。研究结果以专题报告、论文集形式发表或出版。

全国和各省、自治区、直辖市残疾人抽样调查领导小组组织专人分析研究调查资料，就制定残疾人的法规、方针、政策和工作规划提出建议，供政府和各有关部门研究处理。

十二、宣传工作

各省、自治区、直辖市和被抽中县（市、区）要依靠各级宣传部门，按照第二次全国残疾人抽样调查办公室制定的宣传提纲和宣传口径，利用各种宣传媒体和多种宣传形式，积极开展残疾人抽样调查的宣传活动，在2006年3月中旬要掀起宣传高潮，以取得广大群众和社会对现场调查的支持与配合。

十三、调查经费

根据国务院要求，第二次全国残疾人抽样调查经费由中央和地方财政共同负担。各级财政应根据需要，统筹安排经费，以保证这次残疾人抽样调查各项工作的顺利开展。

残疾人抽样调查办公室要严格按照专款专用的原则，加强调查经费的管理使用，杜绝挤占挪用。

十四、总结表彰

各级残疾人抽样调查机构要认真做好调查的总结工作，各省、自治区、直辖市于2006年12月底前将调查业务技术总结和现场调查工作总结报送第二次全国残疾人抽样调查办公室；第二次全国残疾人抽样调查领导小组于2007年11月底前向国务院报送第二次全国残疾人抽样调查工作总结。

第二次全国残疾人抽样调查领导小组将于2007年初表彰调查工作先进单位和个人。

十五、实施本方案的文件

为保证全国按照统一标准、统一要求、高质量地搞好本次调查工作，第二次全国残疾人抽样调查领导小组统一制定各种文件、表格和工作细则。

（一）《第二次全国残疾人抽样调查残疾标准》包括：视力残疾标准、听力残疾标准、言语残疾标准、肢体残疾标准、智力残疾标准和精神残疾标准。

（二）调查、统计表格包括：《住户调查表》、《残疾人调查表》（主表）；《社区调查表》、《失查疑似残疾人登记表》；《7岁及以上人群残疾筛查问卷》、《0-6岁儿童健康体检记录表》、《残疾评定记录表》、《调查底册》；过录、快速汇总和计算机汇总等统计用表；调查各个环节的交接用表。

（三）工作细则包括：《调查登记和复查工作细则》、《质量控制和验收工作细则》、《摸底工作细则》、《快速汇总工作细则》、《编码工作细则》、《抽样方案》、《数据处理方案》、《资料装订、包装、运输、管理工作细则》等。

（四）填表说明包括：《住户调查表》、《残疾人调查表》、《社区调查表》、《残疾评定记录表》等填表说明。

（五）工作手册包括：《调查工作手册》、《调查员手册》、《医生手册》。

附录 3

第二次全国残疾人抽样调查残疾标准

（国务院 2005 年 11 月 4 日批准）

视力残疾标准

一、视力残疾的定义

视力残疾，是指由于各种原因导致双眼视力低下并且不能矫正或视野缩小，以致影响其日常生活和社会参与。

视力残疾包括盲及低视力。

二、视力残疾的分级

类　　别	级别	最佳矫正视力
盲	一级	无光感～＜0.02；或视野半径＜5 度
	二级	0.02～＜0.05；或视野半径＜10 度
低视力	三级	0.05～＜0.1
	四级	0.1～＜0.3

〔注〕

1. 盲或低视力均指双眼而言，若双眼视力不同，则以视力较好的一眼为准。如仅有单眼为盲或低视力，而另一眼的视力达到或优于 0.3，则不属于视力残疾范畴。

2. 最佳矫正视力是指以适当镜片矫正所能达到的最好视力或针孔视力。

3. 以注视点为中心，视野半径＜10 度者，不论其视力如何均属于盲。

听力残疾标准

一、听力残疾的定义

听力残疾，是指人由于各种原因导致双耳不同程度的永久性听力障碍，听不到或听不清周围环境声及言语声，以致影响日常生活和社会参与。

二、听力残疾的分级

听力残疾一级：

听觉系统的结构和功能方面极重度损伤，较好耳平均听力损失≥91 dB HL，在无助听设备帮助下，不能依靠听觉进行言语交流，在理解和交流等活动上极度受限，在参与社会生活方面存在极严重障碍。

听力残疾二级：

听觉系统的结构和功能重度损伤，较好耳平均听力损失在 81～90 dB HL 之间，在无助听设备帮助下，在理解和交流等活动上重度受限，在参与社会生活方面存在严重障碍。

听力残疾三级：

听觉系统的结构和功能中重度损伤，较好耳平均听力损失在 61～80 dB HL 之间，在无助听设备帮助下，在理解和交流等活动上中度受限，在参与社会生活方面存在中度障碍。

听力残疾四级：

听觉系统的结构和功能中度损伤，较好耳平均听力损失在41～60dB HL之间，在无助听设备帮助下，在理解和交流等活动上轻度受限，在参与社会生活方面存在轻度障碍。

言语残疾标准

一、言语残疾的定义

言语残疾，是指由于各种原因导致的不同程度的言语障碍，经治疗一年以上不愈或病程超过两年者,而不能或难以进行正常的言语交往活动，以致影响日常生活和社会参与（3岁以下不定残）。

言语残疾包括：

1. 失语：是指由于大脑言语区域以及相关部位损伤所导致的获得性言语功能丧失或受损。

2. 运动性构音障碍：是指由于神经肌肉病变导致构音器官的运动障碍，主要表现为不会说话、说话费力、发声和发音不清等。

3. 器官结构异常所致的构音障碍：是指构音器官形态结构异常所致的构音障碍。其代表为腭裂以及舌或颌面部术后造成的构音障碍。主要表现为不能说话、鼻音过重、发音不清等。

4. 发声障碍（嗓音障碍）：是指由于呼吸及喉存在器质性病变导致的失声、发声困难、声音嘶哑等。

5. 儿童言语发育迟滞：指儿童在生长发育过程中其言语发育落后于实际年龄的状态。主要表现不会说话、说话晚、发音不清等。

6. 听力障碍所致的语言障碍：是指由于听觉障碍所致的言语障碍。主要表现为不会说话或者发音不清。

7. 口吃：是指言语的流畅性障碍。常表现为在说话的过程中拖长音、重复、语塞并伴有面部及其他行为变化等。

二、言语残疾的分级

言语残疾一级：

无任何言语功能或语音清晰度≤10%，言语表达能力等级测试未达到一级测试水平，不能进行任何言语交流。

言语残疾二级：

具有一定的发声及言语能力。语音清晰度在11%～25%之间，言语表达能力等级测试未达到二级测试水平。

言语残疾三级：

可以进行部分言语交流。语音清晰度在26%～45%之间，言语表达能力等级测试未达到三级测试水平。

言语残疾四级：

能进行简单会话，但用较长句或长篇表达困难。语音清晰度在46%～65%之间，言语表达能力等级测试未达到四级测试水平。

肢体残疾标准

一、肢体残疾的定义

肢体残疾，是指人体运动系统的结构、功能损伤造成四肢残缺或四肢、躯干麻痹(瘫痪)、畸形等而致人体运动功能不同程度丧失以及活动受限或参与的局限。

肢体残疾包括：

1. 上肢或下肢因伤、病或发育异常所致的缺失、畸形或功能障碍；

2. 脊柱因伤、病或发育异常所致的畸形或功能障碍；

3. 中枢、周围神经因伤、病或发育异常造成躯干或四肢的功能障碍。

二、肢体残疾的分级

肢体残疾一级：不能独立实现日常生活活动。

1. 四肢瘫：四肢运动功能重度丧失；
2. 截瘫：双下肢运动功能完全丧失；
3. 偏瘫：一侧肢体运动功能完全丧失；
4. 单全上肢和双小腿缺失；
5. 单全下肢和双前臂缺失；
6. 双上臂和单大腿（或单小腿）缺失；
7. 双全上肢或双全下肢缺失；
8. 四肢在不同部位缺失；
9. 双上肢功能极重度障碍或三肢功能重度障碍。

肢体残疾二级：基本上不能独立实现日常生活活动。

1. 偏瘫或截瘫，残肢保留少许功能（不能独立行走）；
2. 双上臂或双前臂缺失；
3. 双大腿缺失；
4. 单全上肢和单大腿缺失；
5. 单全下肢和单上臂缺失；
6. 三肢在不同部位缺失（除外一级中的情况）；
7. 二肢功能重度障碍或三肢功能中度障碍。

肢体残疾三级：能部分独立实现日常生活活动。

1. 双小腿缺失；
2. 单前臂及其以上缺失；
3. 单大腿及其以上缺失；
4. 双手拇指或双手拇指以外其他手指全缺失；
5. 二肢在不同部位缺失（除外二级中的情况）；
6. 一肢功能重度障碍或二肢功能中度障碍。

肢体残疾四级：基本上能独立实现日常生活活动。

1. 单小腿缺失；
2. 双下肢不等长，差距在 5 厘米以上（含 5 厘米）；
3. 脊柱强（僵）直；
4. 脊柱畸形，驼背畸形大于 70 度或侧凸大于 45 度；
5. 单手拇指以外其他四指全缺失；
6. 单侧拇指全缺失；
7. 单足跗跖关节以上缺失；
8. 双足趾完全缺失或失去功能；
9. 侏儒症（身高不超过 130 厘米的成年人）；
10. 一肢功能中度障碍或两肢功能轻度障碍；
11. 类似上述的其他肢体功能障碍。

智力残疾标准

一、智力残疾的定义

智力残疾，是指智力显著低于一般人水平，并伴有适应行为的障碍。此类残疾是由于神经系统结构、功能障碍，使个体活动和参与受到限制，需要环境提供全面、广泛、有限和间歇的支持。

智力残疾包括：在智力发育期间（18 岁之前），由于各种有害因素导致的精神发育不全或智力迟滞；或者智力发育成熟以后，由于各种有害因素导致智力损害或智力明显衰退。

二、智力残疾的分级

级　别	分级标准			
	发展商（DQ） 0-6 岁	智商（IQ） 7 岁及以上	适应性行为 （AB）	WHO-DAS Ⅱ分值 18 岁以上
一级	≤25	＜20	极重度	≥116 分
二级	26~39	20~34	重度	106~115 分
三级	40~54	35~49	中度	96~105 分
四级	55~75	50~69	轻度	52~95 分

精神残疾标准

一、精神残疾的定义

精神残疾，是指各类精神障碍持续一年以上未痊愈，由于存在认知、情感和行为障碍，以致影响其日常生活和社会参与。

二、精神残疾的分级

18 岁以上（含）的精神障碍患者根据《世界卫生组织残疾评定量表Ⅱ》（WHO-DASⅡ）分数和下述的适应行为表现，18 岁以下者依据下述的适应行为的表现，把精神残疾划分为四级：

精神残疾一级：

WHO-DASⅡ值≥116 分，适应行为严重障碍；生活完全不能自理，忽视自己的生理、心理的基本要求。不与人交往，无法从事工作，不能学习新事物。需要环境提供全面、广泛的支持，生活长期、全部需他人监护。

精神残疾二级：

WHO-DASⅡ值在 106~115 分之间，适应行为重度障碍；生活大部分不能自理，基本不与人交往，只与照顾者简单交往，能理解照顾者的简单指令，有一定学习能力。监护下能从事简单劳动。能表达自己的基本需求，偶尔被动参与社交活动；需要环境提供广泛的支持，大部分生活仍需他人照料。

精神残疾三级：

WHO-DASⅡ值在 96~105 分之间，适应行为中度障碍；生活上不能完全自理，可以与人进行简单交流，能表达自己的情感。能独立从事简单劳动，能学习新事物，但学习能力明显比一般人差。被动参与社交活动，偶尔能主动参与社交活动；需要环境提供部分的支持，即所需要的支持服务是经常性的、短时间的需求，部分生活需由他人照料。

精神残疾四级：

WHO-DASⅡ值在 52~95 分之间，适应行为轻度障碍；生活上基本自理，但自理能力比一般人差，有时忽略个人卫生。能与人交往，能表达自己的情感，体会他人情感的能力较差，能从事一般的工作，学习新事物的能力比一般人稍差；偶尔需要环境提供支持，一般情况下生活不需要由他人照料。

多重残疾

存在两种或两种以上残疾为多重残疾。多重残疾应指出其残疾的类别。多重残疾分级按所属残疾中最重类别残疾分级标准进行分级。

附录 5

第二次全国残疾人抽样调查《住户调查表》填写说明

一、《住户调查表》填写方法

《住户调查表》由调查员根据申报人的回答，如实填写。

（一）《住户调查表》的填写方法有两种：有标准答案的栏目，根据实际情况圈填；没有标准答案的栏目，用文字或阿拉伯数字据实填写。

（二）《住户调查表》以户为单位填写，每页可填写 4 人，超过 4 人的家庭户酌情增加调查表。增加的调查表只填写“H1.本户编号”和按人填报的栏目“R1－R15”以及表下方有关内容，不再填写其他按户填报的栏目“H2—H9”。增加的调查表要与首页表顺序保存，不要分开，以防散乱，发生差错。超过 9 人的家庭户分为两户进行填报，其中一户按新增户处理。

（三）调查表填写错误的更改方法。如果文字或数字填写错误，必须用直尺将错误的地方用双线划去。横行书写的，用双横线划去，在划线的上方另行填写；竖行填写的，用双竖线划去，在划线的右侧另行填写；圈填错误的，应将错圈序码连同文字答案用双横线划去，再据实圈填。

（四）表内每个栏目下边的小方格是编码格，调查员不得填写。

二、《住户调查表》填写注意事项

（一）调查表的栏目使用钢笔或签字笔填写，字迹要端正清楚。必须用国家统一规范的简化字书写，不得使用同音异体字和繁体字。阿拉伯数字必须按“0123456789”的正体书写。

（二）在调查登记家庭户中每个人的情况时，要力争与本人见面，无特殊情况，不得由他人代替申报。

（三）调查员应对被调查户申报的情况保密，不得对外提供。

（四）《调查底册》和家庭《户口簿》仅供调查时参考，不得照抄。

三、《住户调查表》的填写顺序

《住户调查表》要逐人逐栏进行询问填写，不得漏填或错填。《住户调查表》填写的顺序是：

第一步，填写左上角的“本户地址”和“H1.本户编号”。

第二步，填写按人填报的栏目 R1－R14，按户主、配偶、子女等顺序逐人逐项登记（“R15.属于何种残疾”暂不圈填，待医生检查评定后再圈填），并以本人登记的顺序作为“本人行号”。

第三步，填写按户填报的栏目，包括“H2.本户登记人数”、“H4.本户住房建筑面积”、“H5.本户住房建筑结构”、“H6.本户住房来源”、“H7.上年度本户全部收入”、“H8.本户拥有的主要家电”、“H9.本户月均生活用电量”。（“H3.本户残疾人数”暂不填写，待医生检查评定后再填写）。

第四步，与被调查户核对主要情况无误后，请家庭的主要申报人在表下方签名或盖章，调查员填写表下方的“本户共___页，本页是第___页”，然后签字并填写填报日期；“装订页码第___页”待本调查小区调查表装订成册后再填写。

第五步，根据医生检查的定性结果，填写“R15.属于何种残疾”，并据此填写本户户记录中的“H3.本户残疾人数”。

第六步，“备注”栏分为两部分填写。左栏属于规定的填写内容，包括本户见面人数，0～6 岁儿童姓名，疑似残疾人的姓名和残疾类别；右栏填写调查中发现的特殊情况。

四、《住户调查表》指标解释

第二次全国残疾人抽样调查的标准时间为：2006 年 4 月 1 日 0 时。此次调查的数据是反映标准时间点的人口状况。2006 年 4 月 1 日 0 时之前出生的人需要登记，之后出生的人则不登记；2006 年 4 月 1 日 0 时之前死亡的人不登记，之后死亡的人需要登记。准确地把握标准时间是防止重复登记和漏登记的重要措施。

（一）按人填报的栏目共有 15 个

R1.姓名：竖行填写本人的正式姓名，无正式姓名的，可填写乳名、小名或某某氏；未取名的婴儿可填写“未取名”。

R2.与户主的关系：指户内各成员与户主之间的关系，并不是指户内各成员与申报人之间的关系。

1.户主。表内所填写的第一人必须是户主。如果户主外出半年以上，按照调查对象标准规定，其不属于本调查小区的调查对象，则由本户另确定一位新的户主，并作为第一人填写，其他成员按照与新户主的关系据实圈填。一户中只能有一位户主。

2.配偶。户主的配偶指户主的妻子或丈夫，必须填在第二格。一户中只能有一个人填为户主的配偶。

3.子女。包括户主的儿子、女儿、儿媳、女婿，一般应按照年龄大小顺序填写。

4.孙子女。包括户主的孙子、孙女、孙媳、孙婿、重孙子女、重孙媳、重孙婿及外孙、重外孙子女等。

5.父母。包括户主的父亲、母亲、公公、婆婆、岳父、岳母、继父、继母。

6.祖父母。包括户主的祖父母、外祖父、外祖母、曾祖父、曾祖母、继祖父、继祖母。

7.兄弟姐妹。包括户主和配偶的兄弟姐妹、表兄弟姐妹等。

8.其他。指上述家庭成员之外的其他人员，如朋友、同事、同学、同乡、保姆等均圈填此项。

R3.性别：根据被调查人的性别据实圈填。

R4.出生年月：被调查人的出生年月按公历用阿拉伯数字填写；只知农历的，按农历月份+1 视为公历填写。从出生日期到调查的标准时间为止，满 12 个月的算一周岁（即使少一天也不算一周岁），不满 12 个月的婴儿填写为 0 周岁。

R5.民族：指被调查人的民族成份。要按《各民族名称一览表》据实竖行填写，要填写全称而不要写简称。父母不是同一民族的，其不满 18 周岁的子女，民族未定的，由父母商定，选填父亲或母亲一方的民族；已满 18 周岁的子女，是填报父亲还是母亲的民族，由本人决定。如果确实有新出现的民族，则据实填报，在备注栏说明；外国人加入中国籍的，其本人的民族和我国某一民族相同，就填报这一民族，例如朝鲜人加入中国籍的，即填朝鲜族；没有相同民族的，按外国人加入中国籍填写，填报为“入籍”。

R6.户口登记状况：指被调查人的常住户口登记状况，设有四个标准答案，即为本次调查对象的四款人。

根据国务院批准的《第二次全国残疾人抽样调查方案》规定，“此次调查的对象是具有中华人民共和国国籍，并居住在被抽中调查小区内常住的人。调查采用按常住人口登记的原则，以户为单位填报，只调查家庭户，不调查集体户。单身居住独自生活的也作为一个家庭进行登记。本次不调查中国人民解放军现役军人和武装警察（包括部队管理的离退休干部）。”

确定被调查人是否属于本次调查的对象，关键是准确掌握调查的空间标准和时间标准。

空间标准：指户口是否在“本乡、镇、街道”所辖的地理区域。

时间标准：指常住本调查小区时间连续“半年”。

本次调查规定的连续“半年”是指从 2005 年 10 月 1 日 0 时到 2006 年 4 月 1 日 0 时。对于在本调查小区居住并从事商业、手工业、服务业、建筑业等活动的人，偶尔返回户口登记地或临时外出探亲访友（包括春节返乡探亲）、出差，判断其在本调查小区居住的时间和离开常住户口登记地的时间时，都不应扣除偶尔返回或临时外出的时间。

调查员可按以下四个标准答案根据调查对象的实际情况圈填。

1.住本调查小区，户口在本乡、镇、街道；

2.住本调查小区半年以上，户口在外乡、镇、街道；

3.住本调查小区不满半年，离开户口所在地半年以上；

4.住本调查小区，户口待定。

第一款人：包括两种情况，一是常住户口在本乡、镇、街道，居住在本调查小区的人；二是常住户口在本乡、镇、街道，但是人离开本乡、镇、街道不满半年的人（包括调查时临时出国考察、学习和旅游等情况不满半年的人)。

常住户口在本户、外出（离开本乡、镇、街道）已超过半年的人，不属于本调查小区的调查对象。

第二款人：是指调查时已在本调查小区常住时间半年以上，但常住户口在其他乡、镇、街道的人。

第三款人：是指调查时在本调查小区常住时间虽然不满半年，常住户口在其他乡、镇、街道，但已离开常住户口登记地半年以上的人。

第四款人：是指调查时居住在本调查小区，在任何地方都没有登记常住户口的人(包括手持户口迁移证、退伍证、出生证、劳改释放证等尚未办理常住户口登记手续的人)。填报此款人的直接跳问 R8。

本次调查对以下情况作了特殊规定：

1.高中及高中以下在校住宿的学生，凡是经常回家的（例如周六、日回家），本次调查规定按调查对象第一款人进行登记。

2.婚嫁、搬迁到本调查小区的人或户，即使来本调查小区居住不满半年而户口在外乡、镇、街道，但因其具有长期居住的意义，本次调查规定按调查对象第一款人进行登记。

3.凡是户口在集体户、人在家庭户居住的人，本次调查规定按调查对象第一款人在被调查户进行登记。

R7.户口性质：指被调查人的常住户口性质，按户口簿上常住户口性质据实圈填。取消了农业户口和非农业户口的地区，按照取消前的户口性质圈填。农民进城已办理了小城镇户口的，也圈填“2.非农业”；在“R6.户口登记状况”中填报为“4.住本调查小区，户口待定”的人不填报本栏。

R8、R9 两栏限 6 岁及以上的人填报。

R8.是否识字：指被调查人是否达到国务院规定的脱盲标准（城市居民和乡、镇企业职工识字 2000 个，乡村居民识字 1500 个)。调查登记时可询问是否具有阅读通俗书报刊或写便条、简单书信的能力。凡具有简单读写能力的人，圈填“1.是”，没有达到脱盲标准的人，则圈填“2.否”。圈填“2.否”的人，不再填报“R9.受教育程度”，跳问“R10、婚姻状况”。

R9.受教育程度：指本人接受国内外教育的最高学历。通过自学或成人学历教育经国家统一考试合格的，可分别归入相应的受教育程度。

1.未上过学。指被调查人识字，但从未接受过国家或其他办学机构实施的各级各类学校教育。参加过各种扫盲班或成人识字班的人，也圈填此项。

2.小学。指接受的最高一级教育为小学，无论其是在校、毕业、肄业或辍学均圈填此项。只读过私塾的也填报此项。

3.初中。指接受的最高一级教育为初中，无论其是在校、毕业、肄业或辍学均圈填此项。技工学校相当于初中的也圈填此项。

4.高中。指接受的最高一级教育为普通高中、职业高中，无论其是在校、毕业、肄业或辍学均圈填此项。

5.中专。指接受的最高一级教育为中等专业学校，无论其是在校、毕业、肄业或辍学均圈填此项。

6.大学专科。指接受的最高一级教育为大学专科。在普通高等学校学习大学专科的，无论其在校、毕业、肄业或辍学均圈填此项。

凡在国家授权承认学历的广播电视大学、职工大学、高等院校举办的函授大学、夜大学和其他形式的大学，按教育部颁布的大学专科教学大纲进行授课的，其毕业生圈填此项；其肄业生、在校生按原有受教育程度圈填。

通过自学，经国家统一举办的考试，并取得大学专科毕业证书的，也圈填此项标准答案。

7.大学本科。指接受的最高一级教育为大学本科。在普通高等学校学习大学本科的，无论其是在校、毕业、肄业或辍学均圈填此项。

凡在国家授权承认学历的广播电视大学、职工大学、高等院校举办的函授大学、夜大学和其他形式的大学，按教育部颁布的大学本科教学大纲进行授课的，其毕业生圈填此项；其肄业生、在校生按原有受教育程度圈填。

通过自学和进修大学课程，经国家统一举办的考试，并取得大学本科毕业证书的，也圈填此项标准答案。

8.研究生。指接受的最高一级教育为硕士、博士研究生，无论其是在校、毕业、肄业或辍学均圈填此项。在职接受研究生教育的，其毕业生圈填此项，肄业生和在校生按原有受教育程度圈填。

凡是没有按教育部的教学大纲培训或只学单科的人，不能圈填“大学专科”、“大学本科”或“研究生”，一律按照原有受教育程度圈填。

R10-R14 栏限 15 岁及以上的人填报。

R10.婚姻状况：指被调查人在调查标准时间的实际婚姻状况。

1.未婚。指从未结过婚的人。

2.初婚有配偶。指本人有配偶，且属于第一次婚姻的人。对于没有办理结婚登记而未婚同居的人，按其申报的圈填。

3.再婚有配偶。指本人有配偶，但属于第二次及以上婚姻的人。

4.离婚。指夫妻间已办理了离婚手续，并在调查标准时间仍未再结婚的人。未办理离婚手续，而长期分居，不圈填此项，而应圈填“2.初婚有配偶”或“3.再婚有配偶”。

5.丧偶。指夫妇一方丧亡，在调查标准时间时还没有再结婚的人。

R11.当前是否有工作：指被调查人在调查标准时间前一周（即 2006 年 3 月 25—31 日），是否从事过不少于一小时有收入的社会劳动。工作时间不足一小时的，应视为无工作。填报无工作的则不再询问职业栏目，直接跳填“R13.当前未工作状况”。

有收入是指在该周内曾经得到或能够得到工资或家庭收益等，包括现金和实物收入。农民在承包的土地上劳动应视为有收入的工作；家庭成员在自家经营的商店、门市部、工厂劳动，既使没有任何收入，也应视同为有收入工作。

在职休假、培训学习、临时停工和季节性歇业而未工作，也视为当前有工作，包括如因生病或受伤而短期休息、休假和休养的人；脱产学习的人；由于天气原因、季节或电力故障、原料或燃料短缺等原因临时停工的人；从事季节性工作，正值歇业的人等。

R12.职业：指本人所从事的社会劳动工作种类。要求必须填写工作单位全称和所做的具体工作。

填写职业要注意以下几点：

1.填写职业要具体、详细。既要填写工作单位全称，也要填写具体做什么工作。例如“北京重型机床厂钳工”、“北京市公交总公司司机”等，不能笼统地填写“工人”；机关工作人员不能笼统填写“干部”，应填写其工作单位全称和职业，例如“北京市统计局主任科员”、“中国科学院工程师”等；农民不能笼统地填写“农民”或“种地”，而应具体填写为“粮农”、“菜农”或者“养鸡”等。

2.具有中级以上技术职称的行政领导人员，应按行政领导职务填写其职业；同时担任党和行政职务的领导干部，应按主要职务填写职业。

3.工种尚未确定，暂时又无具体工作的，可填“工种未定”。

4.农村就业人口中，凡在乡镇或村办企业中有比较固定的工作，既使在调查标准时间前一周干的是农活，仍要填报其比较固定的职业。

5.调查标准时间前一周内同时从事一种以上工作的，按所从事时间最长的工作种类填写；不能确定时间长短的，按其经济收入较多的工作填写。

6.没有固定性工作的个体经营者，进城务工经商和农闲时进行其他经济活动的人，企业停工停产自某出路从事一些临时性工作的职工，填写调查标准时间前一周主要从事的具体工作。

脱产进入学校学习者，不填职业栏，而应填写“R13.当前未工作状况”栏。

R13.当前未工作状况：此栏限十五岁及十五岁以上当前没有工作的人填写。

1.在校学生。指正在接受各级各类学校教育并有学籍的人。

2.离退休。指已办理离休、退休手续，依靠领取离退休金生活的人。离休、退休后又参加社会劳动并取得报酬的人，应视为有工作，不应圈填此项。

3.料理家务。主要从事家务劳动，且没有劳动收入的人圈填。离退休人员参加部分家务劳动的则不填此栏。农村中既料理家务又务农或从事家庭副业的人，应按在业人口填写职业，不应圈填此栏。

4.丧失劳动能力。指因心理、生理残疾和疾病等原因，在现有劳动条件下丧失了从事劳动的能力、不能参加社会劳动的人。也包括年老体弱生活不能自理的人员。但不包括领取退休金的人员。

5.毕业后未工作。指从学校毕业后从未工作过的人。

6.因单位原因失去原工作。指用人单位或雇主提出与劳动者本人中断劳动关系而失去原工作的人。包括：被原单位辞退、除名、开除的人；劳动合同到期后单位不同意续签劳动合同的人；因单位破产而失去工作的人；未办理正式退休手续的“内退”人员；仍与原工作单位保留劳动关系的下岗人员。

7.因本人原因失去原工作。指本人因各种原因提出与单位中断劳动关系而离开原工作岗位的人。包括辞职的人和劳动合同到期后本人不同意与单位继续签订劳动合同的人。

8.承包土地被征用。指本人承包或转包、租用集体或他人的土地，被有关部门和单位依据土地征用制度的规定征作公益性用地而失去工作。受雇在别人承包的土地上工作，因该土地被征用而失去工作的人，不圈此项，而应圈填“6、因单位原因失去原工作”。

9.其他。除以上八种人之外的未工作人口，圈填为“其他”。

R14.未工作者主要生活来源：根据被调查人情况据实圈填。如果同时有多项生活费来源，则选择其中最主要一项标准答案圈填。

1.离退休金。指办理了离休、退休手续的人，从原工作单位或社会保险部门领取的离退休生活费。

2.领取基本生活费。为了保证基本生活水平而领取的生活费。包括：企业下岗、内退职工领取的基本生活费，失业救济金；民政部门发放给烈军属的生活抚恤金，发给五保户和残疾人的生活补助费，以及发给城镇低收入户的最低生活保障金等。

3.家庭其他成员供养。指被调查人依靠家庭其他成员的经济收入生活。单独生活、由本家庭户外的其他亲属供养的也圈填此项。

4.财产性收入。指以资金储蓄、借贷入股以及财产经营、租赁等所取得的利息、股息、红利、租金等财产性收入生活。

5.保险收入。指主要靠从保险公司领取保险金生活。

6.其他。除以上几种情况之外的其他生活费来源。

R15.定性结果：此栏待医生对残疾人检查定性以后再由调查员填写。如果是残疾人，属于哪类残疾，就圈填哪类残疾；如果被调查人具有多种残疾现象，就圈填“7、多重残疾”；没有残疾的人不填报此栏。

（二）按户填报的栏目

按户填报的栏目共有9个。其中H1为本户编号，根据调查底册的序号填写；H2和H3应与本户人记录中的有关栏目合计数相符；H4—H9栏与人记录栏目无关，是以户为单位填报的项目。

H1.本户编号：按《调查底册》序号填写“H1 本户编号”。

在登记时，如果发现《调查底册》中某户为空户，则将本小区的最后一户前移，使用该户的“本户编号”；如果某户中实际居住着两户，其中一户使用原来的“本户编号”，另一户的“本户编号”续在本调查小区所有户编号的最后，按顺序编写户编号；居住三户或以上的，依次类推（上述户编号的改动须经调查队负责调查的副队长核定后进行，防止错乱）。

H2.本户登记人数：在本户调查登记的人数,应与人记录的合计人数一致。

H3.本户残疾人数：根据人记录的“R15.属于何种残疾”的定性结果，分男、女性别的残疾人数填写。

H4.本户住房　建筑面积：本户住房的建筑面积按住房的外墙计算。

1.知道建筑面积的可直接填报；不知道住房建筑面积，只知道使用面积的，则可使用公式换算：

建筑面积＝使用面积（包括扩建的使用面积）÷0.7

2.住旅馆或租借房屋的常住户，一律按现住房的实际情况填写其住房面积。

3.居住在工作场所的户，住房面积应该填写其居住房间的建筑面积。

4.合住在同一所住房里的住户，其建筑面积为各户所独立使用的房间面积加上公共使用面积（包括厨房、厕所、门厅、阳台等）的一部分；两户合用的面积，各按二分之一计算，三户合用的面积，各按三分之一计算；以此类推。

5.属于本小区调查对象，但居无定所的常住户（如进城的流动人口）睡在桥下、公园和车站等地方的人，其住房面积填“0”平方米。

H5.本户住房建筑结构：指本户住房建筑的结构（指承重结构，如承重墙、梁、柱等）所用的建筑材料。本栏目设有五个标准答案。

1.钢筋混凝土：指承重的主要构件是用钢筋混凝土建造的住房。包括薄壳结构、大模板现浇结构及使用滑模、升板等建造的钢筋混凝土结构的房屋。

2.混合结构：指承重的主要构件是用钢筋混凝土和砖、木建造的房屋。如一幢房屋的梁是用钢筋混凝土制成，以砖墙为承重墙，或者梁使用木材建造，柱是使用钢筋混凝土。

3.砖木结构：是指承重的主要构件是砖和木材。如一幢房屋是木制房架、砖墙、木柱建造的。

4.木、竹、草结构：指房屋的主要建筑材料为木、竹、草。如一幢房屋是木（竹）制房架、草顶。

5.其他：不属于上述结构类型的房屋都归此类。如砖拱结构、窑洞、蒙古包等。

H6.本户住房来源：指本户获取住房的途径，包括拥有全部产权或部分产权。本栏目设有四个标准答案，可根据住房的拥有情况，据实圈填。

1.自有：指本户住房的产权属于本户私人所有。既包括城镇和农村中私人自建的房屋，也包括私人从单位或房地产开发单位购买的房屋，还包括继承的私有遗产房等情况。

2.租赁：指本户住房属于交纳房租费后获有使用权。既包括由单位作为福利分配给本单位职工、产权归单位所有、个人交纳少量房租费的住房，也包括从市场上租用的房屋。

3.借用：指不用交房租费，临时借住单位或亲朋好友的房屋。

4.其他：指不属于以上几种房屋产权性质的住房，圈填此项。

H7.上年度本户全部收入：指被调查户2005年度全部经济收入，包括工薪收入、经营性净收入、财产性收入、转移性收入（如保险、奖金、抚恤金、资助、出租房收入等）。农村的全部收入包括各种农作物、养殖等实物收获，并要将实物折算成人民币，根据全户所有人的合计收入是多少就填报多少。但是，家中雇佣保姆和非亲属的经济收入不包括在内。

对亲属供养情况收入的计算，如果供养人与被供养人在同一户居住，供养费不计入总收入；如果不在同一户，供养费应计入被供养人所在户的总收入中。

H8.本户拥有的主要家电：本栏属于多选栏目，共列出五种家庭常用的主要电器名称。可根据被调查户拥有（指拥有所有权或使用权）并能使用的家用电器分别圈填。彩色电视机，不包括黑白电视机；电冰箱包括单门、双门和多门的；洗衣机包括全自动和半自动（含双缸和单缸的）；电话包括有线电话和无线电话（手机）；电脑指电子计算机。

H9.本户月均生活用电量：根据本户的月平均用电量填报。如果只知道用电费用，可根据当地每度电价换算成用电度数。

附录 7

第二次全国残疾人抽样调查《残疾人调查表》填写说明

一、填写注意事项

（一）《残疾人调查表》由医生填写，填表人员要严格按照规定填写，保证本表的工整与清洁。

（二）本表要求使用铅笔填写，字迹要端正清楚，不得潦草模糊。不得用同音异体字；简化字必须按国家公布的《简化字总表》书写；阿拉伯数字必须按“0 1 2 3 4 5 6 7 8 9”的正体书写，不得用自由体。

（三）填表人员根据评定结果填写表中相关项目，不能遗漏。

（四）填表人员要对被调查的残疾人及家庭申报的情况严格保密，不得对外提供。

二、填写顺序

依据诊断情况完成《残疾评定记录表》的填报后，再开始填报《残疾人调查表》，填写要逐项进行，不得漏填或重复。填写顺序如下：

第一步：《残疾人调查表》的上沿部分“本户编号”、“本人行号”、“本户住址”和“残疾人姓名”、“性别”、“年龄”、“户主姓名”等项均对照《残疾评定记录表》的上沿内容。

第二步：本表中“C1.残疾类别”、“C2.残疾等级”、“C3.残疾发现时间”和“C4.致残主要原因”等按诊断残疾的实际情况填写。

第三步：遇到两种或两种以上残疾人，即多重残疾则复选填报。

第四步：“T1.残疾人活动和参与评定”、“T2.康复建议”、“T3.是否持有残疾人证”、“T4.接受教育情况”、“T5.社会保障情况”、“T6.曾接受何种服务或辅助”及“T7.本人主要需求”等逐项询问判断填写，遇多重残疾由最后诊断确诊某种残疾的医生填写。

第五步：本表下沿部分，完成逐项填写后，“本户包括住户调查表”、“医生”、“申报人”及“填报日期”均按《残疾评定记录表》的下沿内容填写完整。

另外，本表每个项目下面的方格为编码格，填写人员不得填写，由专业编码人员处理。

三、填写说明

C1.残疾类别

分为视力残疾、听力残疾、言语残疾、肢体残疾、智力残疾和精神残疾等六类。填表时在诊断确定为残疾后，请在残疾类别的左面编号上圈填，如多重残疾，则复选。例如，诊断为“视力残疾”，应圈填为(1.)视力残疾。

C2.残疾等级

各类残疾均分为四个等级。填表时，请在相应的残疾等级编号上圈填。例如：诊断为听力三级，应圈填为(3.)三级。

C3.残疾发现时间

残疾发生时间是指发现残疾或出现残疾的年份，如“1999 年”。针对 0～6 岁的儿童来说，是指发现残疾的时间；而针对其他人则为出现残疾的时间。填表时，请将残疾发现时间填在年前面的横线上。

C4.致残主要原因（选择主要致残原因不超过两项）

致残主要原因是指导致主要致残的原因，选择主要致残原因不超过两项。填表时请在相应项目前的编号上圈填。如填表人的致残原因在表中没有列出，请在“其他”前的编号上圈填。按照不同类别分为以下几类：

视力残疾

01.遗传、先天异常或发育障碍	05.角膜病	09.弱视
02.白内障	06.视神经病变	10.外伤
03.青光眼	07.视网膜、色素膜病变	11.中毒
04.沙眼	08.屈光不正	12.其他
		13.原因不明

听力残疾

01.遗传	06.中耳炎	11.药物中毒
02.母孕期病毒感染	07.老年性耳聋	12.创伤或意外伤害
03.传染性疾病	08.早产和低体重	13.噪声和爆震
04.自身免疫缺陷性疾病	09. 新生儿窒息	14.其他
05.全身性疾病	10. 高胆红素血症	15.原因不明

言语残疾

01.唐氏综合征	08.脑出血	15.脊髓侧索硬化
02.脑性瘫痪	09.脑炎	16.脑外伤
03.新生儿病理性黄疸	10.脑囊虫病	17.产伤
04.早产、低体重和过期产	11.喉、舌疾病术后	18.孤独症
05.腭裂	12.听力障碍	19.癫痫
06.智力低下	13.帕金森氏病	20.CO 中毒
07.脑梗死	14.多发性硬化	21.其他
		22.原因不明

肢体残疾

01.脑性瘫痪	08.肿瘤	15.脑外伤
02.发育畸形	09.骨关节病	16.其他外伤
03.侏儒症	10.地方病	17.结核性感染
04.其他先天性或发育性障碍	11.脊髓疾病	18.化脓性感染
05.脊髓灰质炎	12.工伤	19.中毒
06.脑血管疾病	13.交通事故	20.其他
07.周围血管疾病	14.脊髓损伤	21.原因不明

智力残疾

01.遗传	07.发育畸形	13.其他外伤
02.脑疾病	08.营养不良	14.中毒与过敏反应
03.内分泌障碍	09.母孕期外伤及物理伤害	15.不良社会文化因素
04.惊厥性疾病	10.产伤	16.其他
05.新生儿窒息	11.工伤	17.原因不明
06.早产、低体重和过期产	12.交通事故	

精神残疾

01.痴呆	06.分裂情感性障碍	11.人格障碍
02.其它器质性精神障碍	07.其它精神病性障碍	12.孤独症
03.使用精神活性物质所致的障碍	08.心境障碍	13.癫痫
04.精神分裂症	09.神经症性障碍	14.其他
05.妄想性障碍	10.行为综合征	15.原因不明

T1.残疾人活动和参与评定（18 岁以上填报）

T1.残疾人活动和参与评定（18 岁以上填报）					
理解和交流	身体移动	生活自理	与人相处	生活活动	社会参与
1.无障碍/无适用 2.轻度障碍 3.中度障碍 4.重度障碍 5.极重度障碍/不能完成	1.无障碍/无适用 2.轻度障碍 3.中度障碍 4.重度障碍 5.极重度障碍/不能完成	1.无障碍/无适用 2.轻度障碍 3.中度障碍 4.重度障碍 5.极重度障碍/不能完成	1.无障碍/无适用 2.轻度障碍 3.中度障碍 4.重度障碍 5.极重度障碍/不能完成	1.无障碍/无适用 2.轻度障碍 3.中度障碍 4.重度障碍 5.极重度障碍/不能完成	1.无障碍/无适用 2.轻度障碍 3.中度障碍 4.重度障碍 5.极重度障碍/不能完成

活动是由个体执行一项任务或行动，它代表了功能的个体方面。当个体在进行活动时可能遇到的困难，即是活动受限制，它根据完成活动时的质和量从轻微到严重偏差的变化范围。

参与是指投入到一种生活情景中，它代表了功能的社会方面，是衡量残疾程度的重要指标。

分六大类:理解和交流、身体移动、生活自理、与人相处、生活活动和社会参与。其中各类均有五种程度：无障碍、轻度障碍、中度障碍、重度障碍、极重度障碍。填表时请依据《残疾评定记录表》结果在相应项目前的数值上圈填。

T2.今后康复建议

康复形式：即残疾人实现康复的基本途径，包括以下三种：机构康复，延伸服务（上门服务），社区、家庭康复。

1.机构康复：指在康复中心、综合医院设置的康复科室等机构中，以门诊和住院的形式提供的康复服务途径。

2.延伸服务（上门服务）：延伸服务是指由康复机构派专业人员到实地，为康复对象提供专业性康复服务的途径。

3.社区和家庭康复：社区、家庭康复是指在社区和家庭为残疾人采取的康复措施，这些措施是利用和依靠社区和家庭的人力资源而进行的，包括依靠残疾人及其家庭成员和社会。

康复内容

指实现残疾人康复的方法或手段，包括：医疗服务、辅助器具、康复训练与服务等。

康复形式仅能选择其中一项圈填。选择康复形式后，康复内容至少选择一项圈填。填表时请在相应项目前的编号上圈填。

T3.是否持有残疾人证

指被调查人是否持有当地残联核发的残疾人证。填表时请在相应项目前的编号上圈填。

T4.接受义务教育情况(在校生填报)

1.普通教育学校普通班：指在普通义务教育学校随班就读。

2.普通教育学校特教班：指在普通义务教育学校专门为视力、听力言语、智力残疾和多重残疾人开办的特殊教育班中接受教育。

3.特殊教育学校：指在专门为视力、听力言语、智力残疾和多重残疾人开办的提供义务教育的学校。

4.其他：指通过社区服务、送教上门等多种形式接受教育。

填表时请在相应项目前的编号上圈填。

T5.社会保障情况

指被调查人是否纳入了社会保险、当地居民最低生活保障或集中供养、五保供养、临时救济、定期补助、残联系统专项补助等社会保障范围。

1.参加社会保险情况：指调查时被调查人是否参加了养老、医疗、工伤、失业等社会保险。此栏至少填写一项。

2.是否领取低保金：指调查时被调查人是否被纳入当地居民最低生活保障范围领取最低生活保障金。

3.是否领取过救济：指被调查人在调查标准时间前一年（即 2005 年 4 月 1 日至 2006 年 4 月 1 日）内是否享受当地民政、残联等部门所给予的集中供养、五保供养、临时救济、定期补助、残联系统专项补助等。

填表时请在相应项目前的编号上圈填。

T6.曾接受过何种服务或扶助（填报最主要三项）

指被调查人曾经接受过的当地残联、民政或其他部门、组织提供的康复、教育、就业、生活等方面的服务或扶助。选最主要的三项圈填。填表时请在相应项目前的编号上圈填。

01.医疗服务与救助：医疗服务指通过医院或专门医疗机构采用手术或其他诊断形式帮助残疾人恢复或补偿功能，提高生活自理和社会适应能力等。

医疗救助：指政府和社会对因病而无经济能力进行治疗的贫困残疾人实施专项医疗帮助和支持的行为。在农村开展新型农村合作医疗的地区，资助残疾人缴纳个人应负担的全部或部分资金，参加当地合作医疗，享受合作医疗待遇；因患大病经合作医疗补助后个人负担医疗费用过高的，再给予补助；尚未开展新型农村合作医疗的地区，对因患病难以负担费用的残疾人，给予适当医疗救助；对患国家所规定的特种传染病的残疾人，其救治费用按有关规定给予补助。在城市，通过发动社会力量资助、城市医疗救助基金给予适当补助、医疗机构自愿减免有关费用等多种形式对患病而无力承担治疗费用的贫困残疾人给予医疗救助。

02.辅助器具：（在我国习惯称为残疾人用品用具），是指供残疾人个人使用的能够补偿、减轻或替代因残疾造成的身体功能缺失或障碍的产品和器械。

用于肢体残疾人的辅助器具有：假肢、轮椅、手摇轮椅车、电动动轮、机动轮椅车、助行架、腋杖、肘杖、多脚手杖、单脚手杖、握笔器、取物器、穿衣辅助、用餐辅助、刷牙辅助、梳头辅具等；用于听力残疾人的辅助器具有：助听器、语言训练器、骨导电话、闪光门铃等；用于视力残疾人的辅助器具有：助视器、电子语音报时器、盲文写字板、盲文打字机、盲文阅读器、盲杖等。

03.康复训练与服务：指残联、卫生或其他部门为残疾人及其亲友提供的包括肢残人功能、智残人能力、盲人行走导向、聋儿听力语言、助视器配用、精神病防治康复等多方面的培训、训练指导、康复护理、心理疏导、残疾预防知识普及、健康教育、科学与安全意识宣传及相关的咨询转介等多种康复训练与服务。

04.教育费用补助或减免(6 岁以上填报)：指政府、教育部门、残联系统或其他部门，组织减免残疾人或其子女就学的费用或提供的补助金。

05.职业教育与培训(12 岁以上填报)：残疾人或其子女在各级各类职业学校或培训机构中接受学历教育（包括初等、中等和高等职业教育）或短期的职业培训。

06.就业安置与扶持(16 岁以上填报)：指残疾人就业服务机构或其他社会机构提供的职业指导、就业安置或扶持扶助等服务。

07.贫困残疾人救助与扶持：

救助是指纳入当地居民最低生活保障或享受集中供养、五保供养、临时救济、定期补助、残联系统专项补助等。

扶持是指各级政府扶贫办、妇联、共青团、残联及社会团体等有关部门或信用社、扶贫社等开展的帮助贫困残疾人筹措资金、落实优惠政策、选项目、学技术等多种形式的带动贫困残疾人脱贫活动，包括扶贫经济实体、扶贫基地辐射带动到户；党员、干部、助残志愿者结对包户帮带活动；残疾人联合会利用康复扶贫贷款开展残疾人专项扶贫活动等。

08.法律援助与服务：指各级政府法律援助机构、各级司法行政部门、各级残疾人维权机构、公证机构和基层法律服务机构、律师、民间法律援助组织、法律专业网站和志愿者等为残疾人提供的免费法律服务、贫困残疾人诉讼费或其他费用减免缓、法律咨询、转介服务和法律帮助等。

09.无障碍设施：指为保障残疾人、老年人、伤病人、儿童和其他社会成员的通行安全和使用便利，在道路、公共建筑、居住建筑和居住区等建设工程中配套建设的服务设施。

10.信息无障碍：指公共传媒应使残疾人能够无障碍地获得信息，进行交流，如影视作品、电视节目的字幕和解说，电视手语，盲人有声读物，针对不同障碍的残疾人开发适合不同需要的通信技术和产品等。

11.生活服务：指社区组织、志愿者等为残疾人提供的不定期的日常生活服务，如日常家务的协助、代办等。

12.文化服务：指各级政府文化行政部门、各文化机构、基层组织、社会团体、志愿者等为残疾人提供或组织的旨在解决残疾人精神文化需求、提高残疾人素质的各项文化艺术活动及相应服务。如送书上门，爱心赠书，盲文及有声读物的借阅，参与社会文化活动时享受的便利、优惠服务等。

13.其他：除以上十四种之外的服务或扶助，圈填为“其他”。

14.未曾接受过何种服务或扶助。

T7.本人主要需求

指被调查人需要的康复、教育、就业、生活等方面的服务或扶助，选最主要的三项圈填。指标解释参见T6。填表时请在相应项目前的编号上圈填。

附录 8

第二次全国残疾人抽样调查社区（村、居委会）调查表

表　　号：残调 3 表
制表机关：第二次全国残疾人抽样调查办公室
批准机关：国家统计局
批准文号：国统函【2005】227 号
有效期截止时间：2006 年 6 月 30 日

地　址：________省（自治区.直辖市）________县（市.区）________乡（镇.街道）________社区（村、居委会）

地址码：□□　□□　□□　□

一、类别	二、总户数	三、总人口数	残疾人情况				残疾人组织情况		十、社区内无障碍设施
			四、残疾人数	五、持证残疾人数	六、享受定期救助人数	七、享受临时救助人数	八、残疾人协会（小组）	九、残疾人专职委员	
1. 社区（居委会） 2.村委会	______户	______人	______人	______人	______人	______人	1.有 2.无	1.有 2.无	1.有 2.无
□	□□□□□	□□□□□	□□□	□□□	□□□	□□□	□	□	□

十一、康复站	十二、社区康复协调员	各项公共服务机构覆盖情况（距本社区、村委会公里数）				十七、上年度本村人均收入
		十三、法律服务所（司法所）	十四、特教学校（班）	十五、文化活动站（室）	十六、卫生室（所、站）	
1.有 2.无	1.有 2.无	______公里	______公里	______公里	______公里	______元
□	□	□□	□□	□□	□□	□□□□□

填表人（签字）：________　　　　填报时间：______年____月____日

附录 9

第二次全国残疾人抽样调查《社区（村、居委会）调查表》填写说明

《第二次全国残疾人抽样调查社区（村、居委会）调查表》（简称《社区调查表》），是为了获取调查小区所在社区的有关基础数据而制定的。数据可以反映残疾人生活的环境与条件，是本次调查数据的重要组成部分。

本表的填写要求:

一、本表以被抽中调查小区所在的社区（居委会）或村委会为单位，由陪调组组长负责收集资料，并在调查队长的指导下填报。

二、表中第十栏只由社区（居委会）填报，第十七栏只由村委会填报，其余项目栏社区（居委会）和村委会都填报。

三、指标解释:

1.“总户数”、“总人口数”，为 2005 年末社区（村、居委会）所辖范围内的常住人口统计数（如果确实没有常住人口数据，才能使用其他人口数据填报）。

2.“残疾人数”，为社区和村委会掌握的残疾人数（包括持证残疾人和无证的残疾人）。

3.“持证残疾人数”，指社区和村委会掌握的持有残联系统发放的残疾证的人数。

4.“享受定期救助人数”，指上一年度民政、残联等部门给予的居民最低生活保障、集中供养、五保供养等定期性救助人数。

5.“享受临时救助人数”，指上一年度民政、残联等部门给予的临时性费用减免、临时救济等形式的救助人数。

6.“社区内无障碍设施”，是本社区范围内是否设有坡道、盲道等无障碍设施。

7.“残疾人康复站”，指社区（村、居委会）依托社区服务中心学校、幼儿园、福利企业事业单位、工疗站、残疾人活动场所的等现有机构和设施，建立的满足残疾人全面康复需求的社区康复站。

8.“社区康复协调员” 指社区（村、居委会）配备的专（兼）职人员，可会同社区卫生服务机构调查康复需求，建立康复服务档案，向残疾人提供康复服务信息和转介服务，协调组织社区内有关机构、人员为残疾人提供康复服务和相应支持。

9.“卫生室（所、站）”，在农村指卫生室（所、站），在城市指社区卫生服务中心（站）。

四、“十三”至“十六”栏是指本社区（村、居委会）距最近的、可使用或能提供服务的各项公共服务机构的公里数。凡是本社区（村、居委会）范围内有的，填写“0”公里；若周围没有或不知道，则填写“无”。

附录 10

青海省第二次全国残疾人抽样调查实施方案

为认真贯彻国务院《关于开展第二次全国残疾人抽样调查的通知》(国办发 [2004] 73 号)精神，根据《中华人民共和国统计法》、《青海省实施残疾人保障法办法》和《第二次全国残疾人抽样调查方案》的要求，结合我省实际，制订本实施方案。

一、目的、意义

2004 年 8 月 4 日，国务院正式批准开展第二次全国残疾人抽样调查。这是继 1987 年第一次全国残疾人抽样调查之后，在全国范围开展的又一次大规模的残疾人专项调查，也是国家发展残疾人事业的一项重要举措，体现了党和政府对残疾人事业的高度重视和对残疾人的关怀。通过调查，掌握全国和各省残疾人的基本情况，为国家和各级政府制定经济社会发展计划和小康规划，完善发展残疾人事业和保障残疾人合法权益的法规政策，进一步提高人口素质，推动残疾人事业与经济社会协调发展，具有重要的意义。同时，调查行动和调查结果将有力地向世界表明，一个更加开放和蓬勃发展的中国在保障和发展残疾人人权方面所做出的努力以及取得的成就，充分展示我国人权保障的真实性、公平性和广泛性。

二、调查的内容、范围、对象和时间

调查内容：包括全省各类残疾人的数量、结构、地区分布、致残原因、生活状况及其康复、教育、就业、家庭和参与社会生活等情况。调查使用全国统一的两种调查表，一是《住户调查表》，主要调查被调查小区全部人口基本情况及其社会经济特征；二是《残疾人调查表》，通过调查和筛选，根据各类残疾标准判别，确定残疾人的残疾类型、残疾等级和致残原因，调查其康复、教育、就业、婚姻、家庭和参与社会生活等情况及需求等。

调查范围：在全国 31 个省（区、市）进行调查，样本量为 260 万人口（为总人口的 0.2%），涉及 800 个县。全国残疾人抽样调查领导小组确定我省的调查样本量为 8 个县（区）。

调查对象：具有中华人民共和国国籍并在被抽中调查小区内常住的人口（指自然人）。重点是残疾人，残疾类别包括：视力残疾、听力残疾、言语残疾、智力残疾、肢体残疾和精神残疾；凡有两种以上残疾的，为多重残疾。常住户口虽然在本乡、镇、街道，但已离开半年以上的，不属于调查小区的调查对象。

调查原则：采用按常住人口登记的原则，以户为单位填报，只调查家庭户，不调查集体户，单身独自生活的也作为一个家庭户进行登记。在调查小区主要登记四种类型的人口：一是居住本调查小区，户口在本乡、镇、街道；二是居住本调查小区半年以上，户口在外乡、镇、街道；三是居住本调查小区不满半年，离开户口登记地半年以上；四是居住本调查小区，户口待定。

调查的标准时间：2006 年 4 月 1 日零点。

三、组织领导

第二次全国残疾人抽样调查工作在国务院和各省（市、区）政府的领导下，按照全国统一领导、部门分工协作、地方分级负责、各方共同参与的原则组织实施。国务院成立了第二次全国残疾人抽样调查领导小组，中国残联主席邓朴方同志任组长，国务院副秘书长张勇同志任副组长，有关部门领导同志任组员，负责对全国残疾人抽样调查工作的全面领导与部署。并成立抽样调查办公室和专家委员会，负责筹备、组织实施和协助制定、审核调查的重要技术文件等工作。

根据国务院的要求，经省政府批准，我省成立了第二次全国残疾人抽样调查领导小组，负责全省的残疾人抽样调查工作。副省长邓本太同志任组长，省政府副秘书长解源同志及省统计局、省民政厅、省卫生厅、省残联负责同志任副组长，省委宣传部、省发改委、省财政厅、省教育厅、省劳动保障厅、省公安厅、省民委、省人口委、团省委、省妇联、省老干部局等部门领导为成员。领导小组下设办公室，主任由省残联副理事长程致和担任，副主任从省统计局、民政厅、卫生厅、省残联业务处选派。办公室内设秘书后勤组、技术组、宣传组，从有关部门选派 8 至 10 名业务骨干和专家组成，具体实施协调、培训、残疾鉴定、统计分析等工作。

被抽中的县（市、区），要成立领导或工作机构，加强对抽样调查工作的领导和组织实施。

四、主要实施工作

抽样调查分三个阶段进行:

（一）调查准备阶段（2006 年 4 月 1 日以前）

制定调查方案、表格和各项细则，组建各级调查机构，完成逐级抽样，选调人员成立调查队并组织培训，开展调查试点和摸底。

1. 制定调查方案和工作流程（2005 年 5 月底前完成）

在征求有关专家意见的基础上，省领导小组召开会议讨论研究，正式确定实施方案。

2. 样本设计抽取（2005 年 6 月中旬进行）

样本设计: 根据全国抽样调查样本比例，我省调查样本设计量约为 3 万人,涉及 8 个县（区）的 32 个乡镇（街道）、76 个小区。

抽样办法: 采取分层、多级、概率比例、整群四级抽样方法，即: 第一级，抽取县; 第二级，在被抽中的县，抽取乡、镇、街道; 第三级，在被抽中的乡（镇、街道），抽取村（居）委会; 第四级，在被抽中的村（居）委会，抽取调查小区（小区规模为 400 人左右）。县级样本由国家抽样调查办公室和省抽样调查办公室共同抽取。

抽样模式: 4 个乡级单位 × 2 个村级单位 × 1 个调查小区。

3. 组建县级调查机构，完成乡、村、小区三级抽样（2006 年 1 月底前完成）

（1）2005 年 9 月底前，各被抽中的县成立抽样调查办公室，负责制定工作计划，配合省抽样调查办公室完成乡级、村级和调查小区抽样框的编制及样本抽取，筹备成立县调查队，参加省上组织的调查试点和培训等工作。

（2）2006 年 1 月底前，各被抽中的县成立调查队，负责本县的全部现场调查工作。每个调查队抽调 25 人，其中队长 1 名，副队长 2 名（调查员副队长、医生副队长各 1 名）、统计员 1 人、调查员 14 名、相关专业医生 7 名。

4. 选派骨干参加全国试点和培训（2005 年 8 月至 11 月）

（1）国家试点拟在 2005 年 8 月底前进行，主要对调查方案、残疾标准和实施细则进行检验及修订，锻炼骨干队伍，使工作骨干了解调查过程，熟悉组织调查的方法，提高调查工作水平。省上选派主要业务骨干参加试点工作。

（2）2005 年 10 月至 11 月，国家培训省级业务骨干，我省抽样调查办公室负责人和调查骨干、各科医生、统计员参加，通过参加培训、试填和考试，将作为我省的培训教员。

5. 我省开展试点和培训工作（2005 年 11 月至 2006 年 2 月）

（1）2005 年 11 月至 12 月，选择市区的一个街道、县的一个乡镇进行试点，摸索调查经验，掌握调查特点及方法，提高调查组织能力。试点结束后，召开抽中县工作会议，推广试点经验，研究部署调查工作。

（2）2006 年 2 月底前，分期分片对各县调查队进行培训，并组织试填，检验调查效果，使调查人员熟悉工作程序。

6. 开展摸底工作（2006 年 3 月 15 至 28 日）

（1）3 月 15 日至 25 日，组织熟悉本调查小区的调查员和该小区的陪调员完成底册编制工作，重点要掌握本调查小区的范围、界线和属于调查对象的户数、人数，特别要摸清疑似残疾人数和 0-6 岁的儿童，编制好调查底册。

（2）加强与当地街道、村(居)委会和派出所的联系，取得基层组织的帮助与支持。各调查小区陪调员要做好被调查户的协调、沟通工作，预约入户登记时间。

（3）3 月 28 日前，省抽样调查办公室将摸底汇总数据上报全国抽样调查办公室；针对摸底中发现的问题，研究制定措施，抓好薄弱县(区)的调查工作。

（二）现场调查阶段（2006 年 4 月 1 日至 5 月底）

各抽中县全体调查人员入户进行现场调查登记和残疾人筛查，医务人员对疑似残疾人进行检查评定和需求调查，组织复查，开展事后质量抽查。

1. 县调查队负责全部现场调查登记工作，具体工作步骤为:

（1）住户调查。调查员根据《调查底册》深入调查户家庭，按照《住户调查表》的登记项目，逐人逐项询问，填写《住户调查表》；对 0—6 岁的儿童，填写《0—6 岁儿童健康体检记录表》；对 7 岁及以上人群，按照筛查项目逐人询问、筛查，对筛查出的 7 岁及以上疑似残疾人填写《7 岁及以上疑似残疾人交接单》。

（2）残疾检查评定。各科医生根据调查员筛查出的 7 岁及以上疑似残疾人名单和 0—6 岁儿童名单，采取设站与入户相结合的方式，逐人检查、评定；对确诊的残疾人，填写《残疾评定记录表》，并按照《残疾人调查表》的登记项目逐项询问，填写《残疾人调查表》。

（3）自查、复查和议查。调查员和医生每天对当日调查填写的调查表进行自查。每个调查小区自查结束后，调查员和各科医生按照规定的方法进行全面复查；调查员分小组对《住户调查表》进行交叉互查和逻辑检查；各科医生对填写的《残疾评定记录表》、《残疾人调查表》进行综合分析检查。

小区调查登记工作结束后，各县抽样调查队要按照规定的方法，采取议查方式弥补调查见面率，加强对 7 岁及以上疑似残疾人和 0—6 岁儿童的筛查。通过自查、互查、议查查出的有疑问的人和户，重新入户进行核查，经核实后，予以改正。

（4）调查的后续工作。各县抽样调查办公室收集、汇总调查中残疾人反映的亟待解决的问题，分析研究并提出意见，报当地政府及有关部门予以处理。调查期间，医生要对确诊的残疾人进行医疗、康复指导。

2. 现场调查登记是获取原始数据的重要阶段，各县抽样调查办公室要组织人员到调查现场进行检查和指导；省抽样调查办公室组织力量进行抽查，解决调查中出现的问题，确保调查任务的完成。

3. 事后质量抽查和数据评估（2006 年 6 月至 7 月）。调查登记工作结束以后，各县抽样调查办公室要按照全国统一规定的事后质量抽查办法和要求，组织质量抽查，检验本县的调查质量。省抽样调查办公室要成立抽查队，确定若干调查小区进行质量抽查；凡抽查不合格的县，重新随机抽取同样比例的调查小区验收，如仍不合格，要组织重新调查。

（三）数据汇总处理、资料公布、资料开发应用和总结表彰阶段（2006 年 6 月至 2007 年 12 月）

1. 数据汇总和处理（2006 年 5 月至 12 月）

采用快速汇总和计算机汇总两种方式。

（1）快速汇总。按照全国抽样调查办公室制定的《快速汇总表》项目，对实际调查的主要数据进行逐级快速汇总。

① 各县（区）抽样调查办公室将调查数据进行快速汇总，汇总结果于 5 月 20 日前报送到省抽样调查办公室。

② 省抽样调查办公室对县(区)上报的数据进行审核，审核无误后进行汇总，于 6 月 15 日前报送到全国抽样调查办公室。

（2）计算机汇总（2006 年 7 月至 12 月）

① 编码工作。各县的调查表经复查后，由编码员在编码指导员的指导下，按照统一规定的标准进行编码。编码资料要全面复核、验收合格后，方可交付录入。

② 数据处理。全省调查资料由国家和省抽样调查办公室负责进行电子计算机数据处理。

③ 根据各县调查数据，建立省级残疾人数据库。

2. 调查数据的分析研究（2007 年 1 月至 12 月）

各县抽样调查办公室对抽样调查获得的主要数据和全部数据进行分析研究，撰写公报和综合分析报告；同时，根据调查数据反映出的残疾人的突出问题，制定专题研究课题，邀请有关部门、大专院校和科研机构共同研究开发。研究结果以专题报告、论文集形式发表或出版。

省抽样调查领导小组组织专人分析研究调查资料，邀请有关机构和专家研究课题，开发项目，撰写论文，向社会发布抽样调查主要数据。对制订残疾人的法规、政策和工作规划提出专题建议，报省政府、送有关部门研究处理。

3. 调查工作总结（2007 年 12 月）

省、县抽样调查办公室，要认真做好调查的业务技术和组织工作总结，全面总结抽样调查工作。

五、具体要求

残疾人抽样调查是一项技术性很强的大型社会调查，也是一项复杂的系统工程，各地各有关部门要精心安排，认真组织实施。

（一）高度重视，切实加强组织领导。各市及各调查县政府，要把抽样调查工作作为政府的一项重要工作，列入议事日程，研究制定调查方案和措施；政府分管领导要高度重视，有关部门领导要亲自抓，加强督促检查，认真解决调查工作中出现的主要问题和困难，确保调查工作顺利开展。省、县两级要保证力量，抽调专家和业务骨干参加办公室工作，各县要抽调素质较好的业务干部参加调查工作，增强调查工作实效。

（二）树立全国一盘棋的思想，统一工作步调。要按照国家的统一部署、统一要求、统一标准、统一进度，组织开展调查工作。要加强质量控制，根据各阶段调查工作的要求，结合本地实际情况，有针对性地采取措施，确保每个环节的调查工作都取得好质量、好成效，不影响全国的调查质量。

（三）落实调查经费，确保调查任务圆满完成。经国务院批准，第二次全国残疾人抽样调查经费采取分级负担的原则，中央财政负担残疾标准修订、全国调查方案设计、主要调查表格印制、国家级培训和试点、全国数据处理等费用，对部分贫困县残疾评定工具进行补贴。地方承担调查队的培训及调查期间的交通、食宿和人员经费，各调查队的残疾评定工具以及组织协调、宣传、调查工作机构的办公费用等。根据这一原则，省上主要解决调查方案制定、辅助调查表格印制、省级培训和试点、全省数据处理、宣传协调、调查人员的交通、食宿等经费；县（市、区）主要解决现场调查、调查户补助和残疾签定工具等经费。各县（市、区）政府要根据抽样调查工作的需要，统筹安排调查经费，省及市州财政对贫困县适当给予补贴。省、县抽样调查办公室要严格按照专款专用的原则，加强调查经费的管理使用。

（四）建立工作制度，促进调查工作规范化开展。省、县抽样调查办公室要及时掌握调查县的工作进度和情况，根据规定的汇报内容、时间及时向国家汇报，针对各阶段重点工作推进情况，采取切实措施，防止出现技术性问题和系统性错误。省抽样调查办公室要根据各项工作的进展情况，不定期编印下发简报，通报全省工作情况及各县的经验、做法，达到互相学习、促进工作的目的。

（五）加强宣传，营造良好的社会氛围。省及各调查县（市、区），要依靠宣传部门，充分利用各种宣传媒体和多种宣传形式，在抽样调查的各个阶段开展宣传工作，向社会广泛宣传开展残疾人抽样调查的重要意义、主要内容和各阶段工作，取得广大残疾人和干部群众对调查工作的支持与配合，为顺利完成调查任务营造良好的社会氛围。

附件：

1. 青海省第二次全国残疾人抽样调查领导小组组成名单
2. 青海省第二次全国残疾人抽样调查办公室组成名单
3. 青海省第二次全国残疾人抽样调查工作流程图
4. 执行《青海省第二次全国残疾人抽样调查实施方案》的文件资料清单

附件 1

青海省第二次全国残疾人抽样调查领导小组名单

组　长：邓本太　省政府副省长
副组长：解　源　省政府副秘书长
　　　　李生祥　省残联理事长
　　　　智　华　省统计局副局长
　　　　马俊德　省民政厅副厅长
　　　　张海明　省卫生厅副厅长
成　员：周贤安　省委宣传部副部长
　　　　姚海瑜　省发展和改革委员会副主任
　　　　肖玉海　省财政厅副厅长
　　　　来　萍　省教育厅副厅长
　　　　邓春先　省劳动和社会保障厅副厅长
　　　　左建民　省公安厅副厅长
　　　　吴　捷　省人口和计划生育委员会副主任
　　　　马义财　省民委副主任
　　　　申红兴　团省委副书记
　　　　朱惠民　省妇联副主席
　　　　高玉兰　省老干部局副局长
　　　　程致和　省残联副理事长

附件 2

青海省抽样调查办公室组成人员名单

主　任：程致和　　省残联副理事长（兼）

常务副主任：贺青峰　　省残联组联部部长

　　　　　　李　华　　省残联维权部部长

副主任：曹　晓　　省残联办公室主任

　　　　王　燕　　省统计局人口处调研员

　　　　苏卫宏　　省民政厅社会福利处处长

　　　　刘建华　　省卫生厅医政处主任科员

成　员：黄　强　李　萍　张　利　朱生金

附件 3

青海省第二次全国残疾人抽样调查工作流程图

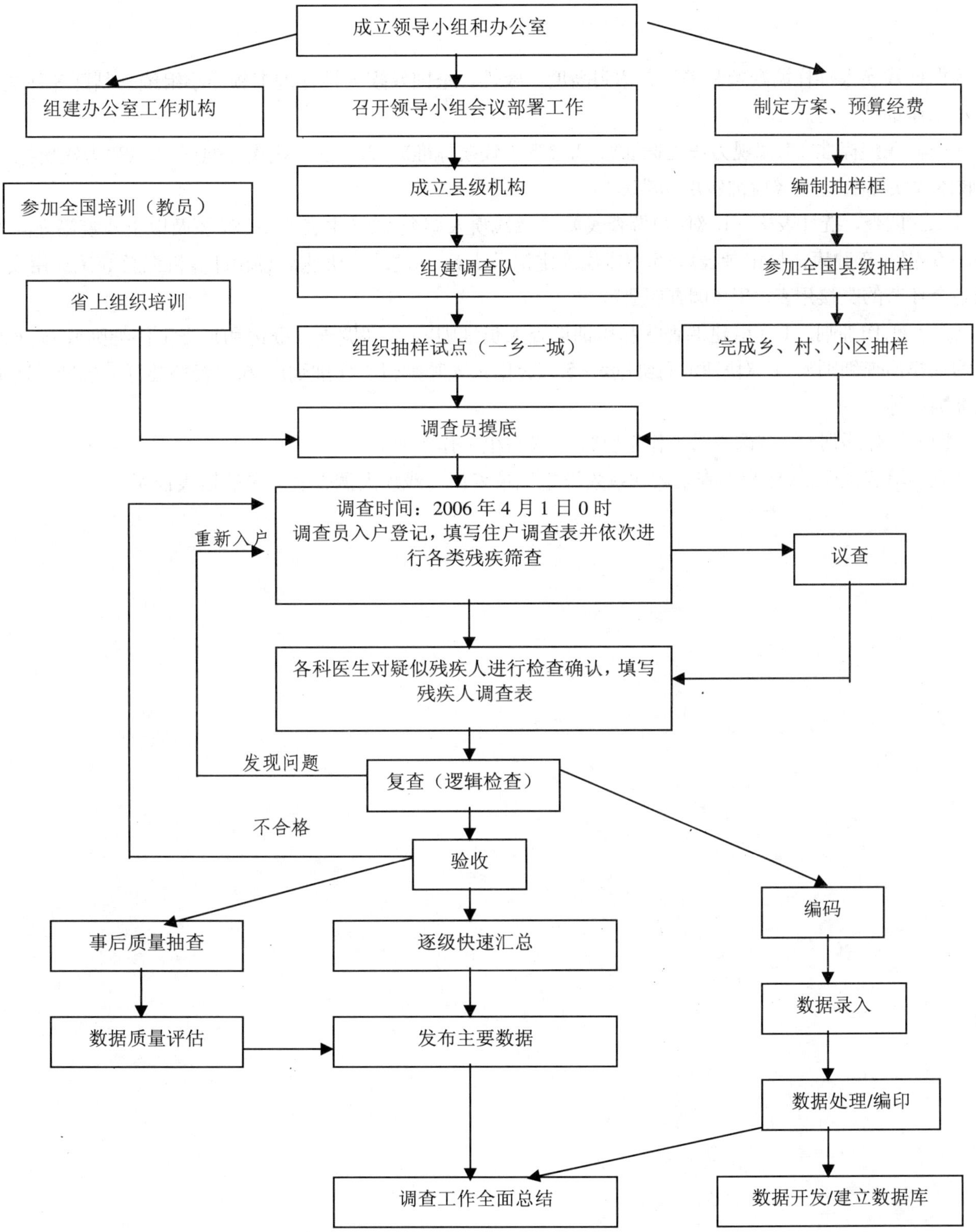

附件 4

执行《青海省第二次全国残疾人抽样调查实施方案》的文件资料清单

为保证残疾人抽样调查顺利进行，达到高度一致性，全国残疾人抽样调查领导小组统一制订各种文件、表格和工作细则。

（一）残疾标准：1.《视力残疾标准》，2.《听力残疾标准》，3.《言语残疾标准》，4.《智力残疾标准》，5.《肢体残疾标准》，6.《精神残疾标准》。

（二）调查、统计表格：1.《住户调查表》，2.《残疾人调查表》（主表），3.《7 岁及以上残疾筛查问卷》，4.《0—6 岁儿童健康体检记录表》，5.《残疾评定记录表》，6.过录、快速汇总和计算机汇总等统计用表，7.调查各个环节的交接用表，8.《调查底册》。

（三）工作细则：1.《组建调查队和培训调查人员细则》，2.《调查、登记和复查工作细则》，3.《调查质量的抽样检查细则》，4.《快速汇总细则》，5.《数据录入和编辑工作细则》，6.《资料装订、包装、运输、管理细则》等。

（四）工作手册：1.《调查员工作手册》，2.《医生工作手册》。

（五）填表说明：《住户调查表》、《残疾评定记录表》、《残疾人调查表》等的填表说明。

附录 11

青海省第二次全国残疾人抽样调查领导小组组成人员名单，办公室人员名单，专家委员会名单

青海省第二次全国残疾人抽样调查领导小组组成人员名单

组　长：邓本太　省政府副省长
副组长：解　源　省政府副秘书长
李生祥　省残联理事长
智　华　省统计局副局长
马俊德　省民政厅副厅长
张海明　省卫生厅副厅长
成　员：周贤安　省委宣传部副部长
姚海瑜　省发展和改革委员会副主任
肖玉海　省财政厅副厅长
来　萍　省教育厅副厅长
邓春先　省劳动和社会保障厅副厅长
左建民　省公安厅副厅长
吴　捷　省人口和计划生育委员会副主任
马义财　省民委副主任
申红兴　团省委副书记
朱惠民　省妇联副主席
高玉兰　省老干部局副局长
程致和　省残联副理事长

青海省第二次全国残疾人抽样调查办公室人员名单

主　任：程致和　省残联副理事长（兼）
常务副主任：贺青峰　省残联组联部部长
李　华　省政府残工委秘书处副秘书长
副主任：曹　晓　省残联办公室主任
王　燕　省统计局人口处调研员
苏卫宏　省民政厅社会福利处处长
刘建华　省卫生厅医政处主任科员
成　员：黄　强　李　萍　张　利　朱生金

青海省第二次全国残疾人抽样调查专家委员会人员名单

米　裕　青海大学附属医院主治医师
杨秀红　青海省西宁市第二人民医院副主任医师
马雪英　青海省人民医院副主任医师
李永刚　青海省红十字医院主治医师
刘兰香　青海省第三人民医院副主任技师
张桂芝　青海省第三人民医院主管技师
阿怀红　青海省第三人民医院副主任医师

附录 12

青海省第二次全国残疾人抽样调查样本县（区）领导小组，办公室主任、副主任，调查队名单

城中区

领导小组	组　长:	商　宇	区政府副区长
	副组长:	娄仲焕	区民政局局长
		王焕发	区政府办公室副主任
		赵晓青	区统计局副局长
		汪启龙	区社会发展局副局长
	成　员:	马占林	区民宗局
		张启贵	礼让街办事处
		刁玉柱	南川东路办事处
		张小平	南滩办事处
		谢宏芳	仓门街办事处
		巫海蓉	团区委
		汪　净	区妇联
		刘来运	区老干办
		靳生华	区委宣传部
		李积星	区发展局
		马东升	区财政局
		吕宝成	城中公安分局
		周明安	区教育局
		范长青	区劳动和社会保障局
		张秀芝	区计生局

办公室	主　任:	娄仲焕	区民政局局长
	副主任:	徐　胜	区社发局医政科长
		杜淑萍	区统计局副主任科员
		王纪元	区残联秘书长
		冯　惠	区民政局办公室科员
	成　员:	冯　惠　赵巧琴　王克宁　徐　胜　杜淑萍　罗　华　王　瑞　王纪元　王晓霞	

调查队	队　长:	王纪元	区残联秘书长
	副队长:	赵晓青	区统计局副局长
		李　俊	区社发局医政科科员
	成　员:	姚积初　吴西平　景钦林　陈秀娟　彭丽宁　牛占英　任改珍　党有成　王万珍　郭　颖　龚玉梅　刘珍娟　赵晓琴　杨　洋　王　瑞　马远军　卫钦峰　胡　斌　王　昕　孙瑞华　刘　川	

龚德夫

城西区

领导小组	**组　长:**	石小兰	区委副书记
		杨昭羽	区政府常务副区长
	副组长:	朱登权	区民政局局长
		郑泽芝	区统计局局长
		宁　强	区社发局局长
	成　员:	司惠萍	区财政局
		胡世录	区劳动和社会保障局
		李均平	城西公安分居
		马旭屺	区委宣传部
		许　萍	区妇联
		赵子莹	团区委
		孙佩聘	虎台办事处
		马金泰	古城台办事处
		张作汉	西关大街办事处
		姜联世	兴海路办事处
办公室	**主　任:**	朱登权	区民政局局长
	副主任:	张　骏	区残联副理事长
调查队	**队　长:**	张　骏	区残联副理事长
	副队长:	程　旸	区统计局副局长
		聂长青	省红十字医院医生

成　员: 武佳欣　张　强　赵　辉　马国梅　李红兰　李晓云　董孝华　陈　萍　刘玉莲　孙　岚　肖燕萍　崔玉荣　严九梅　寻焕香　阿怀红　马　毅　余永庆　阎　娜　刘放民　覃主英　魏在厚　罗晓红

大通县

领导小组	**组　长:**	马雪芹	县政府副县长
	副组长:	兰国栋	县政府办公室副主任
		董联生	县残联副理事长
	成　员:	王有寿	县统计局
		袁喜芬	县医院
		白庆忠	县社发局
		李建庆	县发展计划局
		白德全	县民政局
		冯哲青	县财政局
		吕荣星	县公安局
		刘世合	县卫生局
		鲍　洪	财县审计局

苏亚玲　县广电局
李含财　县教育局
李珪璋　县委宣传部

办公室　**主　任:** 董联生　县残联副理事长
副主任: 王有寿　县统计局办公室副主任
袁喜芬　县医院办公室副主任
白德全　县民政局办公室副主任
成　员: 赵万山　赵胜业　马葵花

调查队　**队　长:** 董联生　县残联副理事长
副队长: 王有寿　县统计局办公室副主任
袁喜芬　县医院办公室副主任
成　员: 马辉英　周艳芬　王贤兰　安晓军　陈淑玲　刘玉琴　朱寿成
谢有龙　张玉兰　薛兴元　伊德忠　鲁国福　哈进寿　马鸿魁
赵胜业

湟中县

领导小组　**组　长:** 李全德　县政府副县长
副组长: 祈延民　县政府办公室主任
李玉全　县残联理事长
刘生林　县统计局局长
任国顺　县民政局局长
马志英　县社发局局长
成　员: 于桂芳　县委宣传部
马少武　县宗教局
李庆贵　县财政局
祁光明　县教育局
黄桂忠　县人事局
张守业　县公安局
宋占德　县计生局
杜洪才　县发展计划局
李应钊　县老干局
吴金萍　团县委
赵　萍　县妇联
办公室　**主　任:** 李玉全　县残联理事长
成　员: 刘玉芬　苟青岩　贺永军　李明生　张建华　顾焕军
调查队　**队　长:** 李玉全　县残联理事长
副队长: 杜　若　县统计局副局长
顾　云　县社发局副局长
成　员: 刘玉芬　蔡成禄　李延林　赵占全　任春花　孙魁德　雷有振
张生元　张启艳　赵进山　马海明　赵有玉　王丽萍　谢　影
杨卫红　黄喜忠　王臻杰　李彬蓉　黄启贵　窦　平

民和县

领导小组	组　长：	莫玉玲	县政府副县长
	副组长：	赵有川	县残联理事长
		马德俊	县财政局局长
		马兴文	县统计局局长
		肖明汉	县卫生局局长
		王晓民	县民政局局长
	成　员：	密　炯	县委宣传部
		马海涛	县社发局
		倪玉东	县公安局
		王永忠	县人事局
		李　珍	县教育局
		鲍宗花	团县委
		隆全林	县计生局
		马雪英	县妇联
		马良明	县残联
办公室	主　任：	马良明	县残联副理事长
	成　员：	甘万和　魁秀英　鲜　艳　何维杰　杨生林　曹德胜	
调查队	队　长：	赵有川	县残联理事长
	副队长：	杨晓春	县统计局副局长
		何维兰	县卫生局副局长
	成　员：	杨生林　马良明　何维杰　鲜　艳　魁秀英　朱晓玲　李鸿俊 杜成杰　李青云　白光林　张连云　张　琴　王永发　孟忠玉 马宏俊　李生泉　余克林　李元珠　乔生忠　甘均成　王海云 刘任程	

化隆县

领导小组	组　长：	马福云	县政府副县长
	副组长：	何生祥	县残联理事长
	成　员：	冶文德	县卫生局
		王　梅	团县委
		李维岸	县委宣传部
		陈桂花	县妇联
		范美英	县统计局
		马忠义	县老干局
		张学勇	县民政局
		索　林	县财政局
		加　羊	县人事局
		马秀珍	县计生局
		赵国武	县发展计划局
		张生珍	县教育局
		张德义	县公安局

姚志诚　县残联
办公室　主　任：何生祥　县残联理事长
副主任：冶文德　县卫生局局长
张学勇　县民政局
范美英　县统计局
许延亮　县卫生局
成　员：李生伟　范得成　李长梅　田英措　才　项
调查队　队　长：何生祥　县残联理事长
副队长：许延亮　县卫生局副局长
成　员：赵维珍　何生贵　金先德　姚志诚　李生伟　范得成　李长梅
田英措　杨占英　才　项　多杰措毛　韩青杰　马冠毅　陈青云
项　旦　司马福　冶精玉　祁尕德　芦青华　李启华　戴福兴

刚察县

领导小组　组　长：华　旦　县政府副县长
副组长：才本加　县残联理事长
成　员：贾玉贵　县统计局
汪生虎　县医院
朱生赟　县残联
办公室　主　任：才本加　县残联理事长
成　员：贾玉贵　朱生赟　红　霞
调查队　队　长：才本加　县残联理事长
副队长：春　生　县统计局科员
成　员：李生炯　元旦尖措　孟俊河　李永克　马海录　何志华　华　旦
谭生成　苗滋润　郑永琴　陈玉萍　朱生云　赛毛措　红　霞
多吉加南加　汪生虎　韩　芳　刘光明　德　措　娘吉旦增
王长蛾　孟　伟　高生德

同仁县

领导小组　组　长：阚广宏　县政府副县长
副组长：杨玉奎　县政府办公室主任
周　全　县残联理事长
林占兴　县统计局副局长
张永东　县民政局副局长
娘毛才让　县卫生局副局长
成　员：祁世乾　县委宣传部
马亚军　县公安局
崔生林　县教育局
袁　奕　县财政局
娘加太　县劳保局
赵晓燕　团县委
建　华　县妇联

吴晓平 县老干局

办公室 **主 任**: 周 全 县残联理事长

副主任: 三旦加 县卫生局局长

林占兴 县统计局副局长

张永东 县民政局副局长

成 员: 张 峰 余大鸿 廖从丽 陈晓生 刘 宏 尕藏扎西

调查队 **队 长**: 周 全 县残联理事长

副队长: 三旦加 县卫生局局长

林占兴 县统计局副局长

成 员: 廖从丽 张 峰 陈必杰 马忠福 尕藏扎西 马东梅 李毛才让

完么项青 更藏吉 李靖芝 索南措 马玉霞 当增加 张晓燕

卓玛才让 黄 晓 郭晓蓉 成素梅 张庆霞 仁青措